B E R L I N

W0055596

Eckart Kleßmann

NAPOLEON
und die Deutschen

Das Buch zur ARD-Fernsehserie

Rowohlt · Berlin

Dieses Buch ist das Begleitbuch zur
gleichnamigen Fernsehproduktion, produziert
für die ARD von LOOKS Film & TV GmbH.

1. Auflage November 2007
Copyright © 2007 by Rowohlt · Berlin
Verlag GmbH, Berlin
Karte auf Vor- und Nachsatz Peter Palm, Berlin
Satz Swift und Formata PostScript, InDesign CS2
Gesamtherstellung Clausen & Bosse, Leck
Printed in Germany
ISBN 978 3 87134 561 6

Inhalt

Ein Zeitalter findet seinen Helden
Wie die Deutschen Napoleon kennenlernen

Am 2. November 1811 erlebte ein Dreizehnjähriger den Einzug Napoleons in Düsseldorf: Harry, Sohn des Textilhändlers Samson Heine. Fünfzehn Jahre später beschrieb dieser Augenzeuge, der sich als Schriftsteller nun den Vornamen Heinrich gegeben hatte, das Ereignis in einem Buch, das den Titel *Ideen. Das Buch Le Grand* trug. Hier wird die festliche Begebenheit in den Frühling verlegt, und aus dem Augenzeugenbericht ist eine funkelnde Verherrlichung dessen geworden, den der Dichter vornehmlich als «der große Kaiser» feiert:

«Aber, wie ward mir erst, als ich ihn selber sah, mit hochbegnadigten, eignen Augen, ihn selber, Hosianna! den Kaiser.

Es war eben in der Allee des Hofgartens zu Düsseldorf. Als ich mich durch das gaffende Volk drängte, dachte ich an die Taten und Schlachten, die mir Monsieur Le Grand vorgetrommelt hatte, mein Herz schlug den Generalmarsch – und dennoch dachte ich zu gleicher Zeit an die Polizeiverordnung, daß man bei fünf Taler Strafe nicht mitten durch die Allee reiten dürfe. Und der Kaiser mit seinem Gefolge ritt mitten durch die Allee, die schauernden Bäume beugten sich vorwärts, wo er vorbeikam, die Sonnenstrahlen zitterten furchtsam neugierig durch das grüne Laub, und am blauen Himmel oben schwamm sichtbar ein goldner Stern. Der Kaiser trug seine scheinlose grüne Uniform und das kleine, welthistorische Hütchen. Er ritt ein weißes Rößlein, und das ging so ruhig stolz, so sicher, so ausgezeichnet – wär ich damals Kronprinz von Preußen gewesen, ich hätte dieses Rößlein beneidet. Nachlässig, fast hängend, saß der Kaiser, die eine Hand hielt hoch den Zaum, die andere klopfte gutmütig den Hals des Pferdchens – Es war eine sonnigmarmorne Hand, eine mächtige Hand, eine von den beiden Händen, die das vielköpfige Ungeheuer der Anarchie gebändigt und den Völkerzweikampf geordnet hatten – und sie klopfte gutmütig den Hals des Pferdes. Auch das Gesicht hatte jene Farbe, die wir bei marmornen Griechen- und Römerköpfen finden, die Züge desselben waren ebenfalls edelgemessen, wie die der Antiken, und auf diesem Gesichte stand geschrieben: Du sollst keine Götter haben außer mir. Ein Lächeln, das jedes Herz erwärmte und beruhigte, schwebte um die Lippen – und doch wußte man, diese Lippen brauchten nur zu pfeifen – *et la Prusse n'existait plus* – diese Lippen brauchten nur zu pfeifen – und die ganze Klerisei hatte ausgeklingelt – diese Lippen brauchten nur zu pfeifen und das ganze Heilige Römische Reich tanzte.»

In Deutschland (das 1826 aus mehr als dreißig staatlichen Gebilden sehr verschiedener Größe und Bedeutung bestand) sollte Heines Napoleon-Vergötterung mehr Unwillen als Begeisterung auslösen. Dabei ignorierte man jedoch das ambivalente Bild, das der Schriftsteller in anderen Veröffentlichungen von Napoleon entwarf: «Wir sehen in Napoleons Martyrtod auf St. Helena keine Versöhnung (...), der Kaiser büßte dort für den schlimmsten seiner Irrtümer, für die Treulosigkeit, die er gegen die Revolution, seine Mutter, begangen.»

Das schrieb Heine 1832 in seinen *Französischen Zuständen*, und fünf Jahre später: «War wirklich die Zeit des Kaiserreichs in Frankreich so schön und beglückend, wie diese Bonapartisten, klein und groß (...), uns vorzuprahlen pflegen? Ich glaube nicht. Die Äcker

Napoleon in Düsseldorf. Gouache von Johann Petersen. Dargestellt ist die Besichtigung des ihm zu Ehren errichteten Triumphbogens am 3. November 1811. Irgendwo unter den Zuschauern steht der dreizehnjährige Harry Heine und wird zum Bewunderer des Kaisers.

lagen brach und die Menschen wurden zur Schlachtbank geführt. Überall Muttertränen und häusliche Verödung.»

Heines Napoleon-Bild kennt sowohl die grenzenlose Verherrlichung («Napoleon – jeder Zoll ein Gott!») wie die tiefe Skepsis und Ablehnung. Dieser Widerspruch, hier in einer Person konzentriert, bestimmt ziemlich genau das Bild, das sich die Deutschen von Napoleon machten, als Zeitgenossen wie als Nachlebende.

Zunächst bewunderten sie ihn grenzenlos. Als Heine im Dezember 1797 in Düsseldorf geboren wurde, war der Friedensschluß von Campo Formio gerade zwei Monate alt. Er beendete den Krieg zwischen Österreich und Frankreich, nachdem ein junger französischer General namens Buonaparte den Österreichern in Oberitalien Niederlage um Niederlage beschert hatte. Zwischen April

1796 und April 1797, so berechnete es ein Zeitgenosse, bestand die französische Armee 111 Gefechte und Schlachten durchweg siegreich. Nachdem der Korse im Frühjahr 1796 den Oberbefehl über die französische Italien-Armee übernommen hatte – er schrieb sich jetzt Napoléon Bonaparte –, vernahmen die Deutschen Monat für Monat so klangvolle Namen wie Montenotte, Mondovi, Lodi, Arcole, Namen, die eine Folge von Siegen der französischen Armee über einen fast doppelt so starken Gegner bezeichneten.

Wer in Deutschland kannte Napoleon nicht?

Begeistert schrieb 1797 in Frankfurt am Main Friedrich Hölderlin eine Ode auf den jungen Helden der französischen Revolutionsarmee, der in der Presse Italiens bereits als «Halbgott» gefeiert wurde:

Buonaparte

Heilige Gefäße sind die Dichter,
Worin des Lebens Wein, der Geist
Der Helden sich aufbewahrt,

Aber der Geist dieses Jünglings
Der schnelle, müßt' er es nicht zersprengen
Wo es ihn fassen wollte, das Gefäß?

Der Dichter laß ihn unberührt wie den Geist der Natur,
An solchem Stoffe wird zum Knaben der Meister.

Er kann im Gedichte nicht leben und bleiben,
Er lebt und bleibt in der Welt.

Der Frieden von Campo Formio verlangte von Österreich schwere Opfer. So mußte es das gesamte linke Rheinufer abtreten, was den Verlust von 3,5 Millionen Einwohnern und 63 000 Quadratkilometer Landes bedeutete. Kurz darauf begann General Bonaparte 1798 seine Expedition nach Ägypten, dessen militärischer Widerstand in wenigen Wochen gebrochen wurde. Zwar gelangten auch Berichte nach Deutschland, wonach die Eroberung morgenländischer Provinzen nicht ganz so brillant ausgefallen war, aber die Erfolge Bonapartes überdeckten alle Niederlagen und den desaströsen Zustand seines Expeditionskorps, denn die Eroberung Ägyptens beflügelte und betäubte zugleich die Phantasie der Europäer, der Deutschen ganz besonders.

Bonapartes legendäres Glück, sich im Alter von noch nicht ganz 30 Jahren das märchenhafte Ägypten untertan gemacht zu haben, begeisterte die Massen, zumal in der deutschen Beschränktheit. Dort lebten die servilen, erbötigen Untertanen in ihren tausend Duodezstaaten, und aus den Fenstern ihrer Wohnungen konnten sie oft schon in allen Himmelsrichtungen die Landesgrenzen sehen. Was Wunder, wenn die Dichter außer sich gerieten und in ihren Versen alles zum Vergleich heranzogen, was die antike Mythologie ihnen bot: «ein größrer Alexander», «in Achilleus' Rüstung», versehen mit dem Schild der Pallas Athene und der Keule des Herakles und was es sonst noch an heroischen Attributen gab für einen, den man nur «den Helden» nannte.

Ein wahrer Begeisterungssturm für den General Bonaparte hatte Europa erfaßt. Daß sein ägyptisches Abenteuer gründlich gescheitert war, interessierte in diesem Jubel niemanden ernstlich. Der so märchenhaft scheinende Siegeszug und das erstaunliche Faktum, daß es Bonaparte geglückt war, durch alle britischen Seeblockaden zu schlüpfen, ließ ganz vergessen, daß er sein geschlagenes und von Seuchen dezimiertes Expeditionskorps zurückgelassen und sich allein gerettet hatte.

Frankreich mußte unterdessen Niederlagen hinnehmen. Österreich hatte den Frieden von Campo Formio gebrochen und, Bonapartes Abwesenheit nutzend, weitgehend die französischen Erobe-

General Bonaparte auf der Brücke von Arcole. Gemälde von Antoine-Jean Gros, 1801. Bei Arcole in Oberitalien schlug der junge General am 17. November 1796 die Österreicher. Diese frühe Darstellung prägte nachhaltig das Bild des jungen Helden.

rungen in Oberitalien rückgängig gemacht; in der Schweiz rückten russische Divisionen unter General Suworow siegreich voran, und Frankreichs korrupte Regierung, das Direktorium, sah der Kette der außen- und innenpolitischen Niederlagen hilflos zu. So ist verständlich, wenn die Freunde der Französischen Republik so reagierten wie Caroline Schlegel, die am 28. Oktober 1799 aus Jena geradezu jubilierend ihrer Tochter schrieb: «Buonaparte ist in Paris. O Kind, bedenke es, es geht alles wieder gut. Die Russen sind aus der Schweiz vertrieben – die Russen und Engländer müssen in Holland schmählich kapitulieren, die Franzosen dringen in Schwaben vor. Und nun kommt der Buonaparte noch. Freue Dich ja auch, sonst glaub ich, daß Du bloß tändelst und keine gescheiten Gedanken hegst.»

Ein Zeitalter hatte seinen lang ersehnten Helden gefunden und sonnte sich in dessen Märchenglanz. Die Berichterstattung der Presse und die lyrische Begleitmusik der Dichter benebelte die Menschen. Man gaukelte ihnen die lichtumflossene Erscheinung eines Heilsbringers vor, der Alexander der Große, Caesar, Augustus in einem zu sein schien, ein neuer Erlöser der Welt.

Und genau so wollte Napoleon Bonaparte gesehen werden. Wohl besaß er keinerlei Einfluß auf deutsche Publikationen, aber er hatte – die Macht der Presse richtig einschätzend – schon 1796/97 in Italien ganz unmittelbar auf die Meinungsbildung eingewirkt und rasch festgestellt, wie wichtig neben der militärischen auch die psychologische Kriegführung sein konnte. Dieses Instrument sollte er, wie noch zu zeigen sein wird, imponierend ausbauen.

Den Wundermann, der jetzt in Frankreich nach der Macht griff, hatten die Deutschen bislang noch nicht von Angesicht zu Angesicht kennengelernt, sich aber schon eingehend auf dessen Epiphanie vorbereitet. Was sie – die Rheinländer und Süddeutschen – allerdings gründlich erfahren hatten, war die Bekanntschaft mit der französischen Okkupation, der freilich alles Wunderbare und Mythische fehlte.

Als am 14. Juli 1789 in Paris die Revolution ausgebrochen war und blitzschnell das ganze Land erfaßte, beobachteten Frankreichs Nachbarn zunächst mißtrauisch, was sich daraus entwickeln würde. Die Parolen von Freiheit, Gleichheit und Brüderlichkeit klangen den einen verheißungsvoll, den Mächtigen und Besitzenden aber äußerst suspekt. Zunächst tastete die Revolution die Monarchie nicht an, schränkte ihre Befugnisse aber von Monat zu Monat stärker ein, und deren gänzliche Abschaffung schien absehbar.

Dem mochten Staaten wie Österreich und Preußen und deren Verbündete nicht tatenlos zusehen; sie schlossen ein militärisches

Die Erstürmung der Bastille am 14. Juli 1789. Kupferstich von Paul Jacob Laminit. So dramatisch ging es gar nicht zu, denn der Gouverneur der Festung ließ sich auf einen Verteidigungskampf nicht ein, sondern zog es vor, zu kapitulieren. Eine «Erstürmung» fand nie statt.

Bündnis und setzten ihre Truppen gegen Frankreich in Marsch. Den Revolutionären in Paris wurde massiv gedroht. Zu den treibenden konterrevolutionären Kräften gehörten die emigrierten französischen Aristokraten, die eine eigene Armee aufgestellt hatten. Frankreich erklärte daraufhin den Krieg. Anfangs stießen die alliierten Armeen weit nach Frankreich hinein, wurden dann aber am 20. September 1792 bei Valmy zum Stehen gebracht. Nach einer vierzehnstündigen Kanonade, die beiden Seiten erstaunlich geringe Verluste brachte, war die alliierte Armee dennoch demoralisiert: Der Nachschub war liegengeblieben, die Soldaten hungerten und zeigten sich kriegsmüde. Im kalten Dauerregen setzte ein Rückzug über schlammige Straßen ein, der immer mehr die Züge einer Flucht annahm. Ausbrechende Seuchen gaben den entkräfteten Soldaten, die nicht wußten, wofür sie überhaupt kämpfen sollten, den Rest.

Die revolutionär begeisterten Franzosen stießen nach und trugen nun den Krieg in Feindesland. Trotz der von den Alliierten in Frankreich verübten Exzesse wurde es aber kein Rachefeldzug. Frankreich, das sich am 25. September zur «einen und unteilbaren Republik» erklärt hatte, setzte den König ab und wurde nun von einem Nationalkonvent regiert. Dieser gab die Devise aus: «Friede den Hütten, Krieg den Palästen!»; die französische Armee sollte Botschafter der revolutionären Ideale sein und die Deutschen befreien.

Entsprechend dieser Losung wurden von den besetzten deutschen Städten hohe Kontributionszahlungen verlangt, zu leisten aber nicht von der Masse der Bevölkerung, sondern von Adel und Geistlichkeit, von Bankiers und begüterten Kaufleuten. Frankreich, so ließen die Sieger wissen, führe keinen nationalen, sondern einen revolutionären Krieg, und es waren die Feinde der Revolution, die geplündert werden sollten, die verhaßten «Aristokraten», «Despoten», «Tyrannen», wie man sie jetzt nannte. Das klang recht praktisch, und anfangs versagte auch die Landbevölkerung den

Eroberern nicht ihre Sympathie und Unterstützung, zumal die französischen Truppen sich durch strenge Disziplin auszeichneten.

Am 21. Oktober 1792 mußte die Festung Mainz vor den Truppen des Generals Adam Philippe Custine kapitulieren, nachdem der Kurfürst Friedrich Karl Joseph von Erthal – zugleich Erzbischof eines Bistums, zu dem auch Worms, Speyer, Würzburg, Konstanz und Fulda gehörten – schon drei Wochen vorher in Panik geflohen war. Seine Untertanen waren entsetzt über diese so plötzliche Flucht ihres Landesvaters und seines Hofes, der seine Residenz ohne jede Verwaltung zurückgelassen hatte, aber unter Mitnahme aller öffentlichen Kassen. Da die Revolutionsregierung in Paris das Selbstbestimmungsrecht der befreiten Gebiete verwirklicht sehen wollte und die französischen Militärs mit dem weiteren Verlauf des Krieges beschäftigt waren, hieß Großzügigkeit und Liberalität das Gebot der ersten Stunde, ja General Custine verkündete sogar: «Euer eigener, ungezwungener Wille soll euer Schicksal entscheiden. Selbst dann, wenn ihr die Sklaverei den Wohltaten vorziehen werdet, mit denen die Freiheit euch winkt, bleibt es euch überlassen, zu bestimmen, welcher Despot euch eure Fesseln zurückgeben soll.»

Glaubte er allen Ernstes, so handeln zu können, war er wirklich so naiv? Denn soviel Milde wurde Custine keineswegs gedankt, wie sich sofort an der verstockten, reaktionären Haltung der Zünfte zeigte, die von einer neuen Verfassung nichts wissen wollten, sondern verlangten, es müsse alles so bleiben, wie es unter dem Kurfürsten gewesen war. Auch die Kaufmannschaft machte deutlich, daß sie eine republikanische Verfassung rundweg ablehne.

Schon zwei Tage nach der Eroberung von Mainz hatte sich im Mainzer Schloß die «Gesellschaft der Freunde der Freiheit und Gleichheit» gebildet. Die Zahl der Mitglieder lag bald bei 500 (bei etwa 25 000 Einwohnern); zu ihnen zählten Professoren der Universität sowie Studenten, Handwerker und Kaufleute. Es wurden

Einzug der französischen Armee in Mainz am 21. Oktober 1792. Gemälde von Hippolyte Bellangé, 1835. Nachdem der Kurfürst geflohen war, ergab sich die Stadt den Revolutionstruppen des Generals Custine. Am 23. Juli 1793 wurde Mainz von den Preußen zurückerobert.

wöchentlich vier Sitzungen in deutscher und eine in französischer Sprache abgehalten. Unter Verzicht auf bürgerliche Titulaturen redete man sich nur mit dem Familiennamen und mit Du an. Diese Gesellschaft, ganz an der Verfassung französischer Jakobinerclubs orientiert, sollte gleichsam Custines verlängerter Arm sein, nach französischem Vorbild eine demokratische Mainzer Republik schaffen helfen und für die Verbreitung revolutionären Gedankenguts sorgen.

Am 3. November 1792 errichteten die Franzosen auf dem Markt einen Freiheitsbaum, Symbol der Revolution. Der glattgehobelte Stamm war mit den Revolutionsfarben Blau-Weiß-Rot bemalt; blauweißrote Bänder und eine rote Jakobinermütze (die «phrygische» Mütze) zierten die Spitze. Rechts und links vom Baum wurden zwei blauweißrote Piken aufgepflanzt, gleichfalls mit der roten Mütze gekrönt. Eine am Baum angebrachte Tafel verkündete: «Vorübergehende! Dieses Land ist frei! Tod demjenigen, der es anzugreifen wagt!»

Auch Georg Forster, der sich bisher abwartend verhalten hatte, trat am 7. November 1792 dem Mainzer Jakobinerclub bei. Ihm, dem berühmten Begleiter des englischen Weltumseglers und Entdeckers James Cook, Verfasser einer vielbeachteten Reisebeschreibung und vom Kurfürsten zum Direktor der Universitätsbibliothek ernannt, verhielt sich zunächst eher zögerlich. Sein Verhältnis zu Custine war glänzend, was nicht nur der Universität zugute kam, sondern der ganzen Stadt, und da Pläne bestanden, ihn in eine neu zu bildende Administration zu berufen, bedurfte es der Mitgliedschaft bei den Jakobinern, um auch von den Demokraten unbedingte Unterstützung zu bekommen.

Die «Allgemeine Administration» übernahm die Verwaltung am 19. November, auch Forster gehörte ihr an. Zwei Tage später erließ sie ein Gesetz gegen Schriften, «welche die allgemeine Ordnung und Sicherheit stören», worauf die Reaktion natürlich mit lautstarkem Protest reagierte. Dabei ist während der ganzen Zeit der Mainzer Republik nicht eine einzige Zeitung von dem Verbot betroffen gewesen. Den Gemeinden ging in deutscher Übersetzung ein Auszug aus der neuen französischen Verfassung zu. Für Mainz wurde ein Bürgermeister berufen, den es bisher nicht gab, denn das vom Klerus verwaltete Vizedomamt hatte die Kommunalgewalt inne.

Der Gegner rüstete sich unterdessen zum Gegenschlag. Am 2. Dezember wurde Frankfurt am Main von preußischen und hessischen Truppen zurückerobert und am 13. Dezember in Mainz der Kriegszustand proklamiert. Das bedeutete nicht nur eine zunehmende Isolierung nach außen, es bedeutete auch eine Verschärfung der innenpolitischen Auseinandersetzung, denn revolutionsfeindliche Umtriebe konnten nun nicht länger geduldet werden, da sich der Feind im Anmarsch befand. Zur Warnung ließ General Custine vier Galgen errichten – sie sind nie benutzt worden.

Am 15. Dezember dekretierte der Nationalkonvent in Paris die Abschaffung aller Privilegien, der Leibeigenschaft und des Zehnten. Drei Kommissare wurden nach Mainz entsandt, um die Ausführung der Bestimmung zu überwachen. An den Berliner Buchhändler Voß, der ihn beschworen hatte, sich als «guter Preuße» zu zeigen, schrieb Forster damals: «Es ist eine der entscheidenden Weltepochen, in welcher wir leben. Seit der Erscheinung des Christentums hat die Geschichte nichts Ähnliches aufzuweisen. Dem Enthusiasmus, dem Freiheitseifer kann nichts widerstehen.»

Zum Jahreswechsel 1792/93 waren die aus Paris entsandten Kommissare in Mainz eingetroffen. Kommissar Merlin de Thionville war entsetzt über den schlechten Zustand der französischen Armee. Es fehlte an Waffen, Kleidung, Geld, vor allem aber an Lebensmitteln, und er erschrak, als er begriff, in welchem Maße die französischen Truppen, die als Befreier gekommen waren, das Land ausplünderten und damit gerade jene gegen sich aufbringen mußten, die man doch hatte befreien wollen.

Forster, inzwischen Präsident des Jakobinerclubs, plädierte dort für den Anschluß des französisch besetzten Gebiets zwischen Landau und Bingen an Frankreich. Um aber eine vom Volk legitimierte Vertretung zu besitzen, die der künftige Verhandlungspartner für Paris sein sollte, wurde am 16. Februar 1793 eine allgemeine Wahl ausgeschrieben. Zu wählen waren ein Bürgermeister und sechs Abgeordnete, die dem neuen gesetzgebenden «Rheinisch-Deutschen-National-Convent» angehören sollten. Dagegen opponierten öffentlich und ungestraft die Kaufmannschaft und die Handwerker, und das mit Erfolg. Von etwa 10 000 Wahlberechtigten gaben nur 300 ihre Stimme ab. Aber die Zersetzungserscheinungen betrafen nun auch den Club, von dessen Mitgliedern ein Teil den verlangten Eid auf die Grundsätze von Freiheit und Gleichheit verweigerte.

Im Januar schickte Paris zwei weitere Kommissare. Sie kamen, als der Freiheitsbaum eines Morgens niedergerissen und geschändet vorgefunden wurde und sich auch der Mainzer Magistrat in offener Obstruktion zu üben begann.

Am 21. März 1793 beschloß der Rheinisch-Deutsche-National-Convent den Anschluß an Frankreich. Drei Deputierte wurden gewählt, die dem Pariser Nationalkonvent den Antrag auf Eingliederung überbringen sollten, einer von ihnen war Georg Forster. Inzwischen hatte die allmähliche Einkreisung der Stadt durch die Preußen begonnen. Mitte April schlossen die Belagerer den Ring und schafften schwere Belagerungsgeschütze heran, die am 19. Juni die Beschießung begannen. Vier Wochen lang vermochte sich die überall brennende Stadt zu halten, dann kapitulierten die Franzosen. Ihre Garnison, die 6000 Tote zu beklagen hatte, durfte abziehen, die deutschen Jakobiner aber, deren Abzug strikt verwehrt wurde, gaben die preußischen Militärs schadenfroh der Mainzer Lynchjustiz preis.

Acht Tage lang wütete in der Stadt die Gewalt des Pöbels, der aus Bürgern bestand oder von Bürgern aufgehetzt wurde, es gab ja in den Wohnungen der verhaßten Demokraten genug zu plündern. Eine Neunzehnjährige, die im Mainzer Theater bei der Aufführung revolutionärer Dramen mitgewirkt hatte, wurde so mit Gewehrkolben zusammengeschlagen, daß sie zwei Tage später ihren Verletzungen erlag; ihre beiden jüngeren Schwestern überlebten gleichfalls die an ihnen verübten Mißhandlungen nicht. Und sie waren keineswegs die einzigen Todesopfer. Daß es nicht zu Hinrichtungen von Amts wegen kam, verhinderte nur die Drohung der Franzosen, man werde dann die nach Belfort verbrachten 16 Mainzer Geiseln exekutieren. Unter Mißhandlungen mußten Clubisten mit stumpfen Äxten den Freiheitsbaum fällen; man sperrte sie in ihre Wohnungen ein und vernagelte ihnen dann die Fenster; sie durften weder lesen noch schreiben, noch musizieren, sie durften angespuckt werden, selbst ihre Kinder wurden schwer mißhandelt. Ihre Frauen wurden gezwungen, mit bloßen Händen die Abtritte zu reinigen.

Auch Johann Wolfgang von Goethe, der seinen Herzog auf dem Feldzug begleiten mußte, wurde Zeuge der Exzesse. Aus einem Wagen wurde ein «Erzklubist» herausgerissen. Man schleppte ihn «auf den nächsten Acker», schreibt Goethe, «zerstößt und zerprügelt ihn fürchterlich; alle Glieder seines Leibes sind zerschlagen, sein Gesicht unkenntlich. Eine Wache nimmt sich endlich seiner an, man bringt ihn in ein Bauernhaus, wo er auf Stroh liegend zwar vor Tätlichkeiten seiner Stadtfeinde, aber nicht vor Schimpf, Schadenfreude und Schmähungen geschützt war. Doch auch damit ging es am Ende so weit, daß der Offizier niemand mehr hineinließ; auch mich, dem er es als einem Bekannten nicht abgeschlagen hätte, dringend bat, ich möchte diesem traurigsten und ekelhaftesten aller Schauspiele entsagen.»

Als dann aber vor dem Quartier des Herzogs von Sachsen-Weimar ein Mann gelyncht werden sollte, wurde es Goethe zuviel: «Ihr Unglück und ihr Haß gebe ihnen hier kein Recht», will er nach eigenem Bericht die Menge angedonnert haben, «und ich litte ein für allemal an dieser Stelle keine Gewalttätigkeit.» Er hatte

Erfolg, wenngleich ihm später versichert wurde, er hätte sich «in einen Handel eingelassen, der übel ablaufen konnte», aber Goethe wies den Mahner «zuletzt ungeduldig» zurecht: «Es liegt nun einmal in meiner Natur, ich will lieber eine Ungerechtigkeit begehen als Unordnung ertragen.»

So endete die Mainzer Republik, das erste demokratische Staatswesen auf deutschem Boden, nach nur neun Monaten in Feuer, Verwüstung, Mißhandlungen, Totschlag und Verleumdungen.

Dieses eigenartige Gebilde war von Anfang an nicht lebensfähig gewesen. Das Dilemma des Jakobinerclubs, der im wesentlichen die Geschicke der Mainzer Republik bestimmte, war, daß er eine rein bürgerliche Zusammenkunft repräsentierte und sich viel zuwenig für die Belange der niederen Klassen interessierte. Hinzu kam die Sprachbarriere zwischen den aufgeklärten Bürgern und der unwissend gehaltenen Bevölkerung. Nicht nur eine offen und ungestraft praktizierte Obstruktion war es, die den Club scheitern ließ, sondern weitgehend auch Mangel an Wirklichkeitssinn. Für die Masse des Volkes war das, was im Club verhandelt wurde – auch wenn das öffentlich geschah und jeder Zutritt hatte –, so fern und unverständlich, als wäre es bei Hofe verhandelt worden.

In Frankreich wurde das Ausbreiten der Revolution dadurch begünstigt, daß sie in einem zentral regierten, geeinten Land ausbrach. In Deutschland stieß sie unablässig auf Landesgrenzen, strenge Zensur und sehr verschieden gehandhabte Regierungsgewalten. Und noch viel ärger war die wirtschaftliche Situation. Mainz lebte überwiegend vom Zoll und Stapelrecht, vom bescheidenen Export und seine Bürger vom Hof. Der Krieg unterband den Handel und verjagte den Hof. Die französische Armee bot dafür keinen Ersatz, im Gegenteil, sie ernährte sich aus dem Lande und plünderte es aus.

Das Volk sah nur, daß es ihm nun wirtschaftlich viel schlechterging als unter dem Kurfürsten. Warum das so war und in welchem Maße es bislang ausgebeutet gewesen, wurde ihm von den theoriemächtigen Jakobinern nicht erklärt. Und wenn sie es erklärt hätten: Was vermochten diese gutwilligen und humanen Idealisten gegen die Ausplünderung durch die Eroberer? Die Mainzer Republik erwies sich als ein politisches Gebilde, in dem eine Bevölkerung fast einmütig seine Regierung sabotierte, denn sie zog – mit den Worten Custines – die Sklaverei den Wohltaten vor.

Ein Experiment wie das in Mainz hat es in den anderen von der französischen Revolutionsarmee besetzten deutschen Provinzen nicht gegeben. Entweder wirkte das Beispiel abschreckend, oder die politischen Vorstellungen der jeweils herrschenden französischen Generale ließen eine offene Obstruktion, wie sie in Mainz praktiziert worden war, von vornherein nicht zu.

Die schweren Kämpfe um die von den Franzosen hartnäckig verteidigte Festung Landau legten der Bevölkerung der Kurpfalz schier unerträgliche Lasten auf, denn alle am Krieg beteiligten Armeen nahmen auf die Menschen, die dieses Land bewohnten, keine Rücksicht. Der Winter 1793/94 ging in den Sprachschatz als «Plünderwinter» ein. Der Brief eines französischen Soldaten vom 17. August 1793 sagt genug:

«Von Mainz will ich Ihnen nicht sprechen, weil die Nachrichten bei Ihnen gewiß bekannt sind. Ich will Ihnen nur sagen, daß wir uns an dem Tage, an dem ich Ihnen schrieb, bis unter die Mauern von Landau zurückgezogen und alles Vieh und alle Lebensmittel, die sich im Lande fanden, mit uns nahmen. Was wir nicht mitnehmen konnten, verbrannte oder verwüstete man. Wir haben den Einwohnern dieses Landes nichts gelassen als ihre Augen zum Weinen.»

Was die französischen Truppen konfiszierten, bezahlten sie – wenn überhaupt – mit dem 1793 eingeführten Papiergeld, den «Assignaten», deren Deckung sich auf den vom Staat beschlagnahmten Gütern (*domaines nationaux*) gründete. Aber diese Assignaten wurden in Paris nach Bedarf gedruckt, weswegen sie schon 1794 nur noch 22 Prozent ihres Nennwerts besaßen und immer wertloser wurden. Wer sich aber weigerte, Assignaten anzunehmen oder einzuwechseln, riskierte die Todesstrafe. Weil angeblich in Kusel Assignaten gefälscht worden waren, ließen die Franzosen die Stadt am 26. Juli 1794 zur Abschreckung niederbrennen. Bei den Kämpfen um Schifferstadt im Oktober 1794 ging durch Beschuß ein Teil der Stadt in Flammen auf. Mannheim wurde im November 1795 durch österreichischen Artilleriebeschuß schwer beschädigt.

Neben dem äußeren Feind aber gab es noch den inneren. «Nun stand eine Hälfte des Volkes als Ankläger gegen die andere Hälfte auf: die Benennung Patriot und Aristokrat waren in jedermanns Munde, ohne daß von hundert einer gewußt hätte, was er sagte», schrieb damals der Göttinger Arzt und Schriftsteller Christoph Girtanner. «Es hat seit dem Dreißigjährigen Krieg wohl keinen solchen Krieg gegeben, wenn man etwa den letzten amerikanischen ausnimmt: denn dieser Krieg wird nicht zwischen Armeen allein, sondern wie der Dreißigjährige ebenfalls von Haus zu Haus geführt. Dort sah man nichts als Katholiken und Protestanten, hier sieht man lauter Aristokraten und Demokraten.»

Entsprechend sind auch die Berichte der Augenzeugen tendenziös gefärbt. «Die Pfälzer sind im ganzen ein frivoles, neuerungslustiges Völkchen, und daher läßt sich ihre Neigung für die rote Mütze als eine neue Mode erklären. Freilich sollten sie durch die Ruinen der benachbarten Schlösser, welche durch die Freiheitsfackel in Brand gesteckt wurden, auf andere Gedanken gebracht werden», meinte der Publizist Aloys Wilhelm Schreiber 1795, während ein Jahr zuvor Johann Gottlieb Fichte das ganz anders gesehen hatte: «In Frankenthal lagen eben, als ich vorbeireiste, die Franzosen und Preußen einander in den Haaren. Die Stimmung der Einwohner, deren Länder durch die Franzosen verwüstet sind, ist dennoch sehr zu ihrem Vorteil. Der gemeine Mann liebt sie, und wer nichts hat, den ernähren sie; nur die privilegierten Stände sind wütend gegen sie.»

Am Niederrhein entwickelten sich die Ereignisse für die Franzosen derweil günstig. Die dort stehende Armee aus Österreichern, Holländern und Engländern wurde im Frühsommer 1794 in zwei Schlachten geschlagen; im Oktober war das gesamte linksrheinische Gebiet des Niederrheins einschließlich Belgiens und Hollands von den Franzosen besetzt, die am 14. November 1794 in Aachen eine grenzübergreifende Zentralverwaltung für die Länder zwischen Maas und Rhein errichteten; auch Kleve, Haupt- und Residenzstadt eines (preußischen) Herzogtums, gehörte dazu. Preußen unternahm nichts, denn es verhandelte längst im stillen mit Frankreich, um aus einem Krieg herauszukommen, der das Königreich wirtschaftlich unerträglich belastete, zumal Preußen gerade damit beschäftigt war, große Teile Polens zu annektieren. Im Frieden von Basel (5. April 1795) verließ Preußen das Bündnis mit Österreich und seinen anderen Alliierten, erhob keinen Einspruch gegen die Okkupation seiner eigenen linksrheinischen Gebiete, ja versprach sogar in einem geheimen Zusatz, diese Provinzen für immer an Frankreich abzutreten, sofern man mit rechtsrheinischem Besitz entschädigt würde.

Die französischen Neubürger deutscher Abstammung hatten sich an einiges zu gewöhnen. Jeder mußte jeden nun mit Du anreden, mit «Bürger» (citoyen) und «Bürgerin» (citoyenne). Wie schon in Mainz wurden überall Freiheitsbäume aufgerichtet oder auch als richtige Bäume gepflanzt. Den befreiten Bürgern und Bauern wurden hohe Kriegskontributionen auferlegt, Kleidung und Schuhe, Getreide und Schlachtvieh für die Armee beschlagnahmt und mit wertlosen Assignaten bezahlt. Zum Zeichen der Loyalität hatte jeder eine blauweißrote Kokarde an seiner Kleidung zu tragen. Während des Karnevals waren alle Maskeraden verboten. Denn, so erklärte Kölns Stadtkommandant, Brigadegeneral Daurier: «Die Übelgesinnten, welche gleich dem Chamäleon alle Farben annehmen, alle Gelegenheiten ergreifen, um die öffentliche Ruhe und Ordnung zu stören, werden gewiß nicht ermangeln, das, was Ihr Karneval nennet, zu benutzen, um einige Unruhen anzustiften, wovon die aristokratische Horde immer einigen Vorteil zu ziehen wissen würde.»

Ein besonderes Augenmerk der Revolutionäre galt der verhaßten Kirche. Religiöse Symbole wurden in der Öffentlichkeit nicht mehr geduldet; Bilder übermalt, Figuren von Aposteln oder Heiligen eingemauert, Prozessionen und öffentliche kirchliche Amtshandlungen verboten. General Lazare Hoche setzte für die bisher in den überwiegend katholischen Gebieten benachteiligten Protestanten 1797 die Kultusfreiheit durch, allerdings mißlang der Versuch, die evangelischen Christen durch Bevorzugung gegen die katholischen auszuspielen, da sich die Protestanten mit ihnen solidarisierten.

Durch die Einführung des nach Dekaden gegliederten Revolutionskalenders sollte statt des Sonntags der «Dekadi» gefeiert werden, aber der Unmut der ihrer Kirche engverbundenen Bevölkerung war so groß, daß sich die Anordnung in der Praxis auf Dauer nicht durchsetzen ließ. Offener Aufruhr war nicht möglich, doch der passive Widerstand und die ganz unverhohlen bekundete Anhänglichkeit an Kirche und Glauben setzte den Franzosen Grenzen.

Dennoch wurde die fremde Besatzung keineswegs nur als Bedrückung empfunden. Die Abschaffung der Feudalrechte und des Zehnten brachte den Bauern große Vorteile, die Aufhebung des Zunft- und Innungszwangs nutzte den Stadtbewohnern. Die rückständige Verwaltung wurde nach französischem Vorbild modernisiert und erheblich effizienter gemacht, die Gleichheit aller vor dem Gesetz erstmals praktiziert.

Joan Peter Delhoven, Bauer und Sohn eines Küsters, hat von 1783 bis 1823 die Ortschronik von Dormagen geführt und schreibt darin unter dem 1. Januar 1795:

«Der kolossische Revolutionsball wälzte sich hin und her, bis endlich auch zu uns an den Rhein, und hat uns alle frey gemacht. Sind wir glücklicher geworden? Noch nicht! Freyer? Ebensowenig!

Das waren zwar nothwendige Folgen, die man hätte vorhersehen können; aber so hatte man sich auch die Göttin Freyheit nicht vorgestellt. Die grausame Requisitionen und das Papiergeld, womit dem Landmann alles bezahlt wird, und wofür er in Städten nicht haben kann, sind der Knoten; da er doch nicht allein vom Brodt leben kann. Jetz erscheint der lezte Befehl, alle Früchten ausdreschen. Vor jeden Kopf bleibt bis zur Erndte ein Mld. Korn hier; das Uebrige muss alle nach dem Magasinen gebracht werden, wo es in Nationalmünze bezahlt wird. So wird es im Lande der Freyheit auch immer gehalten seyn, es fragt sich also: Wird der Landmann dabey glücklicher seyn? Schwerlich oder gar nicht! Erfreuend ist hingegen die Vorstellung, dass der geistliche Tyrannenzepter zerbrochen ist; wenns so fortgeht, so werden wir keinen Zehnden mehr geben, und nicht, wie ehmal bey den Knechsteiner Mönchen, – zu unserm Geld – um Holz zu betteln; denn jetzt fährt und trägt alles, was nur kann, von dem Knechsteiner Busch. – Die im October gelieferte Kühe sind per Pfund mit 9 Stüber bezahlt worden; jede Kuh war besonders taxirt, einige zu 600, andere zu 300 und einige zu 200 Pfund. Diese Assignaten werden nun an die Einwohner abgegeben, womit nun jeder das lezte Quartal der Steuren bezahlen kann.»

Das offenbar einträgliche Holzgeschäft der Mönche von der Abtei Knechtsteden (bei Delhoven auch «Knechstein» geschrieben) hatte böses Blut gemacht. Ohne Bedauern vermerkt Delhoven am 8. März 1795: «Die Abdey Knechsteden wird ganz verwüstet. Diese Woche brachen die Soldaten die Bord aus den Zimmern und verkauften solche. Es gesellten sich mehr dann tausend Bauern von der Gillbach und der hiesigen Gegend dazu; und nun wurden die Altäre, die Orgel, die Kanzel, kurz alles, was nur von Holz ware, umgeworfen und fortgeführt. Zwey Beichtstühl wurden hierhin gebracht, ohne das viele andere Holzwerk.»

Die französischen Niederlagen 1799 ermunterten im linksrheinischen Gebiet viele Menschen zur Widersetzlichkeit. Dies nutzten die vertriebenen Kurfürsten von Mainz und Trier, ihre einstigen Untertanen zum bewaffneten Widerstand gegen die Franzosen aufzurufen. Da auch in Luxemburg und Belgien Unruhen ausgebrochen waren, schien der Zeitpunkt günstig gewählt. Aber viele wollten die Rückkehr der alten politischen Formen nicht, andere wünschten sich einen Anschluß an Frankreich, und schließlich träumten manche von der Gründung einer Republik, die einen selbständigen Pufferstaat zwischen Frankreich und den rechtsrheinischen deutschen Staaten bilden sollte.

Doch die politische Entwicklung nahm einen gänzlich anderen Verlauf, denn am 9. November 1799 wurde General Bonaparte durch einen Staatsstreich zum Alleinherrscher Frankreichs unter dem Titel eines Ersten Konsuls. Er beendete den Krieg mit Österreich an der Spitze des französischen Heers in der Schlacht von Marengo am 14. Juni 1800. Der Frieden von Lunéville im Februar 1801 bekräftigte die Vereinbarungen des Friedens von Campo Formio nun definitiv: Abtretung des gesamten linksrheinischen Gebietes an Frankreich. Joan Peter Delhoven notierte am 28. Februar 1801: «Der Frühling rückt an; Lerchen und Buchfinken trillern ihre Lieder. Friede lachet unseren Fluren und wir bleiben Republikaner. Es wird hier am Rhein so viel Geld verdient, dass unsere künftige Verfassung immer mehr Anhänger findet.»

Unter dem Titel *N. Bonaparte als Mensch, Bürger, Krieger und Regent geschildert* veröffentlichte 1801 der Publizist Johann Adam Bergk ein Buch, das den Deutschen helfen soll, den Ersten Konsul besser zu verstehen. Bergk bezeugt ihm seinen Respekt, verhehlt aber nicht seine Skepsis, wenn er schreibt:

«Er will im Ganzen, wie es scheint, das Gute, aber auf seine eigene Manier; er will allein herrschen, da es ihm unerträglich ist, der Zweite zu seyn, wo er der Erste seyn kann. Er hat zwar das Recht der Menschen häufig gekränkt, aber er hat doch zugleich auch eine Menge Einrichtungen getroffen, die zum Wohle des Staates und

Der Staatsstreich vom 18. Brumaire. Kupferstich von A. Cipran. Am 9. November 1799 wurde General Bonaparte durch einen Putsch zum Alleinherrscher Frankreichs. Doch im «Rat der Fünfhundert» wäre er von den empörten Abgeordneten beinahe gelyncht worden.

zur Erhaltung der allgemeinen Sicherheit dienen. Und wenn man auch seinen Ehrgeiz und seine Herrschsucht, und die aus diesen verheerenden Leidenschaften hervorgehenden Handlungen nicht billigen kann, so wird man doch seiner Thätigkeit, seinem Streben nach Ordnung, und seiner Achtung gegen mehrere verdiente Männer den gebührenden Beifall nicht versagen können.»

Das 1801 mit Papst Pius VII. geschlossene Konkordat erwies sich zudem als kluger Schritt des Ersten Konsuls. Es bedeutete die Anerkennung des Papstes als Oberhaupt der Kirche und des katholischen Glaubens als den der Mehrheit der Franzosen. Dafür erkannte der Papst die Beschlagnahme der Kirchengüter durch die Revolution als rechtens und unumkehrbar an. Auch erklärte er sich damit einverstanden, daß alle geistlichen Würdenträger von der Regierung ernannt und besoldet wurden, wofür sie der Regierung Treue schwören mußten.

Die Ernennung der Pfarrer durch die Bischöfe mußte vom Staat genehmigt werden, der gleichzeitig eine – einvernehmliche – Neueinteilung und Reduzierung der Diözesen vornahm. Damit war der geistliche Frieden wiederhergestellt und für das neue Regime ein nicht zu unterschätzender Rückhalt durch die Kirche geschaffen. «Das Volk braucht Religion, und diese Religion muß in den Händen der Regierung sein», sagte Frankreichs Erster Konsul.

An die im Rheinland erhoffte generelle Aufhebung des Prozessionsverbots war aber auch nach dem Konkordat nicht zu denken; Prozessionen wurden nur von Fall zu Fall genehmigt. Aber der Mummenschanz beim Karneval war seit dem 1. Februar 1801 wieder zugelassen; das neue Regime saß fest im Sattel und sonnte sich in seiner wachsenden Popularität, da konnte die Staatsmacht etwaige Anzüglichkeiten großzügig dulden.

Die Neugliederung der Diözesen brachte es für das Rheinland mit sich, daß das alte Erzbistum Köln aufgelöst und durch ein neues Erzbistum Aachen ersetzt wurde. Als neuer Erzbischof trat Marc-Antoine Berdolet am 25. Juli 1802 sein Amt an, bisher Bischof von Kolmar. Ein Mann ganz nach dem Geschmack des französischen Staatschefs, denn Berdolet erließ am 9. Januar 1803 einen Hirtenbrief, worin er schrieb:

«Es ist Gott, der dem Wiederhersteller des gegenwärtigen Jahrhunderts sagte: Mein Sohn! Ich habe dich dazu auserwählt, mein Volk wieder glücklich zu machen. Durch dich hat die Gefangenschaft Israels ein Ende. Du, mein Sohn, bist es, für den ich es vorbehalten habe, meine Altäre wiederum aufzurichten, durch dich will ich die Wiedervereinigung und Aussöhnung zwischen dem Priestertum und dem Staat stiften. So sprach der Ewige zum Herzen des Helden, der Frankreich so glücklich regiert. (…) Ewig unvergeßlicher Tag, der alle Heldentaten krönte, und zu seiner Glorie, die ihn schon umgab, noch jene hinzufügte, daß er zugleich den Ölzweig des Friedens im Innern des Heiligtums aufblühen ließ.»

Beim «Ölzweig des Friedens» mochte der Erzbischof an den Frieden von Amiens gedacht haben, der am 27. März 1802 alle Feindseligkeiten zwischen Frankreich und England beendete. Nach zehn Jahren schwiegen nun in ganz Europa die Waffen. Nichts hat Napoleon in seiner ganzen Laufbahn populärer gemacht, er galt nun allen als unbestrittener Friedensfürst.

Was verschlug es da angesichts solchen Lobpreises bei der Bevölkerung schon, daß sich die Kirche rasch düpiert fand. Nicht nur, daß die Artikel des Konkordats stets sehr großzügig im Sinne der Regierung ausgelegt wurden, sie verfügte am 9. Juni 1802 die Aufhebung aller Klöster und Orden, wovon nur jene ausgenommen waren, «die sich dem Unterricht und der Krankenpflege widmeten». Das Tragen der Ordenskleidung in der Öffentlichkeit war Mönchen und Nonnen verboten. Die schon von der Revolution eingeführten Standesämter mit dem Recht der Ziviltrauung und Scheidung (die Trauung war bisher alleiniges Recht der Kirche gewesen, eine Scheidung für Katholiken nahezu unmöglich) wurden nicht angetastet.

Zwar wurde Protest nirgends laut, aber dem katholischen Klerus mochte allmählich dämmern, wie es tatsächlich um die Kirchenfreundlichkeit des Konsuls bestellt war. Denn wenn auch der Staatschef wiederholt und demonstrativ sonntags die Messe besuchte, um sich der Öffentlichkeit als gläubigen Katholiken vorzustellen: Napoleon Bonaparte war kein Christ und ist auch bis zum letzten Atemzug keiner geworden, und er vergaß nie sein Ziel, die Kirche um jegliche Macht zu bringen. Dafür bereitete er schon den nächsten Schritt vor.

Der Erste Konsul wußte den Frieden gut zu nutzen. Frankreich bekam einen schützenden Kordon von Vasallenstaaten. Die Niederlande, die seit den Revolutionstagen «Batavische Republik» hießen, wurden de facto von Frankreich verwaltet; in Oberitalien entstand die «Italienische Republik», nachdem Frankreich sich ganz Piemont in aller Stille als nunmehr französisches Staatsgebiet einverleibt hatte. Aus der Schweiz wurde die «Helvetische Republik». In allen diesen Staaten mit begrenzter Autonomie standen französische Truppen zur sorgfältigen Überwachung. Es gab für sie keinen Grund, einzugreifen, ihre bloße Präsenz sicherte Wohlverhalten im Sinne der französischen Regierung. «Ganz Europa erwartet, daß Frankreich die Geschäfte der Schweiz in Ordnung bringe; es anerkennt, daß Italien und Holland Frankreich ebenso zur Verfügung stehen wie die Schweiz», erklärte der Erste Konsul, der sich durch ein Plebiszit am 2. August 1802 zum «Konsul auf Lebenszeit» hatte wählen lassen. Die Franzosen stimmten mit überwältigender Mehrheit dem Vorschlag des Senats zu, und diese Zustimmung war zweifellos nicht manipuliert. Denn die Begeisterung für diesen Mann schien buchstäblich grenzenlos. Der Senat sprach bei seinem Vorschlag übrigens erstmals von «Napoleon Bonaparte»; bisher hatte es stets «General Bonaparte» oder «Bürger Bonaparte» geheißen, jetzt wurde er zum ersten Mal auch mit seinem Vornamen genannt.

Und dieser Napoleon Bonaparte begann nun, das Heilige Römische Reich Deutscher Nation jenseits des Rheins zu zerschlagen.

Ziel seiner Politik war, zwischen Österreich und Preußen und der Rheingrenze einen Gürtel von Staaten zu legen, die von Frankreich abhängig waren. Schon nach dem Frieden von Lunéville hatte der Erste Konsul angeregt, die den einzelnen Staaten durch die Abtretung des linken Rheinufers entstandenen Verluste durch die Säkularisation des geistlichen Besitzes zu kompensieren. So geschah es. Frankreich schloß Verträge mit Württemberg, Preußen, Bayern, Baden und Hessen-Darmstadt, die beträchtliche Gebietsvergrößerungen dieser Staaten vorsahen. Und da deren Herrscher alle mit Rußland dynastisch verbunden oder befreundet waren, fiel es nicht schwer, am 3. Juni 1802 Rußlands Zustimmung zu gewinnen. Auch der Zar hatte inzwischen mit Frankreich Frieden geschlossen, von daher würde künftig keine Gefahr mehr drohen.

Was da unter den Diplomaten ausgehandelt wurde, erfuhr Österreichs Regierung aus der Zeitung. Schnell ließ es daraufhin das Bistum Passau, das Bayern zugedacht war, militärisch beset-

zen. Der Erste Konsul dachte nicht daran, in diesem Fall zu intervenieren: Er bot Österreich an, dem Großherzog von Toskana
(einem österreichischen Erzherzog) Salzburg und das Berchtesga-
dener Land zu überlassen und Österreich selbst mit Brixen, Trient
und einem Stück des Bistums zu entschädigen, worauf Wien zustimmte und das Bistum Passau für Bayern räumte. Schon lange
nahm Österreich, dessen Kaiser ja *Deutscher Kaiser* war, die Interessen des zerfallenden Deutschen Reiches nicht mehr wahr, und das
kam den französischen Plänen entgegen.

Der in Regensburg tagende Reichstag hatte sich längst für Napoleons Pläne gewinnen lassen. Mit dem *Reichsdeputationshauptschluß*
vom 25. Februar 1803 verfügte er die Säkularisation und Aufteilung
aller geistlichen Territorien und Besitztümer, die Auflösung von
112 Reichsständen mit drei Millionen Einwohnern; von den 51 un-
abhängigen Reichsstädten verschwanden 45, und 350 Reichsrit-
terschaften verloren ihre politische Selbständigkeit. Preußen gewann bei diesem Handel durch den Zuschlag von Hildesheim,
Paderborn, Eichsfeld, Essen, Werden, Münster und Quedlinburg
(alles Bistümer und Abteien) 500 000 neue Untertanen (und
Steuerzahler); da ließ sich der linksrheinische Verlust von 130 000
Bürgern leicht verschmerzen.

Den Reichsdeputationshauptschluß zu verwirklichen, bereitete keine nennenswerten Probleme. Alle Staaten profitierten in un-
erwartetem Ausmaß von dieser Regelung, und alle gönnten heimlich der Kirche, die den Löwenanteil der Zeche zu zahlen hatte,
den exorbitanten Verlust.

Der Flickenteppich des aus über tausend eigenständigen politischen Gebilden bestehenden Deutschen Reiches löste sich auf
(und mit ihm das Reich), die neue Landkarte zeigte ein erheblich
vereinfachtes Gebiet, und ohne es in ihrem Glücksrausch zu bemerken, begaben sich die deutschen Staaten in eine scheinbar lok-
kere, tatsächlich aber immer fester sich knüpfende Abhängigkeit
von Frankreich, wie sich bald zeigen sollte.

Die fast zehn Jahre während Kriege im Rheinland und in Süddeutschland und die mit ihnen verbundenen Eingriffe in die sozialen und wirtschaftlichen Strukturen hatten übrigens auch zu einer großen Verrohung der Sitten geführt. Viele Menschen mußten den Verlust ihres Besitzes beklagen, viele lernten, daß nur das Faustrecht ihren Lebensunterhalt sicherte. Die Zersplitterung in viele selbständige Territorien begünstigte den raschen Wechsel über die Grenze für die in beängstigender Schnelligkeit wachsenden Räuberbanden, die sich so vor Verfolgung schützen konnten, aber auch nach den Beschlüssen von Regensburg wurde es keineswegs besser. Denn jetzt trugen Säkularisation und Mediatisierung (Aufhebung der Reichsunmittelbarkeit) zu großer sozialer Umwälzung bei, und Armut und Existenzangst breiteten sich aus.

Die französische Polizei verfolgte diese Banden in Frankreich und in den linksrheinischen Departements unnachsichtig und wirksam. Als letzter Räuberhauptmann wurde am 21. November 1803 Johannes Bückler, genannt «Schinderhannes», mit 19 seiner Spießgesellen in Mainz guillotiniert; mehr als 4000 Zuschauer verfolgten das öffentliche Schauspiel dieser Massenhinrichtung. Von den Gefährten Bücklers wurden 13 – darunter sein Vater – zu hohen Freiheitsstrafen (22 bis 24 Jahre «Kettenhaft») verurteilt. «Vierundzwanzigjährige Kettenstrafe in einem französischen Hafen sind eine Ewigkeit in der Hölle», bemerkte dazu ein Augenzeuge der Verurteilung. Der «Schinderhannes» war alles andere als ein «edler Räuber», der den Reichen nahm und den Armen gab. Seine Popularität beruhte eher darauf, sich bewußt Juden als Opfer auszusuchen, was ihm bei einer mehr oder weniger offen judenfeindlichen Bevölkerung Sympathien verschaffte. Als er mit 26 Jahren unter dem Fallbeil starb, war er bereits tödlich erkrankt. Die Obduktion ergab eine fortgeschrittene Tuberkulose, mit der er höchstens noch zwei Jahre hätte leben können. Mit seinem und seiner Bande Ende waren die Straßen des französischen Rheinlands endlich sicher.

Erstes Kapitel

Auf den Spuren Karls des Großen
Napoleon besucht das Rheinland

Der europäische Frieden hatte nur ein Jahr gehalten, als England am 18. Mai 1803 Frankreich den Krieg erklärte. Gründe dafür gab es auf beiden Seiten genug. Der britische Politiker Edward Cook hatte zu denen gehört, die vor dem Frieden mit Frankreich von Anfang an gewarnt hatten:

«Wir gestatten dem durch Belgien vergrößerten Frankreich, ein handelspolitisches System mit Holland, Spanien, der Schweiz und Italien zu begründen, wir geben ihm seinen Verkehr mit den Antillen zurück, und damit verschwinden 70 Millionen Pfund. Wir hatten mit all diesen Ländern Handelsverträge; wir haben nur noch einen, mit Neapel. Den Kommerz, der uns entgeht, wird Frankreich monopolisieren; es wird unsere Industrie ruinieren. Der Krieg dagegen würde uns unser Handelsmonopol, unsere Oberhoheit in den Kolonien und unserer Produktion weite Absatzgebiete erhalten.»

Die von Frankreich erhobenen hohen Zölle auf britische Importe sollten die französische Industrie vor der Konkurrenz schützen und raubten dem britischen Handel seinen europäischen Absatzmarkt, wie es Cook vorausgesagt hatte. England hatte sich im Friedensvertrag verpflichtet, die von ihm besetzte Insel Malta

ihrem ursprünglichen Besitzer, dem Johanniterorden, zurückzugeben, wollte das aber erst tun, wenn Frankreich Holland räumen
würde und die Schweiz. So kam es zum Krieg, den beide Seiten
schon längst als unabwendbar eingeschätzt hatten. Frankreich
sorgte vor, indem es sich von überseeischen Besitzungen trenn-
te, die im Kriegsfall nicht zu schützen sein würden: St. Domin-
go (Haiti), durch einen erfolgreichen Aufstand der schwarzen Bevölkerung ohnehin nicht mehr zu halten, und Louisiana, das am
30. April 1803 für 80 Millionen Francs an die USA verkauft wurde.
Napoleon war längst entschlossen, seine ganze Macht künftig nur
noch auf das europäische Festland zu konzentrieren und immer
mehr zu vergrößern.

Nach der erfolgten Kriegserklärung Englands marschierte ein
von General Edouard Mortier geführtes, in Holland stationiertes
Armeekorps über das Emsland ins Kurfürstentum Hannover ein,
das mit England in Personalunion verbunden war. Dabei durch-
querten die französischen Soldaten auch einige der neuen preußischen Provinzen (wozu Preußen in aller Stille seine Zustimmung
gegeben hatte) und wurden dabei, vor allem im Münsterschen,
wie Befreier bejubelt.

Im Vorgriff auf die im Reichsdeputationshauptschluß verspro-
chenen Provinzen hatten preußische Truppen am 2. August 1802
den östlichen Teil des Bistums Münster besetzt. Dieses Bistum war
vor der Besetzung des Rheinlands durch die Franzosen Teil des
Kurfürstentums Köln gewesen, und nachdem der ins Exil getriebe-
ne Fürstbischof Maximilian Franz 1801 gestorben war, hatten das
Münstersche Domkapitel und das nach Arnsberg emigrierte Köl-
ner Kapitel, die politischen Realitäten ziemlich naiv verkennend,
1802 den österreichischen Erzherzog Victor Anton zum Erzbischof
von Köln gewählt. Doch statt seiner kamen die Preußen, deren General Blücher die neue Provinz verächtlich «Pfaffenland» genannt
hatte. Damals galt es in den geistlich regierten Kurfürstentümern
für ausgemacht, es sei «unter dem Krummstab gut leben», und in

Münster hatte man auch nur gute Erfahrungen mit der geistlichen Herrschaft gemacht.

Das Gegenteil erlebte nun die «Brut», wie Blücher abfällig die Bewohner des Bistums bezeichnete, unter dem preußischen Korporalstock. Die gutausgebildeten Offiziere der Münsterschen Armee – geistig ihren ziemlich unbedarften preußischen Kollegen weit überlegen – wurden sämtlich entlassen, aus Kirchen Militärmagazine gemacht. Das Gebaren der protestantischen Preußen in einem erzkatholischen Land war von Arroganz und Brutalität geprägt. Der von Kleve nach Münster versetzte preußische Jurist Christoph Wilhelm Henrich Sethe erinnerte sich:

«Ich selbst bin Augenzeuge gewesen, wie ein Unteroffizier einen Rekruten mit Schimpfworten, Stößen und Fußtritten mißhandelte und ihn mit seinem Rohrstock auf die Schienbeine schlug, so daß dem armen Menschen vor Schmerz die Tränen über die Backen liefen. Auch war der Geist, der damals bei dem größten Teil der preußischen Offiziere herrschte, und das daraus hervorgehende Betragen derselben abstoßend und nicht geeignet, in einem neu erworbenen Lande Zutrauen zur preußischen Regierung zu erwecken.»

Am 4. Juni 1803 besetzten Mortiers Regimenter Hannover, kurz darauf Celle, Lüneburg und Stade. Obwohl das Amt Ritzebüttel (Cuxhaven) zu Hamburg gehörte, nahmen die Franzosen darauf keine Rücksicht und marschierten am 14. Juni auch hier ein, denn der Besitz Cuxhavens erlaubte die Kontrolle der Elbmündung und die weitere Besetzung des Nordens, auch die der Weser. Aufgebrachte britische Schiffe wurden im Hafen von Harburg, das ebenfalls zu Hannover gehörte, konzentriert.

Die kurhannoversche Armee, die keinen Widerstand gegen die französische Übermacht geleistet hatte, wurde entwaffnet und aufgelöst, Mortiers Truppen auf 30 000 Soldaten aufgestockt und aus den Militärbeständen Hannovers mit Kanonen, Fahrzeugen, Waffen, Munition, Pferden gut versorgt. Edouard Mortier, der auch sämtliche öffentlichen Kassen des Kurfürstentums konfisziert hatte, wurde zum Generalgouverneur ernannt. Fast gleichzeitig rückten die Franzosen unter General St. Cyr im Königreich Neapel ein und machten dort durch die Besetzung der Häfen von Tarent, Brindisi und Otranto jeglichem Warenimport aus England ein Ende.

Preußen, das den militärischen Aufmarsch an seinen Grenzen mit einigem Argwohn betrachtete, wurde von Napoleon beschwichtigt. Der Deutsche Kaiser in Wien, der eigentlich verpflichtet gewesen wäre, zum Schutz eines Kurfürsten zu intervenieren, verhielt sich so, als ginge ihn das alles gar nichts an, auch sonst regte sich in Norddeutschland nicht der geringste Protest. Im Gegenteil: Die wenigen noch existierenden Freien Reichsstädte Hamburg, Bremen und Lübeck schwiegen aus Angst vor Repressalien.

Napoleon Bonaparte aber ging daran, ein kraftvolles Bündnis gegen England zu schmieden. Spanien schloß, nachdem massiver Druck ausgeübt worden war, am 19. Oktober 1803 mit Frankreich einen Vertrag, der Madrid verpflichtete, monatlich sechs Millionen Francs Unterstützungsgelder an Paris zu überweisen, drei Häfen für französische Schiffe zu öffnen und zollfreien Transfer französischer Waren nach Portugal zu gestatten. Portugal wiederum mußte sich französisches Wohlwollen mit der Zahlung von 16 Millionen Francs und dem freien Import französischer Waren erkaufen. Genua hatte 4000 Matrosen zur Verfügung zu stellen, und die Schweiz wurde noch zusätzlich verpflichtet, den Durchmarsch fremder Truppen zu verhindern und im Fall eines Angriffs auf Frankreich Napoleon 24 000 Soldaten zu überlassen. Auch Holland, das sich gegen die Stationierung französischer Truppen nicht wehren konnte, sollte 16 000 Soldaten und zahlreiche Kriegsschiffe bereitstellen.

Von alldem erfuhr die Bevölkerung in Hannover wenig oder gar nichts; die Menschen hatten auch ganz andere Sorgen. Wo es sich machen ließ, wurden die Besatzungssoldaten in Privatquartie-

Napoleon auf dem Großen St. Bernhard. Gemälde von Jacques-Louis David, 1801. Am 20. Mai 1800 überquerte Napoleon (in Wirklichkeit auf bescheidenem Maultier reitend) mit seinen Truppen den Großen St. Bernhard und besiegte am 14. Juni 1800 bei Marengo die Österreicher.

ren untergebracht; für ihre Verpflegung hatten selbstverständlich die unfreiwilligen Gastgeber aufzukommen, da kam bei der über Monate währenden Einquartierung eine hübsche Summe zusammen, die Frankreich sparen konnte. Für alle übrigen anfallenden Unterhaltskosten einschließlich des Solds zahlte das liquidierte Kurfürstentum hohe Kontributionen. Generalgouverneur Mortier empfahl «ausdrücklich» der in Hannover einberufenen Versammlung der landständischen Vertreter, «soviel wie immer möglich die niedrige Volksklasse zu schonen und bei der Verteilung besonders die Klassen der Edelleute, der reichen und wohlhabenden Landeseinwohner zu belasten», verständlich, denn bei ihnen war am meisten zu holen.

In Hannover führte damals der 68 Jahre alte pensionierte hannoversche Major August Heinrich Bohnsack ein Tagebuch. Aus ihm geht hervor, mit welchem Aufwand Hannover auf Befehl Mortiers den 15. August feiern mußte, den Geburtstag des Ersten Konsuls:

«15. geschahen 6 Uhr des Morgens zum Zeichen der Geburtsfeier des Bonaparte 30 Kanonschüsse, und dieses wurde bis des Abends 9 Uhr von Stunde zu Stunde wiederholet – denn Pulver dazu hatte man hier im Überflusse vorgefunden.

Zu Mittage speisete die hohe Herrschaft zu Ehren eines Oberkonsuls Bonaparte – auf Kosten des Landes – zu Herrenhausen. Des Abends 6 Uhr wurde in der Herrenhäuser Allee – welche mit vieler Mühe und Kosten sehr eben gemacht war – ein Wettrennen zu Pferde gehalten, welches nach gegebenen Zeichen, mit Kanonschüssen zu drei verschiedenen Zeiten geschah. (…)

Des Abends 10 Uhr ward vor Leibnizens Monument ein Feuerwerk abgebrannt, wobei der Stern, der über Bonapartes Namen leuchtete, die Raketen zum Teil, die Salven und das Heckenfeuer, welches ein Bataillon Infanterie aus den Gewehren, die mit schwachem Pulver, auf welchem Stücken von Lichtersatz statt Kugeln geladen waren, zu öftermalen machte, sich am besten ausnahmen. (…)

Unter den Linden bei dem Paradeplatz war für jeden, der tanzen wollte, an zwei Orten Musik.

Um 11 Uhr des Nachts gab der Obergeneral Mortier einen Ball, Die ganze Stadt mußte auf Order des letzteren illuminiert werden.

So endigte sich dieser den Hannoveranern so teuer gewordene Tag, denn er kostete dem Lande 10 000 Reichstaler, die auf Befehl dazu waren bewilliget worden.»

General Mortier verlor bei aller Lust, in Hannover fürstlich aufzutreten, die ihm übertragene Aufgabe, alles gegen den britischen Handel zu unternehmen, nicht aus dem Auge. Die Grenzen Kurhannovers wurden scharf überwacht, der Transithandel für englische Produkte unterbunden. Ein Transport britischer Waren aus dem neutralen Lübeck wurde bei Lauenburg abgefangen, die Güter verkauft und ihr Erlös der Staatskasse zugeführt, nachdem man die Denunzianten mit einem Viertel des Betrages belohnt hatte. Zwar waren auch die Engländer sofort nach Kriegsausbruch dazu übergegangen, alle französischen Häfen und die der französischen Einflußzone zu blockieren, aber der wachsende Verlust des europäischen, kontinentalen Absatzmarktes traf die britische Wirtschaft spürbar.

Die pompöse Feier von Napoleons Geburtstag in Hannover zeigte den Deutschen, zu welcher Macht der Erste Konsul aufgestiegen war, der in Paris inzwischen einen veritablen Hofstaat unterhielt mit einem Aufwand und einem Zeremoniell, das bereits royale Formen angenommen hatte. Doch spätestens seit dem Attentat vom 24. Dezember 1800 in Paris, das 22 Menschen das Leben gekostet, den Ersten Konsul aber unversehrt gelassen hatte, wußte Napoleon, wie überaus gefährdet seine Stellung und damit auch sein Werk war. 1803 meldete der französische Geheimdienst den Plan einer Verschwörung und die Namen der daran Beteiligten aus London, und es gelang, den Kopf der Verschwörer, Georges Cadoudal, und seine Mitverschworenen rechtzeitig zu verhaften. Sie alle endeten auf der Guillotine; der an der Konspiration gleichfalls beteiligte General Pichegru starb unter nie geklärten Umständen in seiner Gefängniszelle eines gewaltsamen Todes. General Moreau, der Sieger von Hohenlinden, wurde zu zwei Jahren Gefängnis verurteilt, angesichts seiner Verdienste aber von Napoleon zur Verbannung nach Amerika begnadigt.

Cadoudal hatte bei seiner Vernehmung gesagt, die Verschwörer hätten einen königlichen Prinzen in Frankreich erwartet, der nach gelungenem Anschlag die Herrschaft hätte übernehmen sollen. Nach Meinung Napoleons konnte es sich dabei nur um den 32 Jahre alten Herzog von Enghien handeln, dem letzten aus dem Hause Condé, der mit seiner Geliebten im badischen Ettenheim lebte, unweit der französischen Grenze. Auf Befehl des Ersten Konsuls überquerte eine Abteilung Dragoner in der Nacht des 15. März völkerrechtswidrig die badische Grenze und verschleppte den jungen Herzog in die Festung von Vincennes, wo man ihn vor ein Militärgericht stellte und nach ergangenem Todesurteil in der Nacht vom 20. auf den 21. März von einem Peloton der Gendarmerie erschießen ließ.

Beweise für eine Schuld des Opfers wurden nie erbracht, es gab sie nicht. Ein Gespräch mit Napoleon, um das der Herzog von Enghien gebeten hatte, wurde ihm genauso verwehrt wie der letzte Beistand durch einen Priester. Das Entsetzen über diesen Mord war in ganz Europa groß, aber diplomatische Rücksichtnahme untersagte jede öffentliche Diskussion.

Für den französischen Senat ergab sich aus den wiederholten Verschwörungen und geplanten Attentaten nur die Konsequenz, dem Ersten Konsul die Kaiserwürde anzutragen: Sie sollte in seiner Familie erblich sein und die Kontinuität Napoleonischer Politik gewährleisten. Am 18. Mai 1804 nahm der Senat die Vorlage an und ließ sie noch selbigen Tags vom Ersten Konsul gutheißen. Innerhalb von Stunden bekam Frankreich einen Kaiser und erfüllte damit einen schon lange gehegten Wunsch Napoleons, denn

Napoleon als Kaiser der Franzosen. Gemälde von François Gérard, 1805.
In diesem eigens für ihn entworfenen Ornat krönte sich Napoleon am
2. Dezember 1804 in Notre-Dame zu Paris zum Kaiser der Franzosen. Der
zur Zeremonie geladene Papst Pius VII. war nur Zuschauer.

er sah sich in der Nachfolge des von ihm überaus verehrten Frankenkaisers Karl dem Großen, der tausend Jahre zuvor halb Europa unter seinem Zepter vereint und beherrscht hatte.

Im Herbst 1804 brach Napoleon, begleitet von seiner Frau – nunmehr Kaiserin Joséphine – zu einer Reise durch die französischen Rhein-Departements auf. Natürlich begann der Besuch in Aachen, der Stadt Karls des Großen. Am 2. September (einem Sonntag), nachmittags um fünf Uhr, hielt der Kaiser unter dem Geläut aller Glocken und dem Donner der Kanonen seinen festlichen Einzug. Vor und hinter dem achtspännigen Wagen Napoleons an der Spitze des Zugs ritt jeweils eine Schwadron Garde-Jäger; es war Napoleons bevorzugtes Regiment, dessen grüne Uniform er meist trug. Dahinter ritten die dunkelblauuniformierten Garde-Grenadiere mit ihren hohen schwarzen Bärenmützen und hinter diesen die Elite-Gendarmerie, ein farbenprächtiges Schauspiel. Prachtvollere Uniformen als die der Kaisergarde gab es nirgends, und der Anblick dieser ausgesucht stattlichen Soldaten verfehlte nie seine Wirkung. Hinter der Kavallerie folgten die Wagen mit Napoleons Stiefsohn Eugène de Beauharnais, dem Außenminister Talleyrand, Generalen und Gefolge.

Um den Besucher, den seine deutschen Untertanen nun erstmals zu Gesicht bekamen, würdig zu empfangen, hatte man einen Triumphbogen mit der Büste Napoleons errichtet; er trug die Inschrift *Vainqeur et Pacificateur* (Sieger und Friedensstifter). Bürgermeister und Gemeinderat begrüßten den Gast mit einer Ansprache und der Überreichung der Stadtschlüssel auf goldener Schale. Dann begab man sich zum Präfekturgebäude in der Kleinkölnstraße, in dem das Kaiserpaar Quartier nahm. Vor dem Gebäude stand als Wache die eigens aus Paris mitgebrachte Mamelucken-Schwadron der Kaisergarde. Napoleon hatte die Männer aus Ägypten mitgenommen, und sie erregten in ihrer farbenprächtigen orientalischen Gewandung natürlich erhebliches Aufsehen. Wilhelm Smets, damals acht Jahre alt, erinnerte sich später noch ganz genau ihres Anblicks und des Eindrucks, den diese stolzen Reiter auf ihn machten:

«Daß diese abenteuerlichen Begleiter des Siegers bei den Pyramiden und unter diesen der Mameluck Rustan, der Lebensretter des Helden, mehr als dieser selbst die Aufmerksamkeit der Knabenwelt in Anspruch nahmen, ist leicht begreiflich, und so wurde denn auch kein Augenblick versäumt, wo es nur möglich war, mir diesen prachtvollen Anblick zu verschaffen, der der Einbildungskraft des Knaben einen so reichlichen Nahrungsstoff darbot. Was jeweils durch Bild und Wort der Geist vernommen hatte von den Kreuzzügen, den Sarazenen, von der arabischen Wüste, den Pyramiden, den Dromedaren und Karawanen, ja bis zu Moses und Abraham hinauf, das alles bekam Leben und Farbe beim Anblick dieser von der Wüstensonne gebräunten Männer mit dem weißen Turban.»

Zwei Tage später hatte der Kaiser Gelegenheit zu einem Gespräch mit Unternehmern und Kaufleuten aus Aachen, Monschau und Stolberg. Natürlich galt ein besonderer Besuch mit farbenprächtigem Gefolge der Pfalzkapelle Karls des Großen. Auch hier fand Erzbischof Berdolet der mit seinem Domkapitel am Münstereingang stand, die richtigen Worte:

«Sire! Bei Ihrem Eintritt in diesen Tempel wird die Asche Karls des Großen wieder lebendig, sein Schatten lächelt Napoleon zu, und die Seelen der beiden Helden vereinen sich. (…) Vor zehn Jahrhunderten legte Karl der Große hier die Fundamente für den Sitz seines mächtigen Reiches und erbaute diese heiligen Mauern. (…) Heute betritt Napoleon, der Befreier des Vaterlandes und der Wiederhersteller des abendländischen Kaiserreichs, diesen altehrwürdigen Tempel, welcher der Raserei der Vandalen des 18. Jahrhunderts entgangen ist.»

Napoleon ließ sich die Gebeine Karls des Großen zeigen («unseren berühmten Vorgänger»), hörte ein festliches Tedeum und besah die Sehenswürdigkeiten. Dann schloß sich ein Besuch mehrerer Fabriken an, darunter die einzige Stecknadelfabrik Frankreichs, deren Maschinen täglich eine Million Stecknadeln produzierten. Hier arbeiteten 250 Menschen, davon 225 Kinder im Alter von vier bis zehn Jahren. Sie erhielten täglich vier Stunden Unterricht in einer mit der Fabrik verbundenen Elementarschule. Solche Kinderarbeit war damals in allen Ländern üblich und galt nicht als anstößig, allerdings war regelmäßiger Schulunterricht für Kinderarbeiter ungewöhnlich.

Nun galt es noch, eine große Industrieausstellung zu besuchen. Hier ereignete sich ein Vorfall, den wiederum Wilhelm Smets als Augenzeuge in seinen Erinnerungen festgehalten hat. Die Witwe eines Hauptmanns mit zwei Kindern wollte Napoleon eine Bittschrift um Unterstützung überreichen. Man hatte ihr geraten, dies in der Industrieausstellung zu tun. Wilhelm Smets, Spielgefährte der Kinder, begleitete sie:

«Schon hatte der Kaiser die Schwelle der Halle überschritten. Die bekümmerte Mutter sieht sich nach ihren Kindern um, die ihr durch das Menschengewühl wieder entrissen, und nun in den Anblick, all des Glanzes, der den Mächtigen umgab, mit mir versunken waren. Ihr Angstruf ‹Mes enfants!› schreckt uns aus unserer Sorglosigkeit auf und wir drängen uns hinzu. Zwei mitleidige Grenadiere treten zurück und lassen die Kinder zu ihrer Mutter. Da wir uns bei den Händen hielten, trat ich, wie mechanisch nachfolgend, mit in den Kreis ein. Die Witwe des Hauptmanns stürzte vor dem Kaiser nieder und hielt ihm die Bittschrift hin. Er nahm sie entgegen und reichte sie einem neben ihm stehenden General. Mit einer leichten Bewegung der Hand deutete er der Dame an, aufzustehen und richtete einige beschwichtigende Worte an sie. Die Kinder hatten früher die Weisung erhalten, dem Kaiser den Rockschoß zu küssen; ein Blick der Mutter erinnerte sie daran. Sie traten hinzu und taten, wie es mit ihnen einstudiert worden war. Da ich mich nun einmal in der Reihe befand, tat ich desgleichen. Ich erinnere mich noch lebhaft der in den Saum des blauen Kleides mit Gold eingestickten Eichenblätter. Einige Monate nachher wurden die Wünsche der Mutter meiner Jugendgespielen erfüllt.»

Die Entgegennahme solcher Bittschriften nahm Napoleon sehr ernst, vor allem, wenn sie ihm von Soldaten seiner Armee oder deren Angehörigen übergeben wurden, und er half, wo immer es ihm möglich war. Er verstand sich als der Vater seiner Soldaten, der Beschützer der Witwen und Waisen und wollte, daß alle dies wußten. Niemand, der für ihn sein Leben oder seine Gesundheit geopfert hatte, sollte sich um sein weiteres Schicksal oder das seiner Hinterbliebenen sorgen müssen. Bei den großen Paraden in Paris mußten darum auch stets die Invaliden, soweit sie sich überhaupt noch bewegen konnten, antreten, und wenn sie erschienen, spielte die Militärmusik sogar einen eigens für sie komponierten Marsch, genannt *Marche des éclopés*.

Dormagens Chronist Joan Peter Delhoven hatte schon unter dem 27. Juni notiert: «Auch ist Bonapart zum Kayser der Franzosen erwählt. Deswegen musten vorige Woche alle Commisen, Receveurs, Munizipalräthe, Adjuncten, Wohlthätigkeitsbeamten und Forstbeamten des Cantons hier den Eyd der Treue schwören. Die erste wohlthätige Verordnung des neuen Kaysers ist die Erlaubniss, dass die Früchten ins Ausland geführt werden dürfen. Doch darf die Frucht nur durch die Häfen von Maynz, Coblenz und Kölln ausgeführt werden.»

Nun würde der Berühmte sogar Dormagen besuchen. Delhoven am 9. September: «Der Kayser Napoleon ist zu Aachen. Er wird über Neus auf Crefeld und von da an den Eugenianischen Kanal bey Rheinberg und dann über Dormagen nach Kölln gehn. Deswegen fuhr ich diese Nacht auf Kölln, um Tapetenpapier zu kaufen, für zwey Triumphbögen zu verziehren. Und wurde vom Maier (= *maire* = Bürgermeister) befohlen, dass alle Pföste von der Strasse gemacht und die Strasse gekehrt, besprengt und bey der Ankunft des Kaysers mit Blumen bestreuet werden.»

Am 13. September war es dann soweit: Er kommt! Die Triumphbögen waren gerade fertig, die Häuser mit frischem Grün geschmückt, aus Düsseldorf war «eine Bande Musikanten» eingetroffen. Drei Ehrenjungfrauen überreichten dem Kaiser Blumen und eine Bittschrift um finanzielle Unterstützung für den Bau einer neuen Kirche. Dies alles wäre bei jedem Fürsten auf Reisen nicht anders gewesen. Neu aber war dies: Napoleon sah Bauarbeiten am Rhein und befragte den Bürgermeister nach den ökonomischen Verhältnissen der Gemeinde: Woher bezieht sie ihr Holz, wie zufrieden ist sie mit den Unternehmern, was wird auf den Feldern angebaut? Wo immer er sich auch befand: Napoleon wünschte stets ausgiebige Informationen.

Auf nationale Gefühle verstand der Imperator durchaus Rücksicht zu nehmen; so gestattete er in Krefeld, der Hauptstraße den alten Namen zurückzugeben, den die Revolutionäre geändert hatten: Die Nationalstraße durfte nun wieder Königstraße heißen. In Rheinberg traf er sich mit alten preußischen Generalen, mit denen er sich über Friedrich den Großen unterhielt, den Napoleon sehr bewunderte. Danach trank er mit den alten Haudegen auf das Wohl Königs Friedrich Wilhelm III. und seine Armee. Natürlich wurde das alles nach Berlin gemeldet, und eben das war auch so beabsichtigt.

Am 4. Oktober traf Napoleon in Kaiserslautern ein und wünschte dort das Schlachtfeld zu besichtigen, auf dem am 29. und 30. November 1793 eine preußisch-sächsische Armee gegen die französischen Revolutionstruppen gekämpft hatte. Man gab dem Kaiser den Forstmeister Franz Daniel Rettig als Begleiter, der nicht nur der französischen Sprache mächtig war, sondern sich auch der Stellungen der jeweiligen Truppen erinnerte. Rettig berichtet über die Reaktion der Bevölkerung:

«Es drängten sich nun mehrere Bauern aus Morlautern heran, einer von ihnen kam zu mir und fragte: ‹Well i dann unser Kaiser?› Ich antwortete ihm nicht, der Kaiser aber frug sogleich: ‹Was

will der Mann?› Ich antwortete ihm: ‹Sir, er will den Kaiser sehen.›
Napoleon: ‹Nun, so zeigen Sie ihn.› Ich ging nun wohlgemut zu
den Bauern, zeigte auf den Kaiser und sagte: ‹Seht, dieses sind Se.
Majestät der Kaiser!› Die Bauern schwangen die Hüte und schrien:
‹Es lebe unser Kaiser!› Der Kaiser verließ nun die Verschanzung
und frug nach dem Tale von Otterbach. Auf dem Morlauterer Fel-
de waren viele Menschen von Otterberg und anderen Ortschaften
versammelt. Napoleon schien den Menschen ausweichen zu wollen, ich aber, der an seiner Seite ritt, manövrierte so musterhaft,
daß ich des Kaisers Pferd immer mehr rechts trieb, so daß wir
ziemlich nahe an den Leuten vorbeikamen.»

Auch hier interessiert sich Napoleon für die ökonomischen Verhältnisse der Gegend. Als man zu einer Mühle mit einem Holz-
platz kommt, fragte er seinen Begleiter Rettig, der den Dialog auf-
schrieb:

«‹Was ist dieses für Holz?› Ich: ‹Es gehört der Saline zu Kreuz-
nach, wird von hier aus auf der Lauter, sodann dem Glan und der
Nahe bis auf die Saline geflößt›. Napoleon: ‹Kann man auch grö-
ßeres Holz, z. B. Palisaden flößen?› Ich: ‹Man flößt ganze Stämme
von 30 Fuß Länge.› Napoleon: ‹Kann man nicht weiter, als bis nach
Kreuznach flößen?› Ich: ‹Nein, Sire!› Napoleon: ‹Warum nicht?›
Ich: ‹Die vielen Mühlen auf der Nahe legen Hindernisse auf den
Weg.› Napoleon: ‹Wären diese nicht zu beseitigen, daß man bis
Bingen flößen könnte?› Ich: ‹Allerdings, mittels Anlegung mehrerer Kanäle um die Mühlen herum.› Der Kaiser ritt weiter, allein
schon nach 14 Tagen waren zwei Ingenieure da, um die Möglichkeit einer Flößereinrichtung von Kreuznach nach Bingen zu un-
tersuchen. (…)

Napoleon: ‹Was sind dieses für Waldungen, die ich hier vor
mir sehe?› Ich: ‹Meistens Staatswaldungen.› Napoleon: ‹Sind solche groß und schön und gut erhalten?› Ich, in Verlegenheit, da ich
viel über die üble Wirtschaft der französischen Forstverwaltung
hätte sagen können: ‹Die Waldungen sind groß und größtenteils

schön, auch wird an der Wirtschaft täglich verbessert.› Napoleon: ‹Wie viele Marinenstämme stehen in diesem Walde?› Ich, wohl wissend, daß er bei einer zögernden Antwort gleich die Stirne faltete, antwortete schnell: ‹Zum wenigsten 10 000 Stämme.› Napoleon: ‹Sind diese Hölzer zum Transport auf Gewässer geeignet?› Ich: ‹Es wurden in älterer Zeit viele dieser Hölzer nach Holland gebracht, der Landtransport ist nicht über zwei Stunden bis an die Moosalb, welche in den Schwarzbach fällt, sodann in die Blies, die Saar bis an die Mosel.› Und so sprach ich noch vielerlei, denn eine Frage schlug die andere, besonders waren solche über Industrie, Gewerbe, Handel und Ackerbau von Kaiserslautern gerichtet. Endlich kamen einige von der Suite an. Als der Kaiser dieses sah, sagte er zu mir: ‹Ich bin zufrieden mit Ihrem Vortrag.›»

Die Entführung und Hinrichtung des Herzogs von Enghien lag erst sieben Monate zurück, als sich in Preußen die Nachricht verbreitete, man habe den britischen Gesandten Sir George Rumbold aus Hamburg verschleppt. Tatsächlich hatte in der Nacht vom 25. zum 26. Oktober 1804 ein französisches Kommando den Gesandten in seinem Landhaus vor den Toren Hamburgs überfallen und ihn mit allen Papieren nach Paris gebracht. Rumbold, so behaupteten die Franzosen, habe als Geheimagent vom neutralen Hamburg aus gegen Frankreich gearbeitet. Der Hamburger Senat, voller Angst vor Napoleons Zorn, unternahm gegen die skandalöse Verletzung seiner Neutralität gar nichts, wohl aber der preußische König. Der sonst so unentschlossene Friedrich Wilhelm III. protestierte schon am 30. Oktober mit einem Brief an Napoleon. Der König verwies darauf, daß Rumbold als Diplomat Großbritanniens beim Niedersächsischen Kreis akkreditiert sei, somit bei ihm als dessen Direktor. Er verwahrte sich gegen die Verletzung der Hamburger Neutralität und erinnerte Napoleon daran, daß Preußen nichts gegen die Besetzung des Kurfürstentums Hannover unternommen habe, ja er, der König, hätte «alle Pläne Ihrer Gegner zunichte gemacht, indem ich die Ruhe im Norden und infolgedessen auch die Stellung Ihrer Truppen verbürgte». Er empfinde sich nun von Napoleon «auf die empfindlichste Weise bloßgestellt» und verlange, Rumbold «unverzüglich in Freiheit zu setzen».

Napoleon, der auf diese Reaktion nicht gefaßt und dem an Preußens Wohlwollen gelegen war, sprach in seiner Antwort von einem «der unglücklichsten Ereignisse, die mir vorgekommen sind» und befahl die Freilassung Rumbolds, der am 16. November in Cherbourg einem englischen Schiff übergeben wurde. Die Affäre war für Frankreich peinlich genug, denn in den beschlagnahmten Papieren Rumbolds fand sich nichts, was auf eine Agententätigkeit deutete. Hamburg wußte aber spätestens jetzt, was die ihm von Napoleon garantierte Neutralität wert war.

Am 2. Dezember 1804 krönte sich Napoleon in der Kirche Notre-Dame zu Paris selbst zum Kaiser. Der eigens aus Rom herbeizitierte Papst war bei diesem prächtigen und bombastischen Schauspiel nur Staffage, um der Zeremonie die höheren Weihen zu verleihen. Auch Delegationen aus dem Rheinland durften bei dem pompösen Spektakel anwesend sein, um daheim vom Glanz des neuen Kaisertums erzählen zu können. Drei Tage später übergab der Kaiser seinen Regimentern die neuentworfenen Bronze-Adler als Feldzeichen und ernannte 18 seiner Generale zum Marschällen von Frankreich, womit er den von der Revolution abgeschafften Titel wiederherstellte. Auch General Bernadotte gehörte dazu, der im Sommer seinen Kollegen Mortier als Generalgouverneur von Hannover abgelöst hatte und verantwortlich war für die Rumbold-Entführung; auch Mortier bekam die Würde eines Marschalls verliehen.

In Wien strich der republikanisch gesinnte Ludwig van Beethoven die Widmung seiner dritten Symphonie, der *Eroica*, an Bonaparte aus, als er von der Kaiserwürde des von ihm Geehrten erfuhr: «Ist der auch nichts anders, wie ein gewöhnlicher Mensch! Nun wird er auch alle Menschenrechte mit Füßen treten, nur seinem Ehrgeize fröhnen; er wird sich nun höher, wie alle andern stellen, ein Tyrann werden!» Sonst aber war es den Deutschen ziemlich gleichgültig, ob in Paris ein Erster Konsul oder nun ein Kaiser regierte.

Der Gefeierte hatte Franzosen wie Neu-Franzosen am 21. März 1804 ein Geschenk gemacht, das mehr wog als alle Würden und Titel: ein neues Zivilrecht, den *Code Civil*, schon bald nur noch *Code Napoléon* genannt. Ein besseres Gesetzbuch gab es in der ganzen Welt nicht, und es wurde für viele Staaten, nicht nur in Europa, zum Vorbild. Napoleon hatte dafür eine Juristenkommission eingesetzt und auch persönlich bei den Sitzungen mitgearbeitet. Der *Code Napoléon* gab den Menschen jetzt das durch ein Gesetzbuch verbriefte Recht auf Gleichheit vor dem Gesetz, persönliche Freiheit, Gewissensfreiheit, Arbeitsfreiheit und die Laizität des Staates. Er stärkte die Position der Familie und unterwarf die Erbfolge einer gesetzlichen Regelung. Außerhalb Frankreichs wurde der *Code Napoléon* das Gesetzbuch des Großherzogtums Berg und des 1807 geschaffenen Königreichs Westfalen; in Teilen ist er von mehreren deutschen Staaten übernommen worden. Abgeschafft wurde er in Deutschland erst am 1. Januar 1901 mit dem Inkrafttreten des Bürgerlichen Gesetzbuches (BGB), in dem er aber auch Spuren hinterlassen hat. Einzelne Bestimmungen gelten noch heute in den deutschen Gebieten links des Rheines.

Zweites Kapitel

Eine ansehnliche Beute
Der Feldzug von 1805

Zu Beginn des Jahres 1805 hatte Napoleon in und um Boulogne am Ärmelkanal eine Armee von 200 000 Soldaten mit Kanonen, Wagen, Pferden und 2140 Schiffen verschiedener Größen zusammengezogen. Mit dieser Streitmacht plante er die Invasion Englands, das an dieser Stelle nur 80 Kilometer von Frankreich getrennt ist. Aber auf diesem Meer hatte England zugleich seine Kriegsflotte versammelt, die Frankreichs Häfen blockierte. Die Schiffe lagen außerhalb der Reichweite französischer Küstenbatterien, beobachteten alles und ließen niemanden unkontrolliert ein- oder auslaufen.

Napoleon, in der Landkriegführung unübertroffen, zur See aber ein Laie, hatte sich vorgestellt, alle seine Kampfgeschwader – gemeinsam mit den Kriegsschiffen des verbündeten Spanien – aus ihren Stützpunkten Brest, Toulon, Rochefort, Cadix und Ferrol auslaufen und Kurs auf die Antillen nehmen zu lassen. Damit wollte man die Engländer aus dem Ärmelkanal locken und weitab zur Auseinandersetzung zwingen.

Für die britische Admiralität ein allzu durchsichtiger Plan. Englands Marine besaß genug Schiffe, sie, wenn nötig, weiter südwärts zu verlegen, und dennoch dabei eine beträchtliche Flotte zur Überwachung der Passage zwischen Boulogne und Dover stationiert zu lassen. Man müsse nur für zehn Stunden den Ärmelkanal freihalten, um Zeit für die Invasion zu haben, hatte man Napoleon gesagt, allerdings nicht, wie nach Ablauf dieser zehn Stunden nach einer vielleicht geglückten Landung französischer Truppen bei Dover diese Divisionen auch regelmäßig mit Nachschub beliefert werden sollten. Napoleon begriff: Eine Invasion Englands würde nicht zu realisieren sein.

Da fügte es sich günstig, daß ihm sein Geheimdienst meldete, Österreich bereite einen Angriffskrieg vor und plane, ihn mit einer Kriegserklärung an das Kurfürstentum Bayern zu eröffnen. Und Österreich würde nicht allein sein: Rußland sei der Bündnispartner, das Königreich Neapel werde sich anschließen, und über die Haltung Preußens sei noch nichts bekannt.

Am 13. August 1805 legte Napoleon, noch in Boulogne, dem Generalstab seinen Operationsplan vor. Danach sollte die gesamte Armee von der Kanalküste nach Süddeutschland verlegt werden. In nur sechs Wochen konzentrierten sich die französischen Armeen am Rhein. Sie hatten enorme Gewaltmärsche zurücklegen müssen, die den Soldaten so zusetzten, daß 8000 Erschöpfte und Erkrankte in den Lazaretten zurückgelassen werden mußten, auch zahlreiche Pferde hatten diese *tour de force* nicht überlebt.

Ende September überschritt eine riesige französische Streitmacht von über 100 000 Mann an verschiedenen Stellen den Rhein. Von Norden kamen zwei Korps, und das Armeekorps von Marschall Masséna griff mit 70 000 Soldaten die Österreicher in Oberitalien an. Wie würden sich, zwischen zwei Feuern gestellt, die süddeutschen Fürsten entscheiden? Verzweifelt schrieb der württembergische Kurfürst am 29. August an seine Schwester, die Zarinwitwe, und ihren Sohn, Zar Alexander I.:

«Ich muß Partei ergreifen entweder gegen Frankreich, das heißt, mich von Truppen überschwemmt, feindlich behandelt sehen drei Tage nach dieser Erklärung, oder ich muß mich mit Frankreich

Friedrich I. von Württemberg. Punktierstich von Christian Schule, 1805. Napoleon machte den Herzog 1803 zum Kurfürsten und 1806 zum König. Bis zum Spätherbst 1813 kämpfte die württembergische Armee loyal für die Interessen Napoleons und erlitt hohe Verluste.

verbünden gegen den Kaiser der Römer, das Reichsoberhaupt, das mir keinen Anlaß zu Klagen oder Unzufriedenheit gegeben hat, mit Verachtung aller Reichsgesetze, meiner heiligsten Verpflichtungen, meines einzigen und wahrhaften Interesses, ja selbst der physischen Möglichkeit.»

Es galt, die deutschen Fürsten auf die französische Seite zu ziehen, ohne jede Gewalt, aber mit der Aussicht auf reichen Gewinn. Am 2. Oktober 1805 traf Napoleon in Ludwigsburg bei Stuttgart den württembergischen Kurfürsten, den er gleich zur Begrüßung herzlich umarmte. Herzog Eugen von Württemberg, ein Neffe des Kurfürsten, 17 Jahre alt, war Augenzeuge dieses Empfangs und beschrieb Napoleon:

«Er trug die Uniform, welche die französischen Nationalfarben vergegenwärtigte. Seine Gestalt ist so oft beschrieben, daß ich in ihrer Angabe nichts Neues sagen könnte. Der directe Eindruck, den er auf mich machte, war durch Portraits, die ich von ihm sah, gleichfalls vorbereitet. Daß er früher mager und kränklich von Ansehen gewesen sei, ließ auch seine jetzige untersetzte Gestalt mit schon etwas vorstehendem Bauche noch bemerken. Das Gesicht wurde, trotz dem den Südländer bezeichnenden bläßlichen Schein doch durch die Fülle der Wangen eher verjüngt, als veraltert. Der Blick aus den hellen Augen war mehr sanft als scharf. Es lag darin durchaus nichts Strenges und Abschreckendes. Im Benehmen imponirte mir Napoleon auf den ersten Blick nicht. Er schien, ohne gerade verlegen und unbeholfen zu sein, doch von keiner gewandten Tournüre, wie manche andere Weltmänner. Er besann sich eine Weile, ehe er sprach, und bat die Churfürstin um Verzeihung, daß er in Stiefeln zu erscheinen gezwungen sei.»

Anders als die etwas rauhbauzigen Marschälle Ney und Lannes, deren Auftreten der Hof vor der Ankunft des Kaisers erlebt hatte, war Napoleon die Liebenswürdigkeit selbst. Er plauderte während des Essens mit der Kurfürstin, einer Tochter des englischen Königs, und mit der Schwester Eugens und ließ seine Marschälle wie Domestiken hinter den Stühlen der tafelnden Kurfürstenfamilie stehen. Abends bat er den Kurfürsten um eine Aufführung von Mozarts Oper *Don Giovanni*, die Napoleon noch nicht kannte. Zwar blieb er nur für die Dauer eines Aktes, aber die Musik gefiel ihm so sehr, daß er unmittelbar danach verfügte, diese Oper auch in Paris auf den Spielplan zu setzen.

«Am folgenden Morgen», erzählt der junge Eugen von Württemberg, «reisete er ab unter Begleitung einer zahlreichen Eskorte, wozu die reitenden Jäger seiner Garde gehörten. Ich stand dicht an der Ausgangsthür, und er drückte mir im Vorübergehen leise die Hand unter den Worten: ‹Jeune Prince, je Vous salue.› Auf dem Wagentritt wandte er sich noch einmal freundlich um, verneigte sich fast respectvoll vor dem Churfürsten und gab mir zugleich noch ein wohlwollendes Zeichen.»

Als Napoleon Ludwigsburg verließ, hatte er das Bündnis mit Württemberg in der Tasche und 7000 Soldaten obendrein. Auch Baden, Hessen-Darmstadt und Bayern waren der Allianz beigetreten. Der bayerische Kurfürst hatte sich noch rechtzeitig mit seinen Truppen nach Würzburg zurückziehen können, ehe die Österreicher am 13. September München besetzten, wobei sie angekündigt hatten, die bayerische Armee sofort der ihren einzuverleiben. Doch am 11. Oktober mußten die Österreicher München räumen, und französische und bayerische Regimenter hielten tags darauf Einzug. «Die ganze Stadt war mit Jubel erfüllt», notierte der Münchner Domkapitular Lorenz von Westenrieder.

Was nun folgte, war ein bisher dahin noch nicht erlebter Blitzkrieg. Die französische Armee – nun um 36 000 süddeutsche Soldaten verstärkt – zertrümmerte in einer Kette erfolgreicher Gefechte die dem Feldmarschall-Leutnant Mack unterstellten Einheiten der 1. Österreichischen Armee. Als dann am 14. Oktober Marschall Ney die Österreicher im Gefecht bei Elchingen schlug, schloß sich der Ring um die von den Österreichern gehaltene Festung Ulm und ihrem Oberkommandierenden Mack. Am 20. Oktober mußte er mit 27 000 Soldaten kapitulieren. In nur fünf Wochen war eine ganze österreichische Armee von 94 000 Soldaten zersprengt, gefangen und auf der Flucht, ohne daß überhaupt nur eine einzige Schlacht stattgefunden hatte. Napoleon hatte den Gegner durch beispiellose Schnelligkeit, Täuschung und geschickte Kombinationen ausmanövriert.

Für die Menschen, die diesen Kriegsschauplatz bewohnten und nun nach nur fünf Jahren noch einmal Opfer wurden, bedeutete dies unermeßliches Elend. So berichtete Pfarrer Baumgartner aus dem Elchingen benachbarten Thalfingen:

«18. Oktober: Diese Tage hindurch waren nichts als Tumult, Rauben, Plündern, Türen und Kästen zerschlagen, die Leute quälen, das Vieh schlachten. Während diesen drei Tagen wurden von den Franzosen 86 Stück Rindvieh, bei hundert Schwein, alle Gänse,

Die Kapitulation von Ulm. Gemälde von René-Théodore Berthon.
Am 20. Oktober 1805 streckte das Armeekorps des österreichischen Feldmar-
schall-Leutnants Karl Freiherr Mack von Leiberich die Waffen. Napoleon empfing ihn auf dem Felsen am Kienlesberg vor Ulm.

Hennen, Tauben geschlachtet und zu diesem muß noch 20 Stück
Rindvieh in das Lager bei Ulm abgeliefert werden. Auch muß ich
noch bemerken, daß die meisten Leute um all ihr Holz gekommen, manche ihre ungedroschenen Früchte und Heu eingebüßt
haben. Kurz, der Jammer und das Elend war beinahe grenzenlos.

Nun hat sich Ulm ergeben, über 20 000 Österreicher wurden
Kriegsgefangene. Nun hofften wir, wir würden vom Plündern frei
sein, allein es dauerte noch vier ganze Tage fort, so daß manche
Häuser ganz leer standen. Indessen litt ich außer dem Schrecken
nichts von der Plünderung mehr in meinem Pfarrhause. (...)

19. Oktober: Heute um 9 Uhr gerieten auf einem Pulverwagen

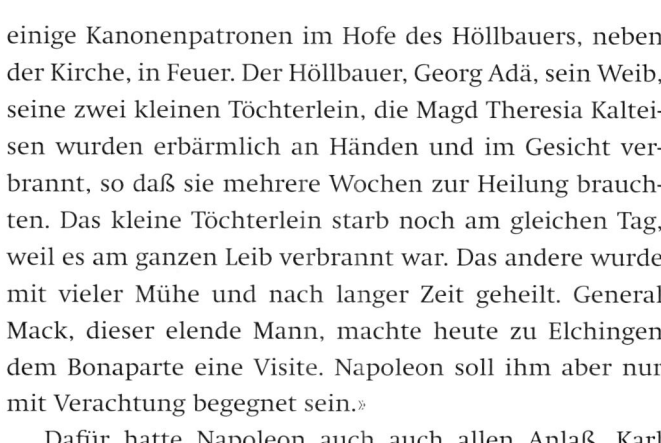

einige Kanonenpatronen im Hofe des Höllbauers, neben der Kirche, in Feuer. Der Höllbauer, Georg Adä, sein Weib, seine zwei kleinen Töchterlein, die Magd Theresia Kalteisen wurden erbärmlich an Händen und im Gesicht verbrannt, so daß sie mehrere Wochen zur Heilung brauchten. Das kleine Töchterlein starb noch am gleichen Tag, weil es am ganzen Leib verbrannt war. Das andere wurde mit vieler Mühe und nach langer Zeit geheilt. General Mack, dieser elende Mann, machte heute zu Elchingen dem Bonaparte eine Visite. Napoleon soll ihm aber nur mit Verachtung begegnet sein.»

Dafür hatte Napoleon auch auch allen Anlaß. Karl Freiherr Mack von Leiberich war 1798 Kommandeur der Neapolitanischen Armee gewesen und 1799 in Capua gefangengenommen worden. Man hatte ihn nach Paris gebracht, wo er – obwohl Gefangener auf Ehrenwort – entfloh. Bei der Kapitulationszeremonie am Mittag des 20. Oktober sagte Napoleon zu Mack: «Ich könnte Sie hängen lassen, denn Sie haben Ihr mir gegebenes Ehrenwort, sich von Paris nicht zu entfernen, gebrochen. Sie haben mir aber zu gute Dienste geleistet, deshalb erlaube ich Ihnen, auch hinzugehen, wohin Sie wollen.»

Am 21. Oktober verließ Napoleon sein Hauptquartier in Elchingen. Zuvor war es Pfarrer Baumgartners Amtskollegen, dem Pfarrer Samuel Baur aus dem Dorf Göttingen, gelungen, beim Kaiser zur Audienz zugelassen zu werden. Fünf Tage lang hatten nach dem Gefecht einige tausend französische Soldaten in Göttingen gehaust, die Bevölkerung völlig ausgeplündert und für ihre Biwakfeuer alle Zäune, Tore und Türen, Dielenfußböden und Fensterläden verbrannt und auch sämtliche Obstbäume zum Wärmen gefällt. Dies hatte der couragierte Pfarrer dem Kaiser vorgetragen. An wirklichen Schadenersatz aber war nicht zu denken: Napoleon gewährte ihm 100 Napoleondor, Goldmünzen im Wert von etwas mehr als 500 Reichstaler, und sorgte für eine Schutzwache, die schützen sollte, was längst nicht mehr existierte.

Die Kapitulation von Ulm hatte den Franzosen eine ansehnliche Beute beschert: 67 Kanonen, 50 Munitionswagen und zahlreiche Wagen der Versorgungseinheiten, 13 600 Gewehre, 6524 Stück Geschützmunition. Bei der Verfolgung der überstürzt sich zurückziehenden anderen österreichischen Einheiten fielen den Franzosen noch weitere 125 Kanonen in die Hände. Von den 72 000 Österreichern, die Anfang September den Inn überschritten hatten, waren bis Mitte November 60 000 ausgeschaltet, die meisten gerieten in Gefangenschaft. Die Offiziere durften ihre Waffen behalten und wurden nach Hause geschickt, nachdem sie eine Verpflichtung unterzeichnet hatten, in diesem Krieg nicht wieder gegen Frankreich zu dienen. Alle anderen Soldaten wurden nach Frankreich gebracht, wo sie in der Landwirtschaft arbeiten mußten.

An der Kapitulation von Ulm war auch die französische Spionage beteiligt gewesen, verkörpert in der Person des Straßburger Tabakhändlers Carl Ludwig Schulmeister, 1770 als Sohn eines evangelischen Pfarrers im badischen Neu-Freistett geboren. Er arbeitete schon früh für die Franzosen als Geheimagent, lernte in diesem Zusammenhang General Savary kennen, zuständig im französischen Generalstab für Spionage, der ihn im September 1805 in Straßburg Napoleon vorstellte.

Schulmeister hatte den Feldmarschall-Leutnant Mack Anfang 1805 in Wien kennengelernt, sich als ungarischen Edelmann ausgegeben und Macks Vertrauen gewonnen. Im Auftrag Savarys, der ihn stets großzügig mit Geldern zur Bestechung österreichischer Offiziere ausstattete, und versehen mit reichlichem Spielmaterial, besuchte Schulmeister in Ulm seinen alten Bekannten Mack. Sein Auftrag lautete, Mack in Sicherheit zu wiegen, seinen Rückzug aus Ulm zu verhindern, um ihn zur Kapitulation zu zwingen. Schulmeister legte Mack gefälschte Briefe von Franzosen vor, die ausgiebig Napoleons Herrschaft kritisierten, und erzählte ihm, die Engländer seien in Boulogne gelandet und in Paris sei ein Aufstand gegen Napoleon ausgebrochen, weswegen dieser mit seiner Armee den Rückzug angetreten habe. Er kannte die Naivität Macks, seine Großsprecherei und seine Neigung, am liebsten auf das zu hören, was er hören wollte. Durch Schulmeisters Nachrichten fehlgeleitet, tat Mack genau das, was er nach Napoleons Wünschen tun sollte: Er blieb in Ulm und sah sich schon als Sieger, zumindest fand er sich in seiner Strategie bestätigt.

Napoleon wußte die Leistung von «Monsieur Charles», wie er Schulmeister nannte, durchaus zu würdigen. Zwar lehnte es der Kaiser ab, ihn mit dem Kreuz der Ehrenlegion auszuzeichnen («Gold ist die einzige Belohnung für einen Spion», beschied Napoleon ablehnend), aber Schulmeister wurde nach der Einnahme Wiens von Napoleons Gnaden für einige Monate Generalpolizeikommissar der Stadt Wien und blieb bis 1815 in Napoleons Diensten. Wegen seiner auffälligen roten Haare nannten ihn die französischen Soldaten *le petit homme rouge*, und es bildeten sich allerlei Legenden um den geheimnisvollen Rotschopf, der ungehindert alle Linien passieren durfte und jederzeit beim Kaiser Zutritt hatte.

Zweifellos hat Schulmeisters listige Agententätigkeit den Franzosen genützt und Napoleon vor Ulm die Arbeit erleichtert, aber letztlich wäre die Kapitulation von Ulm auch ohne ihn zustande gekommen, vielleicht etwas später und nicht ganz so reibungslos. Schulmeister, nach dem Napoleons Gegner längst fahndeten, gelang es, nach Napoleons Ende alle Verfolgungen glücklich zu überstehen. Er starb, Inhaber eines kleinen Tabakladens, 1853 in Straßburg, 83 Jahre alt. Ein literarisches Denkmal besonderer Art hat ihm Honoré de Balzac, in seinem Roman *Le Médecin de Campagne* (1833) gesetzt, worin er einen alten Soldaten den Bauern die Lebensgeschichte Napoleons in naiver Darstellung erzählen läßt. Und seinem staunenden Publikum berichtet der Veteran, zum ersten Mal sei Napoleon in der Wüste Ägyptens der «rote Mann» (l'*Homme Rouge*) erschienen und später immer wieder bei besonderen Anlässen: «Dieser rote Mann, wißt ihr, das war so eine Idee von ihm; manche sagen, er war eine Art Meldegänger, durch den er mit seinem Stern in Verbindung stand. Das habe ich nie geglaubt, aber den roten Mann hat es wirklich gegeben, und Napoleon hat selbst von ihm gesprochen und hat gesagt, daß er zu ihm käme, wenn es hart auf hart ginge und daß er im Tuilerien-Palast auf dem Dachboden hauste.» Auch Heinrich Heine wußte davon: «Napoleon sah einen roten Mann, / Vor jedem wicht'gen Ereignis», heißt es in *Deutschland. Ein Wintermärchen* (1844).

Zu Napoleons Erfolgen trug – neben der Qualität seiner Armee – nicht nur die sorgfältig betriebene Geheimdiensttätigkeit bei, sondern auch das System des optischen Telegraphen, den Claude Chappe 1793 erdachte und der schon von der Revolution genutzt wurde. Diese Erfindung erlaubte eine rasche Nachrichtenübermittlung. Gerüste mit beweglichen hölzernen Armen wurden im Abstand von 12 km auf Anhöhen, Bergspitzen, Windmühlen und Kirchtürmen angebracht. Für jede Position dieser Arme – an deren Spitzen bei Dunkelheit Lampen leuchteten – gab es Chiffren, die in einem Buch aufgelistet waren, das jede Meldestation besaß. Als der Krieg von 1805 ausbrach, war Frankreich bereits mit einem Telegraphennetz in allen Himmelsrichtungen ausgestattet, das bis Brüssel, Straßburg und Mailand reichte. Dieses Nachrichtensystem hatte nur einen Nachteil: Bei tiefhängenden Wolken, Nebel oder Schneesturm konnte es nicht funktionieren.

Die Nachricht von der Kapitulation Ulms und der völligen Zerschlagung der 1. Österreichischen Armee bewog den russischen General Kutusow, sich mit seinen 40 000 Soldaten schleunigst zurückzuziehen. Mack hatte vor der Kapitulation noch auf Hilfe durch diese Truppen gehofft, aber wie der österreichische Generalstab nicht bedacht, daß sich der russische Kalender von dem mitteleuropäischen um zehn Tage unterschied, so daß also die Russen nicht, wie in Wien erwartet, schon am 20. Oktober zur

Optischer Telegraph 1794. Holzstich, 1888. Das hölzerne Signalgerät
mit beweglichen Armen war für Napoleon ein wichtiges Kommunikations-
mittel, funktionierte einwandfrei aber nur bei guter Sicht, wenn sich die
hochgelegenen Stationen sehen konnten.

Stelle sein konnten, sondern erst am 30. Oktober eintrafen. Zwar gab es mit den nachrückenden Franzosen immer wieder Gefechte, aber Kutusow ließ sich auf eine Schlacht nicht ein und ging zurück. Dank eines groben Fehlers Murats gelang es ihm, sich am 20. November mit den Truppen General Buxhöwdens zu vereinigen, so daß die Russen nun über eine Streitmacht von 86 000 Soldaten verfügten.

Es sah für Napoleon nicht gut aus. Er hatte am 23. November mit nur noch 53 000 Soldaten Brünn erreicht und drängte jetzt auf eine Entscheidungsschlacht. Sie fand am 2. Dezember 1805 (dem Jahrestag der Kaiserkrönung, worauf Napoleon besonders hinwies) bei Austerlitz statt und begann in der Frühe des Wintertags um 7 Uhr. Als sie um 16 Uhr zu Ende gegangen war, bedeckten etwa 22 000 Tote und Verwundete das Schlachtfeld, davon fast 4000 Franzosen. Für die österreichisch-russische Armee bedeutete Austerlitz eine katastrophale Niederlage; ihre Streitmacht war zerschlagen.

Allerdings fiel ein tiefer Schatten auf die Brillanz dieses außerordentlichen Sieges: Am 21. Oktober hatte eine britische Flotte unter dem Befehl von Horatio Nelson die vereinigten französischen und spanischen Geschwader unter Admiral Villeneuve am Kap Trafalgar vor Spaniens Küste völlig vernichtet. Seit diesem Tag war nicht nur England uneinnehmbar geworden, seit diesem Tag beherrschte Großbritannien mit seiner Kriegsflotte die Weltmeere. Freilich: An den Folgen des Sieges von Austerlitz änderte das nichts.

Der völlig demoralisierte Zar Alexander I., der auf dem Schlachtfeld mit eigenen Augen die verheerende Niederlage seiner Armee und ganz besonders die Vernichtung seiner Garde hatte mit ansehen müssen, zog sich überstürzt zurück. Kaiser Franz II., allein gelassen, bat den Sieger um Waffenstillstand und eine Unterredung, die am 4. Dezember bei Nasiedlowitz stattfand. Napoleon zeigte sich von ausgesuchter Liebenswürdigkeit, gewährte den Waffen-

Napoleon am Vorabend der Schlacht von Austerlitz. Gemälde von Louis-François Lejeune, 1808. Der Ausschnitt zeigt Napoleon am Abend des 1. Dezember 1805 im Gespräch mit Bauern der Umgebung. Als Dolmetscher diente der Maler, damals Hauptmann der Pioniere (Bildmitte).

stillstand, blieb aber in der Sache hart. Er werde auf Gebietsabtretungen verzichten, falls Rußland gemeinsam mit Österreich Frieden schließe, wobei er vom Zaren erwarte, sein Reich für den Handel mit England zu sperren.

Dazu aber war Alexander I. nicht bereit; noch weniger verspürte er die Neigung, seinem österreichischen Verbündeten weiterhin militärisch beizustehen, aber nur dann wollte Österreich, das noch über intakte Divisionen verfügte, den Krieg fortsetzen. So mußte Kaiser Franz II. den demütigenden Frieden von Preßburg am 26. Dezember allein unterzeichnen. Er hatte Venedig, Istrien und Dalmatien an das Königreich Italien (bislang Republik Italien) abzutreten und Tirol an Bayern. Österreich verlor damit 3,5 Millionen Einwohner mit jährlichen Einnahmen von 14 Millionen Gulden. Außerdem mußte es Reparationen von 40 Millionen Francs zahlen.

Doch noch vor diesem Friedensschluß hatte Napoleon ein ernstes Wort mit Preußen zu sprechen. Der nicht vereinbarte (und von Preußen auch niemals genehmigte) Durchmarsch französischer Truppen durch das (preußische) Gebiet von Ansbach hatte in Berlin berechtigte Empörung ausgelöst. Zu einem Bündnis mit der österreichisch-russischen Koalition wollte sich Preußens wie eh und je entschlußloser König nicht verstehen. Der Zar war Ende Oktober noch persönlich in Berlin gewesen und hatte mit viel Charme und Beredsamkeit geworben, aber dabei herausgekommen war nur ein Kompromiß mit dem vagen Begriff «bewaffnete Vermittlung». Das bedeutete nach den Vorstellungen Friedrich Wilhelms, Napoleon sollte auf die Krone Italiens verzichten (seit dem 6. März 1805 war er auch König von Italien), Holland und die Schweiz und alle deutschen Gebiete rechts des Rheines räumen.

Diese Forderungen dem Sieger von Ulm vorzutragen, wurde Graf Haugwitz beauftragt, der sich am 14. November – Napoleon zog gerade in Wien ein – auf die Reise machte. Preußen glaubte, das Zünglein an der Waage spielen zu können; es ließ seine Armee mobilisieren und demonstrativ an seinen Grenzen aufmarschieren. Tatsächlich hätte ein militärisches Eingreifen Preußens für die weit auseinandergezogene französische Armee, deren Spitzen schon in Böhmen standen, höchst gefährlich werden können, aber man war in Paris weit davon entfernt, Preußen so zu sehen, wie es sich selber sah und überschätzte. Das belegt ein Brief, den Graf Hauterive, Staatsrat im Pariser Auswärtigen Amt, am 27. November 1805 geradezu hellsichtig an den Außenminister Talleyrand schrieb:

«Von allen heute existierenden Mächten ist sie (*Preußen*) diejenige, welche beim bessern Äußern und schönsten Ansehen von Festigkeit und Kraft die am weitesten im Verfall vorgeschrittene ist. Preußen befindet sich außerhalb des Prinzips, welches es gegründet hat und welches es existenzberechtigt macht; es entfernt sich alle Tage mehr davon. Es unterhält mit bedeutenden Kosten einen großen militärischen Apparat, aber es läßt durch den Rost der Zeit die Triebfedern zerstören, welche die Ruhe entnervt, welche die Bewegungen des Krieges allein erhalten kann. Preußen vergißt, daß es nur ein Staat ist, weil es eine Armee war. Sein Prestige, einige Zeit noch durch frische Erinnerungen und Schaumanöver aufrechterhalten, wird einer gefährlichen und verhängnisvollen Probe eines aufgezwungenen Krieges nicht widerstehen. An dem Tage, an welchem es alle schamvollen Ausflüchte einer ängstlichen Politik, welche den Krieg vermeiden will, vergeblich versucht hat, wird es zu gleicher Zeit um seine Ehre und um seine Existenz kämpfen. An dem Tage, an welchem es eine erste Schlacht verloren hat, wird es aufgehört haben zu bestehen.»

Genauso sah es auch Napoleon. Haugwitz war dem Kaiser nach Böhmen ins Hauptquartier nachgereist und von Napoleon, der natürlich wußte, was der preußische Minister vorbringen würde, nach Wien abgeschoben worden, ehe er auch nur einen Satz sagen konnte. Nach dem gewonnenen Krieg würde noch Zeit genug sein. Der so brüskierte preußische Unterhändler, der ja eigentlich ein

Ultimatum mitteilen wollte, fand nichts dabei, denn er fürchtete wie sein König nichts mehr als Krieg, außerdem bewunderte er Napoleon und war von Anfang an gegen diese ihm aufgenötigte Mission gewesen.

Als Sieger kehrte Napoleon nach Wien zurück und diktierte dem verschüchterten Haugwitz am 12. Dezember seine Bedingungen, genannt «Vertrag von Schönbrunn»: Bayern erhielt Ansbach-Bayreuth, Frankreich das Herzogtum Kleve-Berg und die in der Schweiz gelegene preußische Enklave Neufchâtel; als Entschädigung für diese Gebietsverluste bekam Preußen das Kurfürstentum Hannover zugesprochen, das Friedrich Wilhelm III. schon vorsorglich hatte annektieren lassen, nachdem die französischen Truppen das Territorium geräumt hatten, um gegen Österreich zu marschieren. Das war dann am Ende alles, was von der «bewaffneten Vermittlung» übrigblieb. Die Kapitulation von Ulm und der überwältigende Sieg von Austerlitz erwiesen sich – neben dem eindrucksvollen militärischen Erfolg – als ein kaum zu übertreffender Prestigegewinn für Napoleon, der sich nun zunehmend der Neuordnung Deutschlands widmete.

Drittes Kapitel

«Unsere Mittel sind erschöpft»
Das Ende des alten Deutschen Reiches

Am 29. Dezember 1805 schrieb der Dichter Christoph Martin Wieland in Weimar an den in Berlin lebenden Schweizer Historiker Johannes von Müller einen Neujahrsbrief mit einem Kommentar zur politischen Lage:

«Über die Ereignisse der letzten vier Monate dieses Jahrs, oder über den leicht vorauszusehenden Ausgang eines mit unbegreiflicher Übereilung angefangenen und mit beispielloser Unklugheit ausgeführten Unternehmens – – weiß ich nichts zu sagen, als das alte Horazische *quidquid delirant reges, plectuntur Achivi* (jeglicher Wahn, dem die Herrscher verfallen, ihn büßen die Griechen). Friede auf dem festen Land und Demütigung der stolzen, übermütigen Insulaner, die uns ihr *Rule, Britannia, rule the waves!* so trotzig in die Ohren schallen lassen und durch ihre angemaßte Ober- und Alleinherrschaft über den Ozean eine unendlich drückendere und verderblichere Universalmonarchie, als die, so wie von Napoleon zu befürchten haben, nicht bloß androhen, sondern wirklich schon ausüben, – ist meiner innigsten Überzeugung nach das Angelegenste und Dringendste, wofür sich alle Wünsche – und wozu sich alle Kräfte vereinigen sollten.»

Bemerkenswert ist hier der Zorn des Schriftstellers über Englands «angemaßte Ober- und Alleinherrschaft über den Ozean», denn es war ja auch England gewesen, das den von Österreich und Rußland angezettelten und gründlich verlorenen Krieg inspiriert und subventioniert hatte. Die Deutschen, das wurde nicht nur Wieland immer deutlicher, würden nur noch die Wahl zwischen einer «Universalmonarchie» von Frankreichs oder Englands Gnaden haben.

Der Konflikt zwischen England und Frankreich hatte sich durch den Krieg von 1805 verschärft, und Napoleon traf nun seine Gegenmaßnahmen. Zum einen galt es, den britischen Handel nach Kräften zu beeinträchtigen, indem man ihm Häfen und Länder verschloß. Zum andern bot diese Strategie aber auch die günstige Gelegenheit, die imperialen Strukturen des über Frankreichs Grenzen hinauswachsenden persönlichen Kaisertums Napoleons auszubauen und zu befestigen.

Zunächst einmal war mit dem Königreich Neapel abzurechnen. Die dort regierende Bourbonendynastie hatte im August 1805 Frankreich seine Neutralität zugesichert. Als dann aber im September die Österreicher in Bayern ihre Offensive begannen, hatte man sofort russischen und britischen Truppen das Land geöffnet. Daraufhin proklamierte der Sieger von Austerlitz am 27. Dezember 1805: «Die Dynastie in Neapel hat zu regieren aufgehört.» Eine französische Armee unter dem Kommando Marschalls Masséna besetzte das Königreich, die Russen räumten Neapel und Korfu, die Engländer zogen sich mit der gestürzten Königsfamilie nach Sizilien zurück. Es kam zu Volksaufständen gegen die Franzosen, die bis zum März niedergeschlagen wurden, und Joseph, Napoleons älterer Bruder, wurde König von Neapel.

Aus den österreichischen Gebietsabtretungen in Oberitalien erhielten die Schwestern Napoleons, Pauline und Elisa, kleine Fürstentümer: Elisa zunächst Marsa und Carrara (später wurde sie Großherzogin von Toskana), Pauline, die nicht an politischer Macht, sondern nur an ihrer Schönheit und ihrem exzessiven

Liebesleben interessiert war, verkaufte ihr kleines Fürstentum Guastalla für einige Millionen an das Königreich Italien. Joachim Murat, Ehemann von Napoleons ehrgeiziger Schwester Caroline, bekam am 15. März 1806 das Großherzogtum Berg zugesprochen, und aus der Batavischen Republik wurde am 5. Juni das Königreich Holland mit Napoleons Bruder Louis als Monarchen. Generalstabschef Marschall Alexandre Berthier wurde mit dem kleinen Schweizer Fürstentum Neufchâtel bedacht.

Nachdem auf diese Weise die kaiserliche Familie gut versorgt worden war, wandte sich Napoleon der Neuordnung Deutschlands zu. Im Frieden von Preßburg waren Bayern, Württemberg und Baden beträchtliche Gebietserweiterungen zugesprochen worden und neue Würden. Die Kurfürsten von Bayern und Württemberg wurden zum 1. Januar 1806 Könige, der Kurfürst von Baden, der für sich die Königswürde abgelehnt hatte, Großherzog. Auch hier war Napoleon darauf bedacht, die alten Herrscherhäuser mit seiner Familie zu verbinden: Am 14. Januar 1806 heiratete Napoleons Adoptivsohn Eugène de Beauharnais in München in Anwesenheit des Kaisers Prinzessin Auguste von Bayern; ihnen folgte am 7. April die Hochzeit des Erbprinzen von Baden mit Stéphanie de Beauharnais, einer Nichte Joséphines, in Paris.

Mit den Rangerhöhungen von Bayern, Württemberg und Baden waren nun *de facto*, aber auch *de iure*, drei Staaten aus dem Verbund des Heiligen Römischen Reiches Deutscher Nation ausgeschieden, und man kann auch das Großherzogtum Berg dazurechnen, da sein Kern aus dem alten (einst preußischen) Herzogtum Cleve-Berg bestand. Karl Theodor Freiherr von Dalberg, Erzkanzler des Reichs und seit 1802 Kurfürst von Mainz, bat am 19. April 1806 in einem Brief an Napoleon:

«Sire! Napoleons Genie beschränkt sich nicht darauf, Frankreichs Glück zu schaffen; die Vorsehung schenkt das Weltall dem überlegenen Mann. Die achtungswerte deutsche Nation seufzt unter dem Elend der politischen und religiösen Anarchie; seien Sie

Franz I., Kaiser von Österreich, gemalt 1815. Als Kaiser des Heiligen Römischen Reiches Deutscher Nation mußte er 1806 die Krone niederlegen, er hieß von nun an Kaiser von Österreich. Persönlich lernte er Napoleon am Tag nach Austerlitz kennen.

deshalb, Sire, der Wiederhersteller ihrer Verfassung!» Daran ließ der Kaiser bereits arbeiten, und sie wurde am 16. Juli 1806 von den Gesandten der 16 Staaten, die sich nun «Rheinischer Bundesstaat» nannten, in Paris unterzeichnet. Am 1. August teilten diese Bundesstaaten – künftig «Rheinbund» genannt – und Napoleon als deren Protektor dem Reichstag in Regensburg mit, sie betrachteten das alte Römische Reich als aufgelöst. Kaiser Franz II. in Wien legte daraufhin die Deutsche Kaiserkrone nieder und nannte sich von nun an Franz I., Kaiser von Österreich.

So sang- und klanglos endete ein mehr als tausend Jahre existierendes Staatsgebilde, das in Deutschland niemand mehr haben wollte und das achtlos abgelegt wurde wie ein zerschlissenes und aus der Mode gekommenes Kleidungsstück. Es war nicht mehr zeitgemäß, und Napoleon versetzte einem Gebilde den Todesstoß, das auch ohne ihn zusammengebrochen wäre, nur etwas später.

Dieses ehrwürdige Reich, ein Konglomerat von über tausend selbständigen politischen Gebilden unterschiedlicher Größe, ist mit viel Spott und Verachtung bedacht worden, vor allem nach seiner Auflösung. Doch «das durch so viele Pergamente, Papiere und Bücher beinah verschüttete deutsche Reich» (Goethe) besaß durchaus seine Verdienste.

In seinen Grenzen existierten immerhin gleichberechtigt drei christliche Konfessionen: die katholische, die evangelisch-lutherische und die evangelisch-reformierte (calvinistische). Als Ludwig XIV. 1685 mit der Aufhebung des Edikts von Nantes die Protestanten Frankreichs (Hugenotten) einer beispiellosen blutigen Verfolgung aussetzte, weil es neben dem katholischen einen evangelischen Glauben nicht geben sollte, fanden diese Hugenotten ebenso Aufnahme in den Staaten des Deutschen Reiches wie im 16. Jahrhundert die von den Spaniern verfolgten evangelischen Niederländer.

Vor allem aber war das Reich ein Rechtsstaat. In der Vielzahl seiner politischen Einheiten residierte der Mächtige neben dem Schwachen. Übergriffe wurden nicht geduldet, dem Aggressor drohte die Reichsexekution. Das Recht im Reich bestimmte nicht der Kaiser, sondern der Reichstag. Was er als Reichsgesetz beschloß, hatte für das ganze Reich Gültigkeit. Die Rechtsprechung garantierten der Reichshofrat in Wien und das Reichskammergericht in Wetzlar, deren Urteilen sich die Kontrahenten in Streitfällen unterwarfen. Eine solche Instanz war in Europa einmalig.

Der Deutsche Kaiser wurde von den Kurfürsten gewählt. Seine Macht war begrenzt, im wesentlichen identisch nur mit seiner Hausmacht. Eigentlich war dieses Kaisertum so etwas wie eine konstitutionelle Monarchie (auch dies in Europa damals ohne Beispiel); die vom Reichstag erlassenen Gesetze mußten vom Kaiser ratifiziert werden. Aber dieses konstitutionelle Kaisertum wirkte kraft seiner jahrhundertealten Tradition und geistigen Autorität. Entscheidend war nicht die Macht, die *de facto* von einem Fürsten oder einem städtischen Rat ausgeübt wurde: Im Mittelpunkt stand die alles überwölbende Idee des Reichs und seines gewählten Kaisers. Als dieses Reich nun still erlosch, bewegte das die Menschen ganz ungemein. Goethes Mutter schrieb am 19. August 1806 ihrem Sohn:

«Mir ist übrigens zu muthe als wenn ein alter Freund sehr kranck ist, die ärtzte geben ihn auf, mann ist versichert, daß er sterben wird und mit all der Gewißheit wird mann doch erschüttert, wann die Post kommt er ist todt. So gehts mir und der gantzen Stadt – Gestern wurde zum ersten mahl Kaiser und Reich aus dem Kirchengebet weggelaßen – Illuminationen – Feyerwerck u. d. g. aber kein Zeichen der Freude – so sehen unsere Freuden aus!»

Der neugegründete Rheinbund mit seinen acht Millionen Einwohnern schuf ein Gegengewicht zu Österreich und den Ambitionen Preußens, in Norddeutschland einen ähnlichen Zusammenschluß zustande zu bringen. Vor allem aber sicherte er Napoleon künftig eine immer wieder zu erneuernde Armee von 63000 Soldaten, denn der Vertrag sah eine Allianz vor, wonach «jeder Kontinentalkrieg, den eine der Vertragsmächte zu bestehen habe, allen anderen gemeinsam ist». Doch wie stand es in dieser neuen politischen Konstellation mit Preußen?

Das von Napoleon gewünschte «Offensiv- und Defensivbündnis» mit Frankreich wollte man in Berlin nicht, denn es hätte gegen England ausgespielt werden können, aber gegen eine ganz allgemeine «Allianz» fand man nichts einzuwenden, zudem wußte man in Berlin, daß Frankreich und England über einen neuen Friedensvertrag verhandelten, weswegen auch die heikle Frage Hannover vorerst ausgespart bleiben und erst nach dem Friedensschluß endgültig entschieden werden sollte.

Das Kurfürstentum Hannover aber war 1805 (nach dem Abzug der Franzosen) von Preußen – mit dem Einverständnis Napoleons – militärisch besetzt worden, und Friedrich Wilhelm III. erklärte nun, er nehme es «in Verwahrung», eine verharmlosende Um-

schreibung der militärischen wie verwaltungsrechtlichen Okkupation des Landes. Im Vertrauen auf Napoleons Zusagen wurde die
preußische Armee wieder demobilisiert. Aber in Paris wollte man
jetzt den Vertrag von Schönbrunn nur dann ratifizieren, wenn
Preußen bereit sein würde, die Unverletzlichkeit der Türkei und
deren Verteidigung anzuerkennen – was den Konflikt mit Rußland
augenblicklich nach sich ziehen konnte – und alle Nordseehäfen,
Flußmündungen und den Hafen des neutralen Lübeck für die Engländer zu sperren, was Krieg mit England bedeuten mußte. Aber
Preußen, das den Frieden bewahren wollte, koste es, was es wolle,
stimmte dem Vertrag und seiner einseitig vorgenommenen Erweiterung am 15. Februar 1806 zu, wohl in der stillen Hoffnung, man
würde dies Verhalten den anderen Mächten so interpretieren können, daß daraus kein Konflikt entstünde.

Ein Trugschluß. England reagierte mit der Beschlagnahme
von 300 preußischen Handelsschiffen in britischen Häfen, kaper-
te preußische Schiffe auf hoher See und erklärte schließlich am
14. Mai Preußen den Krieg, zumal London nicht gewillt war, die
Einverleibung des Kurfürstentums Hannover hinzunehmen. Die
in der Nordsee liegende britische Flotte unternahm jetzt Angriffe
auf alle Schiffe vor der ostfriesischen Küste, blockierte den – preußischen – Hafen von Emden, beschoß die Häuser und Dörfer an
der Küste und auf den Inseln und unternahm wiederholt Landun-
gen britischer Seesoldaten, die u. a. Norderney plünderten. Zum
Schutz seiner friesischen Untertanen hatte Preußen schon am 3.
Mai aus Münster Truppen geschickt.

Was Preußen aber beunruhigte, war die französische Okkupation Süddeutschlands. Frankreich hatte nach dem Friedensschluß
seine Armee nicht in die Heimat zurückmarschieren lassen, sondern in Süddeutschland stationiert und auch die österreichische
Grenzfestung Braunau am Inn nicht geräumt. Der Grund dafür
war aber nicht eine Bedrohung Preußens, sondern das zwiespältige Verhalten Österreichs und Rußlands. Denn Österreich hatte

den Hafen von Cattaro nicht, wie im Friedensvertrag vorgesehen, den Franzosen übergeben, sondern einem russischen Flottenverband geöffnet, was Napoleon als Vertragsbruch ansah, denn mit Rußland gab es noch keinen Friedensvertrag. Zwar war am 20. Juli mit dem russischen Geschäftsträger in Paris ein entsprechendes Abkommen unterzeichnet worden, worin sich Frankreich bereit erklärte, binnen dreier Monate Süddeutschland zu räumen, aber der Zar wollte den Vertrag nicht ratifizieren, und damit wurde auch Cattaro nicht geräumt.

Daher drohte Frankreich, das ein erneutes Offensivbündnis der beiden Mächte befürchtete, in Österreich einzumarschieren und beließ seine Truppen in Süddeutschland. Und wenn auch Napoleon nicht daran dachte, Preußen anzugreifen, so hielt er die über so viele Monate währende Stationierung seiner Armee unfern der preußischen Grenzen doch zugleich auch für eine Möglichkeit, Preußen im Sinne seiner Politik zu beeinflussen.

Der Verbleib so vieler französischer Soldaten vornehmlich in Bayern und Württemberg bedeutete für die Bevölkerung eine schwere Belastung. Bitter beklagte sich König Friedrich I. von Württemberg bei Napoleon:

«Mit allen Opfern, die mit den Kräften meiner Staaten verträglich sind, habe ich mich bemüht, die Aufrichtigkeit meiner Anhänglichkeit an Ihre Person, ebenso wie meine Genauigkeit in der Erfüllung meiner Pflichten zu beweisen. Aber unsere Mittel sind erschöpft, die Zahl der in meinen Staaten einquartierten französischen Truppen und ihre ohne Unterlaß größer werdenden Bedürfnisse sind derart beträchtlich, daß wir voraussehen, in kurzer Zeit selbst an den wichtigsten Gegenständen völlig Mangel zu leiden. Ich muß Eure Majestät inständig bitten, diesen Zustand aufhören zu lassen und uns eine Erleichterung zu verschaffen, die meine unglücklichen Untertanen durchaus brauchen; dies ist unbedingt notwendig, wenn Sie sich in mir einen Verbündeten bewahren wollen, der Ihnen nützlich sein kann. Ich hoffe glauben zu dürfen, daß Ihre Gefühle mir gegenüber sich nicht geändert haben, um nicht mit Gewißheit zu erwarten, daß Sie auf meine dringenden Vorstellungen Rücksicht nehmen werden.»

Auch wenn die Disziplin der französischen Soldaten im allgemeinen hervorragend war, so war die Verpflichtung, gleich mehrere Armeekorps zu versorgen, erdrückend, und die davon betroffenen Deutschen empfanden sich nicht als Verbündete, sondern als Okkupierte. Es war daher verständlich, wenn immer wieder anonyme antifranzösische Pamphlete auftauchten, auch wenn sie von den deutschen wie französischen Behörden nicht sonderlich beachtet wurden, da sie für politisch unerheblich angesehen wurden.

Das änderte sich, als im Mai 1806 in Bayern eine anonyme Flugschrift von 144 Seiten kursierte: *Deutschland in seiner tiefen Erniedrigung*. Sie ging u. a. auch in je 12 Exemplaren an die Buchhandlungen Stage und Rieger in Augsburg, Absender war die Steinsche Buchhandlung in Nürnberg. Mitte Juli erfuhren die bayerischen Behörden davon, beschlagnahmten die noch nicht verkauften 14 Exemplare in Augsburg und schärften den Buchhändlern ein, keine gegen Napoleon gerichteten Pamphlete künftig zu verkaufen. Bis dahin wäre der Vorgang öffentlich unbemerkt geblieben, hätte der Augsburger Polizeidirektor neben seiner vorgesetzten Dienststelle nicht auch übereifrig und überflüssig die französische Militärbehörde informiert. Marschall Lefèbvre berichtete nach Paris, wo das *Journal de Paris*, aus Regierungskreisen gezielt mit dem Fall bekannt gemacht, sich über die «Schandschrift gegen den Kaiser und die große französische Armee» empörte und die Steinsche Buchhandlung in Nürnberg als Quelle allen Übels namentlich benannte.

Ihr Inhaber, der Buchhändler und Verleger Johann Philipp Palm, dessen antifranzösische Gesinnung kein Geheimnis war, wurde am 28. Juli von einer Haussuchung überrascht, bei der aber weder das Manuskript der Broschüre noch gedruckte Exemplare entdeckt wurden. Das aber zählte nicht, denn inzwischen hatte sich Napoleon der Angelegenheit persönlich angenommen und am 5. August seinem Münchner Statthalter Marschall Berthier geschrieben:

«Mein Vetter, ich hoffe, Sie haben die Buchhändler von Augsburg und Nürnberg verhaften lassen. Ich wünsche, daß sie vor ein Kriegsgericht gestellt und binnen 24 Stunden erschossen werden. Es ist kein gewöhnliches Verbrechen, in Orten, an denen sich die französischen Armeen befinden, Schmähschriften zu verbreiten, um die Einwohner gegen die Soldaten aufzuhetzen; es ist Hochverrat! Das Urteil soll darauf gegründet sein, daß, da es die Pflicht des Befehlshabers einer Armee ist, überall, wo sie sich befindet, über sie zu wachen, die Personen so und so, welche des Versuchs überführt wurden, die Einwohner von Schwaben gegen die französische Armee aufzureizen, zum Tode verurteilt sind. In diesem Sinne soll das Urteil abgefaßt werden. Lassen Sie die Schuldigen in eine Division bringen und ernennen Sie sieben Obersten, um sie zu richten. Sie müssen in dem Urteil feststellen lassen, daß die Schmähschriften von den Buchhändlern Kupfer in Wien und Eurich in Linz verbreitet und beide *in contumaciam* zum Tode verurteilt, worden sind. Dieses Urteil soll, wenn man ihrer habhaft wird, überall vollzogen werden, wo sich französische Truppen befinden. Lassen Sie auch das Urteil in ganz Deutschland verbreiten.»

Daraufhin wurde der Augsburger Buchhändler Karl Friedrich von Jenisch (Buchhandlung Stage) am 13. August verhaftet, Palm tags darauf; beide wurden nach Braunau gebracht. Jenisch und zwei Mitangeklagte wurden dank der Fürsprache ihres Landesherrn freigesprochen, Palm am 25. August wegen Hochverrats zum Tode verurteilt und einen Tag später erschossen, alles wie befohlen. Das Gericht verfügte, das Urteil sollte auf 6000 Plakaten in französischer und deutscher Sprache gedruckt werden, «um überall, wo es nothwendig ist, ausgetheilt und angeheftet zu werden», was dann in allen 16 Rheinbundstaaten auch geschah.

Entsetzt schrieb am 1. September der sich in Nürnberg aufhaltende Hamburger Buchhändler Friedrich Campe an seinen Vetter und Kollegen Friedrich Vieweg in Braunschweig:

«Eine schreckliche Nachricht muß ich Ihnen melden, lieber Vetter. – Der Buchhändler Palm, Eigenthümer der Steinschen Buchhandlung ist in Braunau von den Franzosen todt geschossen! – Er war Verleger des Buchs *Deutschland in seiner tiefen Erniedrigung*. (…) Die Sache ist empörend; Worte muß man darum nicht verlieren. Gott gebe Krieg! Es ist die einzige Rettung. – Was mit uns noch weiter werden soll, mag der Dionysius wissen. Alle Collegen sind in Furcht und Schrecken. Ich nicht. Seiner Bestimmung kann man nicht entgehen; wol aber kann man sie mit Kraft und Würde bestehen. – Das hat auch Palm gethan; er ließ sich lieber nieder schießen, als daß er den Verfasser angegeben hätte. Die unglückliche Frau und vier (*drei*) ganz kleine Kinder sind zu beklagen. Auf jeden Fall sind wir hier in einer ganz unerhörten Lage. Hätte ich nicht Haus und Hof, dann wüßte ich schon was ich thäte. Doch kömmts zu arg, dann giebt es noch Mit-

Johann Philipp Palm. Anonyme Graphik. Der Nürnberger Buchhändler und Verleger verbreitete im Mai 1806 die Broschüre *Deutschland in seiner tiefen Erniedrigung*, die zum Aufstand gegen Napoleon aufrief. Dafür wurde er am 26. August 1806 von den Franzosen erschossen.

tel. Was sind die Menschen in Norddeutschland für den Augenblick zu beneiden! O, wenn sie nur bald alles aufbieten mögten, um ihre Freiheit zu erhalten und unser Joch zu zerschlagen. An Hülfe fehlte es wahrlich nicht. Es ist nur eine Stimme im ganzen Lande, und die gefesselten Länder werden die wüthendsten seyn.»

Warum mußte gerade Palm exekutiert werden? Die Broschüre war in einer ersten Auflage von etwa 500 Exemplaren im Mai 1806 erschienen, eine zweite Auflage, um 24 Seiten erweitert und aktualisiert, war kurz vor Palms Verhaftung fertiggestellt worden, sie wurde vom Buchdrucker Hessel dann bis auf wenige Stücke vernichtet; die Anklage der Franzosen gründete sich auf diese zweite Auflage.

Ihr Text erweist sich als eine kluge und vorausschauende Analyse der politischen Zustände in Mitteleuropa 1805/06 als Folge der Politik Napoleons. Angeprangert wurde nicht nur Frankreichs rücksichtslose Machtpolitik, sondern ganz besonders das Versagen der deutschen Fürsten in ihrer Servilität gegenüber Napoleon, vor allem das stets zaudernde und ängstliche Taktieren Preußens, das Frieden um jeden Preis wollte, auch um den Preis der unablässigen Demütigung. Was aber Napoleon besonders empört hatte, war der Aufruf zum bewaffneten Widerstand, mit dem die Broschüre (in der zweiten Auflage) endet:

«Zween der mächtigsten Europäischen Höfe, auf deutschem Boden, der eine im Feld, der andere im Kabinet, treulos bedient, als ob Frankreichs Herrscher ihnen den Taumelkelch gereicht hätte, nehmen in dieser höchstwichtigen Angelegenheit, die Miene der Gleichgültigkeit an. Völlig gewinnt es das Ansehen als hätten *Franz* und *Friedrich Wilhelm* vergessen, daß sie über Millionen beherzte, muthvolle, mannfeste, ehrliche Deutsche, gebieten; vergessen, daß sie Deutschlands rechte und linke Hand sind, die nur winken darf, so ist der ganze Körper in Bewegung; vergessen, daß der französische Sultan, aus deutschen Fürsten, tributpflichtige Hospodars zu machen, gedenkt, und dazu bereits alle Anstalten trift. Wie vielen Helden unter den Kais. Oestreichischen Königlich Preußischen, Kursächsisch und Hessischen Armeen, aus Fürstlich-Gräflich-Ritterlichen Häusern und Familien, schlägt noch heute das Herz so heroisch, als ihren Uranherren? Können diese die Schmach ihrer eignen, so wie des ganzen deutschen Vaterlandes Erniedrigung, ohne sich an dem Unterdrücker gerächt zu haben, überleben? Sollte diesem Kern der germanischen Nation, Freiheit nicht heiliger, als das Leben selbst sein? Nein, *Erhabene*, Eure Weisheit, Euer Muth, hält noch wie ein Anker das schwankende Schiff unsrer Hoffnung. Gehet als Vormünder der ganzen deutschen Menschheit zu *Franz*, und *Friedrich Wilhelm*, zu *Friedrich August* und *Wilhelm*, und sagt Ihnen, daß die Nation nur Ihren Aufrufe erwarte, und ihr Anblick im Harnisch wird des Feindes Schrecken, im Kampfe sein Untergang sein.»

Der anonyme Verfasser von *Deutschland in seiner tiefen Erniedrigung*, den der Buchhändler und Verleger Palm gekannt hat, aber vor Gericht nicht nennen wollte (es hätte sein Leben ohnehin nicht gerettet), konnte nie ermittelt werden. Verschiedene Namen sind schon früh genannt worden; wahrscheinlich ist es Johann Konrad Yelin (1771–1826) gewesen, Verwaltungsbeamter im (bis 1806) preußischen Ansbach.

Das Schicksal des unglücklichen Johann Philipp Palm, dessen Leben im Alter von vierzig Jahren durch die Kugeln eines französischen Exekutionskommandos endete, fand ein teilnehmendes Interesse in der Berliner Presse, die darüber berichtete und zu einer Sammlung zugunsten der Hinterbliebenen des Nürnberger Buchhändlers aufrief. Vielleicht wäre das Echo noch weitaus größer gewesen, wenn sich nicht jetzt, Ende August 1806, alles Interesse auf die sich zuspitzende Konfrontation zwischen Preußen und Frankreich konzentriert hätte.

Viertes Kapitel

Der Stock regiert nicht mehr
Die Niederlage Preußens

In Berlin pflegten König Friedrich Wilhelm III. und sein Kabinett weiterhin unbeirrt die Illusion, Preußen als eine Insel des Friedens erhalten zu können. Man hatte ja Napoleons Wünschen immer wieder nachgegeben und sich dafür schließlich die Kriegserklärung Englands eingehandelt, der die von Schweden folgte, dessen Schiffe nun die preußischen Ostseehäfen blockierten.

Am 25. Juni 1806 schrieb die Berlinerin Agnes von Gerlach an ihre Schwester:

«An einen langen blutigen Krieg glaubt man hier nicht, vielmehr ist hier der allgemeine Glaube, daß an keinen Widerstand gegen Frankreich zu denken sei, ehe nicht ein Marlborough oder ein Prinz Eugen aufsteht – sowohl in Rußland, Österreich als hier. – Da hieran dem Anschein nach vors erste nicht zu denken ist, so nimmt man als bekannt an, daß alles Napoleons Winken folgen muß. (…) Die letzte Stunde des preußischen Staates ist schon da, er liegt begraben unter seiner ehemaligen Größe. Daß er dem Namen nach auch verschwinden wird, glaubt man wohl hier mit Recht nicht, da es unter Napoleons Grundsätze gehört, viele schwache Staaten gegen sich zu haben. (…) Übrigens tut man dem König doch wohl Unrecht, ihm alle Schuld der mißlungenen Sache aufzubürden, ich dächte, die beiden Kaiser (*Franz II. und Alexander I.*) hätten reichlich das ihrige dazu beigetragen – nur so erbärmlich nicht wie wir.»

Damals war gerade in Berlin ein Buch erschienen, das für einiges Aufsehen sorgte: *Der Feldzug von 1805, militärisch-politisch betrachtet.* Verfasser war der Militärschriftsteller und preußische Offizier a. D. Heinrich von Bülow. Vor allem war Bülow hervorgetreten mit dem Entwurf einer umfassenden, tiefgreifenden Reform der preußischen Armee. Daß die preußische Generalität darauf nicht begeistert reagierte, sondern dem Verfasser die kalte Schulter zeigte, hatte Bülow, der von seinem Genie überzeugt war und das auch sehr selbstbewußt aussprach, äußerst ergrimmt. Die Schwächen des preußischen Militärapparats hatte er richtig erkannt und beschrieben, aber er neigte zur Selbstüberschätzung, und sein Buch über den Feldzug von 1805 ist eine Mixtur aus zutreffenden Erkenntnissen, wirren Darstellungen und kräftiger Polemik. Er bewunderte Napoleon, verachtete Österreich und noch mehr Rußland und übte auch an Preußen Kritik.

Bald nach Erscheinen des Werks protestierten die Botschafter der angegriffenen Staaten bei der preußischen Regierung. Bülow wurde verhaftet, an die Russen ausgeliefert und starb unter nie geklärten Umständen 1807 in der Festung Riga, angeblich an den Folgen erlittener Mißhandlungen nach einem Fluchtversuch. Er hat Preußens Schicksal ziemlich genau vorausgesagt in einer weiteren, im Juni 1806 publizierten Schrift.

Bülows Kritik an der preußischen Armee war nur zu berechtigt. Seit den Tagen des Siebenjährigen Krieges hatte sie nie eine wirklich gründliche Reform erfahren. Die veränderte, erfolgreiche Taktik der französischen Armee war zwar durchaus bemerkt, aber nicht für die eigene nutzbar gemacht worden, was ganz wesentlich mit der Behandlung des Soldaten zu tun hatte, der Eigeninitiative nicht kannte und dem jedes selbständige Handeln aberzogen wurde. Wie eh und je regierte der Stock. Demütigen-

Friedrich Wilhelm III. von Preußen und seine Gemahlin Luise. Gemälde von Friedrich Georg Weitsch, 1799. Der sonst auf Frieden bedachte König ließ sich 1806 verleiten, einen Krieg gegen Frankreich zu beginnen, der Preußen teuer zu stehen kam.

de Körperstrafen, in der französischen Armee schon seit langem abgeschafft, galten in der preußischen für unentbehrlich. Friedrich Wilhelm Beeger, Tambour eines preußischen Infanterie-Regiments, erzählt:

«Die Unteroffiziere durften den Soldaten nach ihrem eigenen Ermessen jederzeit drei Stockschläge geben, Fußtritte und Stöße vor die Brust und unter das Kinn wurden gar nicht gerechnet. Auch ich ging selten vom Exercieren heim, ohne dergleichen Mißhandlungen reichlich erfahren zu haben. Manchmal fürchtete ich dem Schmerz zu erliegen, und nur der Gedanke konnte mich aufrecht erhalten: ich habe diesen Lebensweg selbst gewählt, ich muß also alles Ungemach, das mir auf demselben begegnet, muthig ertragen.

Die acht Groschen Löhnung auf je 5 Tage reichten nach Abzug der Ausgaben für Putzzeug und dergleichen unentbehrliche Dinge nicht hin, die Lebensbedürfnisse des Soldaten bei der größten Mäßigkeit zu befriedigen. – Viele suchten sich daher in der dienstfreien Zeit durch Verrichtung von allerlei Handarbeiten etwas zu verdienen. Die Fleißigeren arbeiteten als Handlanger bei Maurern und Zimmerleuten, die Meisten standen aber, nach Art der heutigen Eckensteher, auf den belebtesten Straßen Berlins, namentlich in der Nähe der Post, und ließen sich zur Fortschaffung von Sachen u. dergl. verwenden, wofür sie oft gute Bezahlung erhielten.

Als auch mich der Hunger einmal hinaustrieb, mir einen solchen Verdienst zu suchen, wurde ich von den älteren Soldaten, welche dies Geschäft schon lange betrieben hatten und es förmlich als ihr Privilegium betrachteten, so bitter verhöhnt, daß ich, auf's Tiefste beleidigt, wieder zur Kaserne zurückschlich, fest entschlossen, lieber die Qualen des Hungers zu ertragen, als mich dem rohen Spott meiner lieblosen Kameraden auszusetzen.

Dem Hauptmann klagte ich meine Noth und der rieth mir, bei den Maurern auf Tagelohn zu gehen. Die Gelegenheit dazu wurde mir durch Vermittelung meines Protectors von einem Unteroffizier verschafft, der als gelernter Maurer bei dem Bau eines Palais am Wilhelmsplatze beschäftigt wurde.

Aber ich war leider für diesen Hülfsdienst vollständig unbrauchbar, denn als ich mit einem Gefäß voll Kalk auf der Schulter 50 Fuß über der Erde das schwankende Gerüst noch höher hinaufklettern sollte, ergriff mich ein Schwindel, meiner zitternden Hand entfiel das Gefäß, und hätten mich nicht die rettenden Fäuste eines kräftigen Maurergesellen auf der Leiter erhalten, so würde ich unfehlbar dem Gefäß nachgestürzt sein.

Von den Arbeitern als ein Schwächling verspottet, verließ ich den Bau mit dem festen Vorsatze, künftig lieber auf ebener Erde zu bleiben, da meine Natur mich nicht befähigte, einen erhabenen Standpunkt einzunehmen. Auf ebener Erde war aber leider für mich nichts zu verdienen, daher mußte ich denn in stiller Ergebung mich an Entbehrungen zu gewöhnen suchen.»

Solche Verhältnisse wären in der Armee Napoleons unvorstellbar gewesen. Jegliche körperliche Züchtigung war strengstens verboten, die Soldaten bekamen ausreichend Sold und eine gute Verpflegung. Seit der Revolution kämpfte der französische Soldat motiviert, und selbstverständlich stand ihm eine Karriere vom untersten Dienstgrad bis zum Marschall offen, während in Preußen das Offizierskorps dem Adel vorbehalten blieb. Bei Austerlitz waren die französischen Regimenter mit dem Siegesgesang *On va leur percer le flanc* (Wir werden ihnen die Flanke durchbohren!) zum Angriff angetreten, die preußische Infanterie, die noch nicht einmal Mäntel besaß, sang (wenn keine Offiziere in der Nähe waren):

Fürs Vaterland zu sterben,
Wünscht mancher sich.
Zehntausend Taler erben:
Das wünsch ich mich!

Das Vaterland ist undankbar,
Und dafür sterben? – O du Narr!

Dennoch beruhte Preußens Hoffnung auf dieser Armee, und
auch die Bevölkerung, die vom Elend wenig, von den properen
bunten Uniformen aber desto mehr zu sehen bekam, vertraute
ihren Soldaten blind. Ein prächtiges militärisches Zeremoniell
mit Uniformierten, die wie ein präzises Uhrwerk funktionierten,
verfehlte nie seinen Eindruck.

Sollte Napoleon nur kommen! Hatte man die Franzosen nicht
eben noch in der Schlacht von Roßbach zu Paaren getrieben? Das
lag zwar schon 49 Jahre zurück, aber den Preußen schien es, als sei
es erst gestern gewesen. Da mochte man Miesmacher wie Bülow
nicht hören oder lesen. Kriegsbegeisterung im Theater: Wenn bei
einer Aufführung des jetzt besonders gern inszenierten *Wallen-
steins Lager* von Schiller das Lied «Wohlauf, Kameraden, aufs Pferd,
aufs Pferd,/ins Feld, in die Freiheit gezogen!», angestimmt wurde,
sang das Publikum begeistert mit.

Oder wenn es im ersten Akt von Schillers *Jungfrau von Orleans*
von der Bühne deklamierte:

Für seinen König muß das Volk sich opfern,
Das ist das Schicksal und Gesetz der Welt.
Nichtswürdig ist die Nation, die nicht
Ihr alles freudig setzt an ihre Ehre –

dann brach das ganze Theater in jubelnde Ovationen aus. Die
Berliner Zeitschrift *Der Hausfreund* «bedauert die Blindheit der französischen Nation, die, bekannt mit der Überlegenheit der preußischen Waffen, es wagt, ihren Ruhm und ihre Ehre im Kampf
mit uns auf das Spiel zu setzen». Denn der Feind galt als längst
ausgemacht, auch wenn noch keine Kriegserklärung erfolgt war:
Frankreich.

In diese erregte Stimmung hinein erreichten gleich mehrere alarmierende Meldungen den Berliner Hof. Am 6. August berichtete eine Depesche des preußischen Gesandten Lucchesini aus Paris, englische Diplomaten hätten ihn wissen lassen, Napoleon habe in den Verhandlungen angeboten, das Kurfürstentum Hannover an England zurückzugeben und Preußen für den Verlust mit anderen Gebieten zu entschädigen (hier dachte er vielleicht an das damals zu Schweden gehörende Pommern). Kurfürst Wilhelm von Hessen, der hartnäckig seine Neutralität verteidigte, erklärte, der französische Botschafter habe ihm für den Beitritt zum Rheinbund Gebiete in Westfalen angeboten. Und schließlich meldete General Blücher aus Münster, die französischen Truppen in der Grenzfestung Wesel seien verstärkt worden.

Daraufhin befahl der preußische König am 9. August die Mobilmachung seiner Armee. Die feindliche Stimmung in Berlin erlebte damals der französische Oberleutnant Marcellin de Marbot, den Napoleon als Kurier nach Berlin geschickt hatte:

«Vor meiner Abreise aus Berlin konnte ich mich noch selbst überzeugen, wie der Haß gegen Napoleon die sonst so ruhige preußische Bevölkerung in einen wahren Taumel der Aufregung versetzte. Die Offiziere von meiner Bekanntschaft wagten nicht mehr, das Wort an mich zu richten oder mich zu grüßen; mehrfach wurden Franzosen vom Pöbel tätlich angegriffen.»

Napoleon nahm das nicht ernst. Man dürfe die «lächerlichen Rüstungen» Preußens nicht beachten, schrieb er am 26. August seinem Generalstabschef Berthier, «da es wirklich meine Absicht ist, die Truppen nach Frankreich heimkehren zu lassen». Eine Woche vorher hatte Frankreich alle österreichischen Kriegsgefangenen nach Hause geschickt, ein Zeichen, daß Napoleon mit Feindseligkeiten Österreichs nicht mehr rechnete. Noch am 12. September schrieb der Kaiser in einer Note an sein Außenministerium:

«Ganz Europa ist über die gegenwärtige Rüstung Preußens erstaunt, und doch ist es immer derselbe Beweggrund, der das

Kabinett bereits seit 12 Jahren veranlaßt, fortwährend zu rüsten, Wenn dem so ist, muß man ihm Zeit geben, sich wieder zu beruhigen, und es in Frieden wieder abrüsten zu lassen. Es kann indes möglich sein, daß sich Preußen, nachdem es sich aus Furcht bewaffnet hat, infolge meiner Willfährigkeit beruhigt, aber über seine eigene Stärke erschrickt und mit den anderen europäischen Mächten Allianzen eingeht. Diese Verbindungen werden zwar nur schwach sein, immerhin muß ich sie in Betracht ziehen und auf meiner Hut sein.»

Diese Allianzen ging Preußen ein. Die eine betraf Sachsen, mit dem Anfang September ein Bündnis geschlossen wurde, während sich das Kurfürstentum Hessen trotz allen Werbens strikt jeglicher Allianz verweigerte. Mit Rußland wurde zwar auch verhandelt, aber die russische Armee würde frühestens und auch nur teilweise im November einsatzbereit sein. England hob die Blockade preußischer Schiffe auf, wollte aber erst nach der vollständigen Räumung des Kurfürstentums Hannover den Kriegszustand beenden und Preußen finanziell unterstützen. Auch Schweden erklärte sich zum Frieden und zum militärischen Beistand gegen Frankreich bereit. Doch von Siegeszuversicht war nicht einmal die preußische Generalität erfüllt, wie ein Brief zeigt, den General Ernst Wilhelm Friedrich von Rüchel am 15. August seiner Frau schrieb:

«Noch glaubt man nicht an den Krieg, tut alles, um ihn jetzt hervorzurufen, wo man nicht vorbereitet ist, ergreift halbe Maßregeln; und es ist nicht zu bezweifeln, diese werden die mutige und tüchtige Armee zugrunde richten.»

So war es. Preußens Armee war auf allen Gebieten nur noch als museal zu bezeichnen, das Offizierskorps überaltert, die Generale ehrwürdige Greise. Zum Oberkommandierenden bequemte sich nach langem Bitten endlich der Herzog Karl Wilhelm Ferdinand von Braunschweig, 71 Jahre alt, der sich nach eigenem Eingeständnis mit der Aufgabe überfordert fand und keinen fähigen Stellvertreter besaß. Entscheidungen traf nach stundenlangen

Beratungen (bei denen der Herzog oft einnickte) ein vielköpfiger Kriegsrat nach dem Grundsatz, nur absolut sichere (gefahrlose) Maßnahmen zu treffen und kein Risiko einzugehen. Dazu gehörte die unbegreifliche Entscheidung, im Osten Preußens stehende Reserven nicht zu mobilisieren und heranzuziehen; so fehlten dann bei Kriegsausbruch an der Westgrenze 108 000 Soldaten, die vielleicht den Verlauf hätten ändern können. Auch das Kurfürstentum Sachsen, dessen Armee 30 000 Soldaten zählte, ließ 8000 Mann gar nicht erst ausrücken. Der Operationsplan sah eine offensive Bewegung durch den Thüringer Wald in Richtung Bayreuth und Stuttgart vor in der festen Annahme, Napoleons Armee würde diesem Vormarsch untätig entgegensehen.

Ähnlich dilettantisch war das politische Verhalten des Königs. Nachdem er sich jegliche Willkür Napoleons hatte gefallen lassen, um ihn nicht zu erzürnen, schrieb er dem Kaiser am 25. September unerwartet einen umfangreichen Brief voller empörter Vorwürfe, die für jeden Herrscher, nicht nur Napoleon, beleidigend gewesen wären. Der preußische Staatskanzler Hardenberg hat später über diesen Brief zutreffend gesagt: «Höchstens war das die Sprache, die der Sieger führen konnte, nachdem er ihn (*Napoleon*) gedemütigt hatte.»

Napoleon, der mit dem Krieg einer neuen gegen ihn gerichteten Koalition rechnen mußte, sah, daß die militärische Auseinandersetzung nicht mehr zu umgehen war und daß er rasch handeln mußte, ehe die russische Armee Preußen zu Hilfe kommen konnte. Er verließ Paris genau an dem Tag, an dem der preußische König seine Anklage zu Papier brachte, und erhielt sie in Bamberg, Inzwischen aber hatte Friedrich Wilhelm III. noch ein Ultimatum vom 1. Oktober nachgereicht, in dem er den Kaiser aufforderte, bis zum 8. Oktober augenblicklich Süddeutschland zu räumen, eine Note, ebenso unbedacht wie sein Brief und ein Zeugnis maßloser Selbstüberschätzung. Napoleon antwortete darauf am 12. Oktober («Kaiserliches Hauptquartier Gera»):

«Ich erhielt erst am 7. den Brief Eurer Majestät vom 25. September. Es tut mir außerordentlich leid, daß man Sie ein derartiges Pamphlet hat unterzeichnen lassen. – Ich antworte Ihnen nur, um Sie zu versichern, daß ich Ihnen die darin enthaltenen Beleidigungen niemals persönlich zuschreiben werde, weil sie Ihrem Charakter zuwider sind und uns beiden zur Unehre gereichen. Ich bedaure und verachte zugleich die Macher eines solchen Werks. Kurz darauf erhielt ich die Note Ihres Gesandten vom 1. Oktober, die mich für den 8. zu einem Rendezvous aufforderte. Als guter Kavalier habe ich Wort gehalten und befinde mich nun im Herzen Sachsens. – Glauben Sie mir, ich habe so mächtige Streitkräfte, daß alle die Ihrigen den Sieg nicht lange schwankend machen können! Warum aber so viel Blutvergießen? Zu welchem Zweck? (…) Sire, ich habe gegen Eure Majestät nichts zu gewinnen. Ich will nichts von Ihnen, noch habe ich etwas von Ihnen gewollt. Der gegenwärtige Krieg ist unpolitisch! – Ich fühle, daß ich durch diesen Brief vielleicht das jedem Fürsten eigne Feingefühl verletze, doch die Umstände erlauben keine Rücksicht. Ich spreche zu Ihnen, wie ich denke. Und übrigens, gestatten Sie mir, Majestät, zu bemerken, daß es für Europa keine Neuigkeit ist, wenn es erfährt, daß Frankreich dreimal so viel Untertanen besitzt und ebenso tapfer und kriegsgeübt ist wie die Staaten Eurer Majestät! Ich habe Ihnen keinen wirklichen Grund zum Kriege gegeben. Befehlen Sie diesem Schwarm von Übelgesinnten und Unbedachten im Angesichts Ihres Throns zu schweigen und ihm die schuldige Achtung zu erweisen. – Geben Sie sich und Ihren Staaten den Frieden zurück!»

Napoleons Wort von seinen «so mächtigen Streitkräften» traf es genau: Preußen war – einschließlich seiner sächsischen Verbündeten – mit 142 800 Soldaten in die thüringischen Herzogtümer eingefallen, die französische Armee zählte – einschließlich der später eintreffenden Verstärkungen – 177 376 Soldaten, von denen ein Teil zur Besetzung Norddeutschlands diente; hinzu kamen noch 33 287 Soldaten des Rheinbunds, insgesamt also 208 563 Mann.

Als der Kaiser seine Antwort an Friedrich Wilhelm schrieb, hatten die ersten Kampfhandlungen gerade stattgefunden: Am 9. Oktober waren die Preußen unter General Tauentzien im ersten Gefecht des Krieges bei Schleiz zurückgeschlagen worden, am Tag darauf wurde die preußisch-sächsische Avantgarde bei Saalfeld völlig zersprengt und ihr General, Prinz Louis Ferdinand von Preußen, dabei getötet. Der Tod des überaus populären und bewunderten Prinzen, erst 33 Jahre alt, deprimierte Volk und Armee und erschien allen als ein verhängnisvolles Vorzeichen.

Beiden Seiten fehlte eine zuverlässige militärische Aufklärung. Als am Morgen des 14. Oktober bei Jena Franzosen und Preußen aufeinanderstießen, wußte Fürst Hohenlohe, Kommandeur eines preußisch-sächsischen Armeekorps, nicht, daß ihm Napoleon selbst gegenüberstand und glaubte zunächst an ein Vorpostengefecht. Aber auch Napoleon irrte, als er in seinem Gegner die preußische Hauptarmee unter dem Befehl des Herzogs von Braunschweig vermutete. Die aber stand etwa 30 km weiter bei Auerstedt, wo sie mit dem 3. französischen Armeekorps unter Marschall Davout zusammengestoßen war, wobei Davout nicht wußte, daß seinen 27 000 Soldaten die doppelte Anzahl Preußen gegenüberstand, wie auch die Preußen nichts von der Unterlegenheit ihres Gegners ahnten.

In den ersten Morgenstunden herrschte überall ein so dichter Nebel, daß keine Seite sich ein genaueres Bild des jeweiligen Gegners machen konnte. Schon bald nach dem Beginn der Schlacht bei Auerstedt, die sich um Hassenhausen konzentrierte, wurde der Herzog von Braunschweig, der sich zu weit vorgewagt hatte, durch einen Schuß in beide Augen schwer verwundet und konnte sein Kommando nicht mehr wahrnehmen. Im preußischen Hauptquartier fühlte sich niemand für den Oberbefehl verantwortlich, der König verhielt sich hilf- und entschlußlos, die großen Reserven wurden nicht herangeholt, und bald befand sich die preußische Hauptarmee in wilder Flucht. In Jena brach der preußische

Widerstand am frühen Nachmittag völlig zusammen. Die geschlagenen und demoralisierten Preußen flohen in Panik, sie verloren fast ihre ganze Artillerie und unzählige Gefangene. Daß am 14. Oktober eine Doppelschlacht mit einem Doppelsieg stattgefunden hatte, erfuhr Napoleon erst am nächsten Tag.

Ihre eigentliche Beute aber holten sich die Sieger bei der Bevölkerung von Jena und Weimar. Am 13. Oktober morgens um sieben Uhr waren die ersten französischen Soldaten in Jena eingedrungen, wo sie die letzten noch verbliebenen Preußen vertrieben. Die Bevölkerung hatte die Preußen in vorbildlich gepflegten schönen Uniformen kennengelernt und war nun über den Anblick der einrückenden Franzosen einigermaßen erstaunt:

«Alle trugen beim Marsche kurze Mäntel – Kapots genannt –, die verschieden gefärbt waren und durch die vielen Strapazen sich in einer traurigen Verfassung befanden. Nur wenige Regimenter

Biwak der französischen Armee am Abend der Schlacht von Jena. Lavierte Sepiazeichnung von Benjamin Zix, 1806. Die französischen Sieger wärmen sich am Feuer, das sie mit zerstörten preußischen Gewehren unterhalten, Symbol ihres großen Triumphes.

hatten Tschakos, die meisten trugen dreieckige Hüte als Kopfbedeckung, an welche sie Löffel gesteckt hatten. Diese Löffel waren
nicht etwa ein besonderes Abzeichen und sollten nicht die Min-
derwertigkeit der Truppen bezeichnen, wie man wohl meinte,
sondern sie hatten den Zweck, den Soldaten mit diesem zu Essen so nötigen Instrument in jeder Lage zu versehen. Die Uniformen trugen sie zur Schonung unter dem Kapot oder im Tornister.
Einige Soldaten sollen gar in Weibermänteln, Priesterröcken und
anderen Hüllen einherstolziert sein. Selbst die Offiziere trugen auf
dem Marsche nicht die gleiche Kleidung. Über die einfache Marsch-
uniform hatte der eine einen blauen Mantel nach dem neusten
Pariser Schnitt, der andere einen erbsfarbigen Oberrock und ein
dritter einen langhaarigen Flausrock geworfen, sodaß ein mar-
schierendes Regiment eine Musterkarte aller möglichen Trachten
war.»

Viele Bürger hatten geglaubt, Napoleons Soldaten wie Gäste
begrüßen zu sollen, Tische mit Brot, Wein und Lebensmitteln aufgestellt, und fanden sich dann unangenehm überrascht, als die
Gäste ihnen als erstes Uhren und Geld abnahmen, ehe sie wei-
terzogen. Gegen 16 Uhr kam Napoleon selbst, bezog Quartier im
Schloß und ritt hinaus, um vom Landgrafenberg aus das Gelände
zu inspizieren. Dabei sah ihn der Philosoph Georg Wilhelm Friedrich Hegel, der noch am selben Tag seinem Freund, dem Theologen Friedrich Immanuel Niethammer, in Bamberg schrieb:

«Den Kaiser – diese Weltseele – sah ich durch die Stadt zum
Rekognoszieren hinausreiten; – es ist in der Tat eine wunderbare Empfindung, ein solches Individuum zu sehen, das hier auf
einen Punkt konzentriert, auf einem Pferde sitzend, über die Welt
übergreift und sie beherrscht. Den Preußen (…) war freilich kein
besseres Prognostikon zu stellen, – aber von Donnerstag bis Mon-
tag sind solche Fortschritte nur diesem außerordentlichen Manne
möglich, den es nicht möglich ist, nicht zu bewundern. (…) Wie
ich schon früher tat, wünschen nun alle der französischen Armee

Glück, was ihr bei dem ganz ungeheuern Unterschiede ihrer Anführer und des gemeinsten Soldaten von ihren Feinden auch gar nicht fehlen kann; so wird unsre Gegend von diesem Schwall bald befreit werden.»

Während sich Napoleon außerhalb Jenas auf den kommenden Tag vorbereitete, suchten seine Truppen in der Stadt nach Verpflegung: «Das Suchen nach Lebensmitteln artete in vollständige Plünderung aus, und als vollends die Köpfe durch den in vielen Kellern gefundenen Landwein erhitzt waren, kam es zu so schrecklichen Excessen, vor welchen sich die Feder sträubt sie wieder zu erzählen», berichtet ein Augenzeuge. Und: «Alles Brennbare wird auf die Straße geschleppt, die überall lodernden Wachtfeuer zu speisen; Wagen voll Beute fahren durch die Stadt. Schlachtvieh wird dazwischen weggetrieben. Das Brot auf den Bajonetten, den Wein in Eimern, die Betten auf dem Rücken, ziehen die verwegen dreinschauenden Gesellen in Trupps durch die Straßen, einem der vielen Fenster oder andern Häusern, neuer Beute zu.» Leidliche Sicherheit bestand nur für die Häuser, in denen Offiziere und Generale einquartiert waren. Dann brach auch noch Feuer aus; 19 Häuser brannten ab. Drei Männer und eine Frau kamen in dieser Nacht gewaltsam ums Leben. Hegel wurde von «diesem Schwall» am Morgen des 14. heimgesucht, wobei die Seiten seiner soeben vollendeten *Phänomenologie des Geistes* «wie Lotterielose» umherflatterten. «So hat sich kein Mensch den Krieg vorgestellt, wie wir ihn gesehen», klagte er Niethammer zehn Tage später.

Während in Jena während des ganzen 14. Oktober unablässig französische und preußische Verwundete vom Schlachtfeld eintrafen, verfolgten die Sieger die geschlagenen Truppen Hohenlohes bis nach Weimar, wo sich einzelne preußische Einheiten noch am Nachmittag mit den Franzosen Gefechte lieferten, worauf französische Artillerie begann, in die Stadt hineinzuschießen.

«Jetzt rasten die Kanonen, der Fußboden bebte, die Fenster klirrten», berichtete die Schriftstellerin Johanna Schopenhauer ihrem Sohn Arthur. «O Gott wie nahe war uns der Tod, wir hörten keinen einzelnen Knall mehr, aber das durchdringende Pfeifen und Zischen und Knattern der Kugeln und Haubitzen, die über unser Haus flogen und 50 Schritte davon in Häuser und in die Erde flogen, ohne Schaden zu tun. Gottes Engel schwebte über uns, in mein Herz kam plötzlich Ruhe und Freudigkeit, ich nahm meine Adele auf den Schoß, und setzte mich mit ihr auf das Sofa, ich hoffte, eine Kugel sollte uns beide töten, wenigstens sollte keine der andern nachweinen, nie war mir der Gedanke an den Tod gegenwärtiger.»

Zwischen 17 und 18 Uhr begann das allgemeine Plündern. Johanna Schopenhauer:

«Die Stadt ist förmlich der Plünderung preisgegeben, die Offiziere und die Kavallerie blieben frei von den Greueln und taten, was sie konnten, um uns zu schützen und zu helfen, aber was konnten sie gegen 50 000 wütende Menschen, die diese Nacht hier frei schalten und walten durften, da die ersten Anführer es wenigstens negativ erlaubten, viele Häuser sind rein ausgeplündert, zuerst natürlich alle Läden, Wäsche, Silberzeug, Geld ward fortgebracht, die Möbel und was sich nicht transportieren ließ verdorben, fast alle Türen sind erbrochen, alle Fenster zerschlagen, viele wurden mit Bajonetten aus ihren Häusern getrieben, dazu der gräßliche Witz dieser Nation, ihre wilden Lieder, *mangeons, buvons, pillons, brûlons tout les maisons* (laßt uns essen, trinken, plündern, alle Häuser niederbrennen) hörte man an allen Ecken, überall liefen sie mit brennenden Lichtern umher, die sie dann in den ersten besten Winkel schleuderten, es ist unbegreiflich, daß nicht Feuer an allen Ecken ausgekommen ist. Auf dem Markt hatten sie große Wachtfeuer errichtet, um welche sie schwärmten und Hühner, Gänse, Ochsen brieten und kochten. (...) Alle, die ihre Häuser verließen, haben fast alles verloren, einige sind so glücklich gewesen, gleich Offiziere ins Quartier zu bekommen, die ihnen etwas Schutz, oft mit eigener Lebensgefahr gewährten, am besten kamen die fort, die wie wir, Mut genug hatten, keine Angst zu zeigen, der Sprache und der französischen Sitte mächtig waren.»

Französische und preußische Verwundete hatte man im Alexanderhof untergebracht und, als dort niemand mehr aufgenommen werden konnte, vor dem Theater im Regen abgelegt. Es mangelte an allem: zuwenig Ärzte, zuwenig Pflegepersonal, zuwenig Verbandszeug, zuwenig Verpflegung und überhaupt keine Hygiene. Die Verwundeten, kaum versorgt, blieben tagelang in ihren eigenen Exkrementen liegen, hungerten, litten und starben. Die von den Franzosen hinzugezogenen Ärzte Weimars konnten nur bedingt helfen, da ihnen alle medizinischen Instrumente bei der Plünderung gestohlen worden waren.

Die junge, von Goethe geförderte Malerin Louise Seidler in Jena hat später die Zustände nach der Schlacht beschrieben:

«Das Schloß wurde nun zum Lazarett eingerichtet, jeden Morgen um 9 Uhr rasselte mit grauenvoller Pünktlichkeit der Totenwagen heran, um bald darauf wieder mit seiner schauerlichen Fracht – die nur leicht mit Stroh bedeckt war, unter welchem oftmals Köpfe, Arme, Beine hervorstarrten – durch das Tor zurückzufahren, dessen Flügel sich knarrend hinter ihm schlossen. Pechpfannen mit Teer wurden angezündet, um die durch die Ausdünstungen der Kranken und Gestorbenen verpestete Luft zu reinigen und epidemische Krankheiten zu verhüten. Noch viele Tage nach der Schlacht wurden Schwerverwundete in grauenhaftem Zustande hereingebracht, welche mit Tau und Gras ihr Leben jammervoll gefristet hatten. Sobald sie in Pflege kamen, starben sie meistens gleich. (...) An Brunnenwasser fehlte es nach der Schlacht in ganz Jena, da das durchrasselnde Geschütz den Erdboden so erschüttert hatte, daß die Wasserröhren geplatzt waren. Man mußte sich mit Wasser aus der Saale behelfen, in welchem tote Pferde, menschliche Gliedmaßen, blutige Fetzen von Kleidungsstücken und dergleichen nicht selten herumschwammen. Handel und Wandel stockte völlig, die Sieger hatten sämtliche Nahrungsmittel ohne weiteres in Beschlag genommen. Wir konnten uns nur dadurch vor dem nagendsten Hunger schützen, daß wir von großmütigen Feinden Anweisungen, Bons genannt, erbettelten, für welche uns die Militärintendantur Fleisch und Brot lieferte.»

Napoleon war am Nachmittag des 15. Oktober in Weimar eingetroffen und nahm Quartier im Schloß. Der Kaiser war empört, daß sich Herzog Carl August von Sachsen-Weimar den Preußen angeschlossen hatte, und grüßte die Herzogin Louise nur brüsk mit dem Satz: «Ich bedaure Sie, Madame.» Aber die couragierte Herzogin ließ sich nicht einschüchtern und bat am nächsten Morgen um ein Gespräch. Statt einer höflichen Begrüßung wurde sie vom Kaiser angeherrscht: «Wie konnte Ihr Mann so toll sein, mit mir Krieg zu führen!» Worauf die Herzogin ruhig erwiderte: «Der Herzog, mein Gemahl, steht seit 30 Jahren in preußischen Diensten, er hat nur seine Pflicht als preußischer General getan. Wie würde Eure Majestät über einen Ihrer Verwandten gedacht haben, wenn er Sie beim Ausbruch des Krieges im Stich gelassen hätte? Würden Sie ihn nicht ehrlos genannt haben?»

Das wirkte. Napoleon imponierte es, wenn man ihm beherzt begegnete und keine Furcht zeigte, außerdem war er durch vernünftige Argumente leicht zu gewinnen. Er wurde friedlicher und machte der Herzogin am Abend einen Gegenbesuch: «Um Ihretwillen sei Ihrem Gemahl verziehen.» Allerdings müsse der Herzog, wolle er sein Land behalten, in 24 Stunden in Weimar sein. Das war unmöglich, denn niemand wußte, wo sich der Herzog überhaupt aufhielt, überdies mußte er erst vom preußischen König aus dessen Dienst entlassen werden. So kam Carl August nicht wie befohlen am 17. Oktober, sondern erst am 17. November nach Weimar zurück und behielt dennoch sein Herzogtum. Das tapfere Auftreten der Herzogin Louise beeindruckte den Kaiser. Nachdem er sie am Abend des 16. Oktober verlassen hatte, sagte er zu seinem Adjutanten General Rapp: «Das ist eine Frau, die selbst vor unseren zweihundert Kanonen keine Furcht hat.»

Fünftes Kapitel

Wein für die Sieger
Napoleon in Berlin

Niemand hatte in Berlin mit einer Niederlage der preußischen Armee gerechnet. Um so fassungsloser lasen die Menschen am Morgen des 17. Oktober die Proklamation des General-Gouverneurs von Berlin: «Der König hat eine Bataille verlohren. Jetzt ist Ruhe die erste Bürgerpflicht. Ich fordere die Einwohner Berlins dazu auf. Der König und seine Brüder leben!» Diese lapidare Mitteilung mußte für die Untertanen genügen. Kein Wort von der völligen Zersprengung der Armee, die, das wußte Gouverneur Graf von der Schulenburg-Kehnert, den Zusammenbruch des ganzen Staates in Kürze nach sich ziehen würde. Was er allerdings noch nicht wissen konnte: An diesem 17. Oktober wurde bei Halle a. d. Saale auch das Reservekorps unter dem Kommando des in preußischen Diensten stehenden Herzogs Eugen von Württemberg völlig geschlagen; die Straße nach Berlin stand damit den Franzosen offen.

Zwar wurden die geschlagenen Preußen unablässig verfolgt, aber nicht übereilt. Die Festung Magdeburg verfügte über eine Besatzung von 20 000 Soldaten, die den Franzosen in den Rücken fallen konnten, und über den Verbleib versprengter Einheiten, etwa den Resten des Korps Hohenlohe, lagen dem Kaiser noch keine präzisen Angaben über Standort und Stärke vor. Napoleons

Hauptquartier befand sich am 22. Oktober in Wittenberg, wo ihm Friedrich Wilhelm III. durch den Marquis Lucchesini ein Waffenstillstandsangebot vortragen ließ.

Der Kaiser verlangte von Preußen die Abtretung aller Gebiete links der Elbe mit Ausnahme Magdeburgs und die Zahlung von 100 Millionen Francs Reparationen. Zugleich wurden wie selbstverständlich die links der Elbe besetzten Gebiete – einschließlich des Herzogtums Braunschweig und der thüringischen Staaten – unter französische Verwaltung gestellt. Die sächsischen Truppen hatten bereits am 17. Oktober einen Waffenstillstand mit Frankreich vereinbart und damit das ohnehin nicht gewollte Bündnis mit Preußen verlassen. Sonderlich gedankt wurde ihnen das nicht. Ihre Kavallerie mußte sämtliche Pferde und Säbel abgeben, um damit französische Dragoner zu versorgen. Leipzig und Dresden wurden besetzt, alle militärischen Magazine konfisziert und von Leipzig die Lieferung großer Mengen von Tuch und Leder verlangt.

Doch blieben dem Land wenigstens die Schrecken des Krieges erspart, anders als Preußen, dessen wie immer unentschlossener König nicht wußte, ob man durch Verhandlungen mit Napoleon vielleicht doch noch günstigere Konditionen herausholen könne, aber damit verlor er nur Zeit; in dem Maße, in dem die französische Armee vorrückte, erhöhte Napoleon seine Forderungen.

Am Abend des 24. Oktober bezog der Kaiser Quartier im Potsdamer Stadtschloß, tags darauf ergab sich die Festung Spandau kampflos den Truppen des Marschalls Lannes, während Magdeburg vom Armeekorps Neys eingeschlossen wurde.

Um das 3. Armeekorps des Marschalls Davout, das den Sieg bei Auerstedt errungen hatte, besonders auszuzeichnen, verfügte Napoleon, es solle als erstes in Berlin einziehen. In der preußischen Hauptstadt mit ihren 157 000 Einwohnern herrschte gespannte Ruhe. Die Behörden taten ihre Arbeit wie gewohnt, die Staatskassen waren gerade noch rechtzeitig nach Königsberg gebracht worden, nicht aber die im Zeughaus lagernden 40 000 Gewehre und

50 Kanonen und die in Moabit befindlichen 2000 Zentner Pulver; der Abtransport von Waffen und Munition wurde von Fürst Franz Ludwig von Hatzfeld, dem neuen Gouverneur Berlins (sein Schwiegervater Schulenburg war abgereist), mit der kuriosen Begründung verboten, Napoleon könne dies übelnehmen! Den Einzug des Davoutschen Korps hat am lebendigsten der Berliner Canvas George geschildert, der ihn als Neunjähriger miterlebte:

«Am 25. Oktober früh morgens war ganz Berlin gespannt auf den Einmarsch der französischen Scharen, im Rondel am Hallischen Tore versammelten sich die Neugierigen, und viele Ungeduldige gingen abermals zum Tore hinaus.

Es vergingen einige Stunden, in der Ferne hörte man die Trommeln wirbeln, der Schall kam näher, und der Weg nach Tempelhof blitzte von tausenden Bajonetten. Der Magistrat in corpore, die Schlüssel der Stadt bereithaltend, war versammelt; jetzt erschütterte Trommelschall und rauschende Musik die Luft, und aller Augen richteten sich nach dem Tore. Der erste französische Infanterist trat ein, ich habe ihn oft im Leben abgezeichnet, es war ein langer, hagerer Mann, mit blassem Gesicht, das wildes, schwarzes Haar bedeckte, der erste Gegenstand unseres Erstaunens, die wir an wohlgepuderte, egale Locken und steife Zöpfe bei Soldaten gewöhnt waren. Noch mehr erstaunten wir ob seines Anzuges; ein fahler kurzer Mantel bedeckte den Leib, den Kopf ein kleiner verwitterter Hut, mehr rot als schwarz, und von unbeschreiblicher Form, dabei so schief und pfiffig aufgesetzt, daß dieser Kopf und Hut uns schon eine hohe Merkwürdigkeit dünkte. Die Beinkleider waren von schmutziger Leinwand stark zerrissen, die Füße nackt, mit zerrissenen Schuhen bekleidet; ein zottiger Pudel, den er am Strick führte, blickte aufmerksam ihm nach dem Munde, mit dem er von einem großen Stück Brot abbiß und mitunter dem Pudel etwas zuwarf, man denke sich, ein Soldat mit einem Hunde am Leitseil und, was noch mehr war, auf dem Bajonette ein halbes Brot aufgespießt, am Pallasch eine Gans hängend und auf dem

Hute statt des Feldzeichens einen blechernen Löffel. Diese originelle Figur kam allein voran, mit einem gewöhnlichen leichten Schritte, blickte aber mit großen schwarzen Augen wie ein König auf die Hunderte, die ihn wieder höchst neugierig anstarrten, fünfzig Schritte hinter ihm fesselten aber neue Figuren die Aufmerksamkeit.

Hohe Männer, durch große Bärenmützen mit roten Federbüschen noch vergrößert, mit braunem Gesicht, langen, schwarzen Bärten, die bis auf den Magen reichten und grell gegen ein langes, schneeweißes Schurzfell abstachen, blinkende Äxte auf der Schulter, Gewehre auf den Rücken geschnallt, zogen zum Tore ein; es waren die Sappeurs, und ein Grausen befiel uns, als wir diese Gestalten, von denen wir nie eine Idee gehabt, erblickten, hinter ihnen folgte ein schöner, schlanker Mann, in sauberem Anzuge, mit goldnen Epaulets, den großen Hut mit Goldtressen verziert, er warf einen Stock mit dickem Knopfe in die Luft und fing ihn wieder, darauf gab das Echo den Schall von unzähligen Trommeln zurück, und das Ohr ward erschüttert von dem gewaltigen Lärm, mit dem die türkische Musik, vermischt mit dem Wirbel der Trommeln, uns betäubte.

Es war der Sieges-Einzug des Davoutschen Korps, und die ersten Eintretenden imponierten gewaltig; als aber die Soldaten folgten, sich ohne Tritt zum Tore eindrängend, in unordentlichem Anzuge, die Hüte kreuz und quer aufgesetzt, auf denen ihre Zierde, der Löffel, selten fehlte, verlor sich die hohe Idee, die die Voraufgehenden erregt hatten, und man flüsterte sich fragend ins Ohr, wie es möglich sei, daß diese abgemagerten, kleinen Männer unsere stolzen Krieger sollten überwunden haben. Die Offiziere waren nicht egal gekleidet, ihnen fehlte Schärpe und Porte-épée, zwei Dinge, ohne die wir uns Offiziere nicht denken konnten, nur ein kleiner Ringkragen zeichnete sie als solche aus. Jetzt erscholl ein lautes Kommando, wiederholt von unzähligen Stimmen, die Franzosen begannen ein Rennen, als wäre es ein Wettlaufen, und

Einzug Napoleons in Berlin am 27. Oktober 1806. Aquatintaradierung von
Friedrich Jügel nach einer Zeichnung von Ludwig Wolf, 1806. Nur drei Wochen
nach Kriegsausbruch triumphierte Napoleon mit einem glanzvollen Einmarsch
in die Hauptstadt des Feindes.

marschierten jetzt auf in breiten Zügen, den Schritt taktmäßig
bewegend.

Wieder Ungesehenes! Ein Soldat in Reihe und Glied *rennend*,
das war mehr, als man je geträumt hätte, und machte auf die Berliner den wunderlichsten Eindruck. Unsre Soldaten freilich, wie
hätten die jemals rennen *können*, mit ihren knappen Stiefeletten,
gepreßten Uniformen und engen Beinkleidern. – Ja, hieß es im
Volke, das ist keine Kunst, die haben unsre Armee *ausgelaufen*, aber
– schon stiegen neue Hoffnungen auf, daß die gravitätischen Krieger, vor kurzem noch von uns auf derselben Stelle gesehen, bald

wieder mit ihren gemessenen Schritten einrücken könnten und die leichtfüßigen Franzosen verjagen möchten.»

Napoleon, der sein Hauptquartier vom Potsdamer Stadtschloß ins Charlottenburger Schloß verlegt hatte, hielt am Nachmittag des 27. Oktober seinen feierlichen Einzug in die preußische Hauptstadt. Alle Glocken läuteten, als der Kaiser um 15 Uhr am Brandenburger Tor von den verbliebenen Ministern, den Spitzen der Behörden und vom Magistrat begrüßt wurde und die Schlüssel der Stadt überreicht bekam. George erzählt:

«Da gab es denn hitzige Debatten, ob man hinlaufen solle, um Bonaparte – so nannte man ihn fast durchweg – zu sehen oder nicht; es schickten einige sich dazu an, die liebe Jugend aber, welche sich nie lange besinnt, führte ihren Entschluß ohne weiteres aus und lief nach den Linden zu, und nun ich so Wichtiges hörte, säumte ich auch nicht länger, sondern eilte, so rasch es meine schwachen Kräfte zuließen, in gleicher Richtung fort. Atemlos erreichte ich den Punkt, wo die Friedrichstraße von der Linden-Allee durchkreuzt wird; eine bedeutende Volksmasse hatte sich versammelt und hinderte mich, irgend etwas weiter zu sehen.

Soviel ich auch in meinem damaligen Alter Ursache zu haben glaubte, Napoleon zu hassen, war meine Begierde, ihn zu sehen, dennoch überwiegend groß, aber alle Mühe, mich durch die Menschenhaufen so weit vorzudrängen, um mein Ziel zu erreichen, vergeblich, bis mir der gute Einfall ward, nach dem Opernhause zu laufen und dort die große Treppe zu besteigen; freilich war diese gepfropft voll, indes drückte ich mich am Geländer glücklich durch, bis ich hoch genug stand, um einen Überblick zu gewinnen. Aber die Spitze des Zuges hatte schon die Hundebrücke erreicht, und nur von fern zeigte man sich das glänzende Gefolge, das den Weltbezwinger umgab und unsern Augen verbarg.»

Augenzeuge war auch der Schriftsteller Julius von Voß. «An demselben Tage nachmittags zog Kaiser Napoleon ein», erinnerte er sich später. «In einfach grüner Uniform, sein Antlitz (dessen

Profil ganz antik römisch ist) in milder Haltung, die den Trium-
phator mehr idealisiert wie die berechnete Repräsentation. Ihn zu
sehen, den Liebling des Schicksals, wie es vielleicht seit Caesar
keinen so traulich umschlang, bei dem die Natur alle Züge zusam-
mentrug, die den Heldencharakter bauen, dessen sichere Intelli-
genz den Völkern des Zeitalters immer lauter den Takt angiebt,
(…) es war ein Schauspiel, das sich langen Geschlechtsreihen der
Enkel nicht wieder darbieten wird. Die Exaltation hätte den Gipfel
errungen, wenn – wir Patrioten nicht von Scham und Trauer tief
gebeugt gewesen wären.»

Ebendiese Scham und Trauer aber vermißte Pierre-François
Percy, der Chefchirurg der *Grande Armée*, der tags zuvor in der
Oper gewesen war, wo er Glucks *Iphigénie en Tauride* gesehen hatte:
«Ich bin so entzückt, daß ich mich von meiner Begeisterung noch
gar nicht erholen kann. Der Feind ist in Berlin, Preußen ist erobert, der König ist mit einer erschreckten Armee geflohen, und
trotzdem war das Theater gesteckt voll, und niemand schien an
sein Vaterland zu denken, den Hof zu bedauern oder sich wegen
der Zukunft Sorge zu machen. Man applaudierte, als Iphigenie
sang, und hauptsächlich beklatschte man das Ballett, das reizend
war.»

Napoleon bezog Quartier im königlichen Schloß, die Soldaten
der Garde wurden bei den Bürgern einquartiert, alle übrigen in Lager außerhalb Berlins verlegt. Am ersten Abend veranstaltete die
Garde ein gewaltiges Biwak rings um das Schloß, das der damals
21 Jahre alte Karl August Varnhagen staunend beobachtete:

«Der ganze Mittelraum des bis dahin sorgsam geschonten Ra-
sens und selbst der Straßenplatz nach dem Schlosse hin war bedeckt mit unzähligen hellflammenden Wachtfeuern, um welche
her die kaiserliche Garde in tausend Gruppen munterer Fröhlichkeit
und Geschäftigkeit sich bewegte. Die mächtigen Feuer beleuchte-
ten taghell die prächtigsten, schönsten Leute, die blanksten Waffen und Kriegsgeräte, die reichsten, bunten Uniformen, in deren

sich tausendfältig wiederholenden Rot, Blau und Weiß die volle Macht der französischen Nationalfarben die Augen traf. Ungefähr 10 000 Mann waren in diesem lodernden Bivouak in Bewegung, den das matter beschienene Schloß, wo der Kaiser seine Wohnung hatte, düster begrenzte. Einen großen Eindruck gewährte der Überblick des Ganzen, und wenn man das Einzelne untersuchte, denn man konnte frei hindurchgehen, und jede Neugier befriedigen, so mehrte sich nur die Bewunderung, jeder Soldat schien an Ausstattung, Benehmen, Wohlbehagen und Gewicht ein Offizier, jeder ein Gebieter, ein Held. Sie sangen, tanzten und schmausten bis tief in die Nacht hinein, dazwischen rückten kleine Abteilungen in strengster kriegerischer Haltung mit Trommeln und Musik zum Dienst aus und ein. Es war ein einziger Anblick, wie ich nie wieder einen gehabt; ich verweilte stundenlang, und konnte mich kaum losreißen.»

Kurz nach der Besetzung Berlins hatten die Franzosen einen Brief abgefangen, den Berlins Gouverneur Fürst von Hatzfeld an den preußischen König gerichtet hatte und worin er, eher naiv denn in böser Absicht, einige Informationen über die französische Armee in Berlin mitteilte. Napoleon wurde das gemeldet, und der befahl, den Fürsten unter der Anklage der Spionage vor ein Kriegsgericht zu stellen. Dessen Urteil konnte nicht zweifelhaft sein. Es gelang aber dem engsten Vertrauten Napoleons, dem Großmarschall Duroc, gemeinsam mit dem Adjutanten Ségur, die hochschwangere Frau des Fürsten ins Schloß zu bringen, um Napoleons Gnade zu erflehen. Dazu erschien der 28. Oktober günstig. Die Verfolgung der geschlagenen Preußen lief nach Plan, und eine Parade (*Revue*) von Davouts Armeekorps, den Siegern von Auerstedt, hatte den Kaiser wohlwollend gestimmt.

«Die Nacht brach herein», berichtet Ségur, «die Revue war zu Ende, das Schloß schimmerte von tausend Lichtern. Schon bildeten die Grenadiere der Garde auf der engen gewundenen Treppe bis in das erste Zimmer des Kaisers Spalier, als mir die arme

Fürstin, die guter Hoffnung war und jeden Augenblick ihre Stunde erwartete, anvertraut wurde. Trotz der Vorschrift wies ich ihr einen Platz gerade am Eingang des Salons Napoleons an, so daß er sie, wenn er eintrat, sehen mußte. Unglücklicherweise hatte ich in meinem Eifer, sie zu ermutigen, wenn der Kaiser erschiene, vergessen, dem Tambour, der neben ihr stand, Ruhe zu gebieten,

Napoleon und die Fürstin Hatzfeld. Gemälde von Marguerite Gérard, 1808. Die publikumswirksame Inszenierung der Begnadigung des Fürsten Hatzfeld am 28. Oktober 1806 wurde zum beliebten Motiv der Künstler, um die Güte des Kaisers nachdrücklich zu rühmen.

so daß sie bei dem plötzlichen Trommellärm von Schrecken er- faßt, als wenn die Waffen, die sie beschwören wollte, losgegangen seien, fast ohnmächtig in meine Arme fiel! – ‹Was soll das bedeu- ten?› fragte der Kaiser, und auf meine Antwort sagte er, allerdings mehr mit den Augen als mit dem Munde: ‹Gut!› Und dann ging er so rasch in seine Gemächer, daß ich kaum Zeit hatte, die Fürstin wieder zu sich zu bringen und sie hinter ihm in das Zimmer zu schieben, dessen Tür sich sogleich hinter ihr schloß.»

Napoleon, so erzählte er es später seiner Umgebung, gab der Fürstin, die sich ihm weinend zu Füßen geworfen hatte, den Brief ihres Mannes in die Hand und sagte: «Da Sie den Beweis des Ver- brechens in Ihrer Hand halten, vernichten Sie ihn und entwaffnen Sie so die Strenge unserer Kriegsgesetze.» Worauf die Fürstin den Brief in das Kaminfeuer warf und danach mit ihrem Mann nach Hause gehen durfte.

Eine prachtvolle Inszenierung! Vermutlich hat Duroc, der ein- zige, von dem sich Napoleon etwas sagen ließ, dem Kaiser einen Akt demonstrativer Großmut empfohlen, und dieser erkannte so- fort den hohen Propagandawert. Wäre Napoleon zur Hinrichtung entschlossen gewesen, dann hätte die Fürstin nie in seine Nähe gelangen können. Und natürlich mußten Mit- und Nachwelt von der Großherzigkeit des Siegers erfahren, weswegen sich alsbald die Stifte der Zeichner und Stecher in Bewegung setzten, die dra- matische Szene in ganz Europa erfolgreich zu verbreiten.

Verglichen mit den Schreckensszenen von Jena und Weimar war es den Berlinern relativ gutgegangen. Die Eroberer hatten nichts geplündert, und sie betrugen sich durchweg diszipliniert. Generalintendant Daru, für die gnadenlose Ausbeutung der be- setzten Gebiete zuständig (in seinen Mußestunden übersetzte er die Lyrik des Horaz), ließ alle öffentlichen Kassen um ihre rest- lichen Geldbestände erleichtern, requirierte alle nicht privaten Weinkeller und Spirituosenlager für die Armee und verlangte die Ablieferung von Tuchen zur Fertigung von 100 000 Mänteln und

100 000 Hosen sowie die Bereitstellung von Leder zur Anfertigung von 100 000 Schuhen. «Es ist meine Absicht», kommentierte Napoleon, «daß mir Berlin alles, was für meine Armee notwendig ist, im Überfluß liefert und daß nicht gespart werde, damit meine Soldaten alles im Überfluß haben.»

Entsprechend anspruchsvoll lauteten auch die Wünsche der einquartierten Soldaten an ihre unfreiwilligen Gastgeber, die üppige tägliche Verpflegung mit Wein und Fleisch betreffend, und das über viele Wochen. «Nun erzählte man sich, wie die Feinde Frühstück, Mittagbrot, Vesper und Abendbrot verlangten», erzählt George, «und zwar – mit Entsetzen ward es ausgesprochen und angehört – Kaffee, Bouillon, Braten, und dazu Mostrich, Weißbrot und *Wein*! Man denke sich, ein Soldat Wein, das war mehr als man je geglaubt hätte, und es wurde angenommen, daß die Stadt deshalb geschont worden, um langsam aufgezehrt zu werden.»

Über die Schwierigkeit, Wein zu bekommen, berichtet auch der Garde-Grenadier Jean-Roch Coignet: «Die Quartiergeber mußten uns auf ihre Kosten verpflegen und waren angewiesen, jedem Mann täglich eine Flasche Wein zu geben. Das konnten aber die armen Leute nicht bestreiten, denn die Flasche kostete drei Francs. Sie baten uns, mit Kannenbier vorliebzunehmen. Wir machten davon beim Appell Meldung, und unsere Offiziere redeten uns zu, die armen Leute nicht zu zwingen, das Bier wäre sehr gut. Zum Trost der Bürger tranken wir nun also immer Bier, und da es vortrefflich schmeckte, wurde damit auch nicht gekargt. Wir waren aufs beste aufgehoben.»

Nicht alle hatten es so gut wie die Familie des Druckereibesitzers und Musikalienhändlers Rellstab in der Berliner Jägerstraße 18. Sie hatte Glück mit ihren Einquartierten, wobei denen zustatten kam, daß ihre Gastgeber fließend Französisch sprachen, wie sich Ludwig Rellstab, damals sieben Jahre alt, erinnert:

«Fast immer hatten wir mit bescheidenen Leuten zu thun; nur einer oder zwei der jüngeren Offiziere zeigten das trotzige, gewaltsame Benehmen des Feindes. Von den gemeinen Soldaten wurde kein einziger Unfug irgend einer Art begangen. Sie waren höchst beglückt, daß man ihre Sprache mit ihnen redete, und sie sich ausschwatzen konnten. Dabei aber gaben sich denn auch bald ihre innersten Gesinnungen kund. Die Soldaten seufzten und klagten über die ewige Mühsal des Krieges, und hatten nicht die mindeste Lust, ihre Kräfte und ihr Leben fortwährend den ehrsüchtigen Zwecken des Kaisers zu widmen. Noch mehr entwickelte sich diese Stimmung bei den Offizieren, wenn sie Eingang in unsere Familie fanden, deren in allen übrigen Beziehungen beglückenden Verhältnisse, sie mit Rührung und begreiflichem Beneiden betrachteten. Sie hatten auch Frauen und Kinder daheim, und eine fremde Gewalt riß sie aus dem Schooß der ihrigen, und trieb sie einer dunklen, gefahrvollen Zukunft entgegen, wo ewig das unheilvolle Hazardspiel zwischen Tod und äußerm Glanz und Ruhm gespielt wurde. So waren denn in der That die gebildeten, wohlwollenden Offiziere, die uns das Kriegsloos zuführte, mit offener Gastlichkeit aufgenommen.»

Vor allem erinnerte sich Ludwig Rellstab eines Hauptmanns Chenel:

«Auch in ihm hatte der Anblick des Familienlebens die ganze Sehnsucht nach der Heimath und den Seinigen geweckt, und er schloß sich uns so nahe an, als es irgend in dem Verhältniß möglich war. Er war zur Weihnachtszeit bei uns, denn er brachte mir eines Tages einen Friedrich den Großen zu Pferde (von Zinn, ein kostbares Stück, so groß wie ich noch nie einen Bleisoldaten besessen hatte) und meiner Schwester eine Wachspuppe vom Weihnachtsmarkt mit nach Hause. Unsere Freude war sehr groß und unsere Anhänglichkeit ebenfalls. Die Wachspuppe war zugleich ein sehr theueres Geschenk, denn sie war so schön und elegant, mit blondem feinem Haar (damals eine große Seltenheit), daß sie allen unsern Bekannten als das seltenste Exemplar gezeigt wurde, was man jemals gesehen habe. Ob er noch am Weihnachtsabend selbst in unserem Hause gewesen, kann ich mich nicht erinnern. Aber unstreitig hat er denselben mit uns zugebracht, wenn er in Berlin war. Auch er schied von uns, und nahm die innerste Theilnahme an seinem Geschick mit.»

In den vier Wochen, in denen Napoleon in Berlin blieb, unternahm der Kaiser viel, die Berliner zu beeindrucken. Die regelmäßig stattfindenden Paraden seiner Garde-Regimenter im Lustgartens zogen stets ein zahlreiches Publikum an, das die ausgesucht schönen Soldaten in ihren prachtvollen Uniformen bewunderte. Zwar hatte Napoleon mehrfach den bei Saalfeld gefallenen Prinzen Louis Ferdinand von Preußen als den eigentlichen Kriegstreiber geschmäht, das hinderte ihn aber nicht, seiner Mutter demonstrativ einen Besuch abzustatten und sie ganz für sich einzunehmen. Oder er bezeugte der Schwester des Königs, der Kurfürstin von Hessen, die gerade im Berliner Schloß niedergekommen war, besonders höfliche Aufmerksamkeit und Rücksichtnahme.

In Potsdam besichtigte er Schloß Sanssouci und das Grab Friedrichs II. in der Garnisonkirche, deren Küster danach erzählte, Napoleon habe am Grab des Königs die denkwürdigen Worte gesprochen: «Wenn du noch lebtest, wäre ich nicht hier.» Die Zeitungen und Zeitschriften, die sich noch eben in Beschimpfungen «Bonapartes» ergangen hatten, kommentierten jetzt erbötig: «Ein großer Geist hält das Andenken des anderen in Ehren und stiftet damit seinem eigenen Ruhme ein Denkmal.»

Der Kaiser fand es auch nicht unter seiner Würde, sich persönlich um die Gehälter der preußischen Beamten und die Versorgung der Invaliden zu kümmern. Er führte Gespräche mit Geistlichen und Wissenschaftlern, ließ sich über die Entwicklung der Holzpreise informieren, und nichts war ihm unwichtig. «In das größte Erstaunen aber gerieten die Berliner Bäckermeister, die er in der Korn- und Brotangelegenheit zu sich kommen ließ und mit denen er über ihr Gewerbe sprach, als ob er auf der Kriegsschule zu Brienne das Teigkneten gelernt und statt bei den Geschützen vor dem Backofen gestanden hätte», schreibt der Historiker Paul Holzhausen.

So etwas begeisterte die Berliner Journalisten: «Es ist und bleibt eine denkwürdige Erfahrung», schrieb der *Hausfreund* beeindruckt, «daß ungeachtet der Kriegsnot, welche uns alle, mehr oder weniger, drückt, das erste Lebensbedürfnis, das Brot, nicht nur nicht teurer, sondern sogar wohlfeiler als vor dem Kriege ist und wir für unser bares Geld auch richtige Ware erhalten.» Von «väterlicher Fürsorge» und der «beispiellosen Sorgfalt und erhabenen Güte des Kaisers» schwärmten die Zeitungen.

«Nichts entgeht der wohltätigen Sorgfalt Sr. Majestät, des Kaisers der Franzosen», jubelte die *Vossische Zeitung* am 20. November. Am Abend dieses Tages empfing Napoleon den Historiker Johannes von Müller zu einem anderthalbstündigen Gespräch. Der 1752 in Schaffhausen geborene, in Berlin lebende Müller hatte sich mit seinen *Geschichten der Schweizer* (1780) einen guten Namen gemacht und korrespondierte mit allen Geistesgrößen Europas. Bis zum Kriegsausbruch hatte er unablässig und in zahlreichen Schriften Napoleon bekämpft und mit Bezeichnungen wie «Prahler», «Heuchler» und «Nebukadnezar» bedacht, und nun, da ihm die Flucht aus Berlin nicht mehr geglückt war, fürchtete er um sein Leben. Um so überraschter war er, als ihn Napoleon – dem das alles natürlich bekannt war – zu einem Gespräch ins Berliner Schloß einlud, sich von seiner gewinnendsten Seite zeigte und den Historiker mit ausgesuchter Höflichkeit behandelte. Ganz beglückt schrieb Müller anschließend an seinen Bruder:

«Der Kaiser fing an, von der Geschichte der Schweiz zu sprechen; daß ich sie beenden solle, daß auch die späteren Zeiten ihr Interesse haben. (...) Wir gingen von der schweizerischen auf die altgriechische Verfassung und Geschichte über, auf die Theorie der Verfassungen, auf die gänzliche Verschiedenheit der asiatischen, die entgegengesetzten Charaktere der Araber (die der Kaiser sehr rühmte) und der tatarischen Stämme. Er sprach weiterhin von dem eigentlichen Werte der europäischen Kultur, alsdann wie alles verkettet und in der unerforschlichen Leitung einer unsichtbaren Hand ist und er selbst durch seine Feinde groß geworden sei; von der großen Völkervereinigung, deren Gedanken nicht Heinrich IV. gehabt; von dem Grunde aller Religionen und ihrer Notwendigkeit; daß der Mensch für vollkommen klare Wahrheit wohl nicht gemacht ist und bedarf, in Ordnung gehalten zu werden; von der Möglichkeit eines gleichwohl glücklichen Zustandes, wenn die vielen Fehden aufhörten, die durch allzu verwickelte Verfassungen (dergleichen die deutsche) und unerträgliche Belastung der Staaten durch die übergroßen Armeen veranlaßt worden. Es ist noch sehr viel und in der Tat über fast alle Länder und Nationen gesprochen worden.

Der Kaiser sprach anfangs wie gewöhnlich; je interessanter aber die Unterhaltung wurde, immer leiser, so daß ich mich ganz bis an sein Gesicht bücken mußte und kein Mensch verstanden haben kann, was er sagte (wie ich denn auch Verschiedenes nie sagen werde). Ich widersprach bisweilen, und er ging in die Diskussion ein. Ganz unparteiisch und wahrhaft wie vor Gott muß ich sagen, daß die Mannigfaltigkeit seiner Kenntnisse, die Feinheit seiner Beobachtungen, der gediegene Verstand (nicht blendender Witz), die große umfassende Übersicht mich mit Bewunderung, sowie seine Art, mit mir zu sprechen, mit Liebe für ihn erfüllte. (…) Es war einer der merkwürdigsten Tage meines Lebens. Durch sein Genie und seine unbefangene Güte hat er auch mich erobert.»

Johannes von Müller hatte schon seit vielen Jahren auf das Erscheinen einer Persönlichkeit gewartet, die Europa eine neue Ordnung geben könnte. Er war für einen Fürstenbund in Deutschland eingetreten und hatte wohl gehofft, dank preußischer Führung zu einer nationalen Einigung Deutschlands zu gelangen. Aber Preußen war jetzt am Ende, und nach dem Gespräch mit Napoleon wußte der Historiker: Das war der Mann, den er schon so lange ersehnt hatte! Die Neuordnung Europas, die Einigung Deutschlands innerhalb dieses Europas – Napoleon würde sie verwirklichen und niemand sonst. Daraufhin wurde Müller von seinen Freunden als Verräter und schäbiger Opportunist gebrandmarkt. Doch von nun an hielt Napoleon seine schützende Hand über ihn. Die unerwartete Wandlung vom Napoleon-Hasser zum Napoleon-Enthusiasten mußte das Verständnis der Zeitgenossen überfordern, aber tatsächlich erwuchs dieser Umschwung aus tiefer innerer Überzeugung.

Am Tag nach der Unterredung mit Johannes von Müller verkündete Napoleon die gegen England verhängte «Kontinentalsperre». Es war die konsequente Antwort auf die von England längst betriebene Blockade des von Napoleon beherrschten Festlands und einer rüden Politik gegen alle neutralen Staaten, die nicht gehorsam Englands Befehlen folgten. Dadurch aber, daß Napoleon die nun seinerseits betriebene Handelssperre zur Maxime seiner Politik erhob, ließ er sich auf einen Wirtschaftskrieg von globalem Ausmaß ein, den er mit seinen Mitteln nicht würde gewinnen können. Welche Folgen daraus für Frankreich und England, aber auch für Deutschland erwuchsen, wird noch näher zu schildern sein.

Der Krieg mit Preußen ging weiter. Am 28. Oktober kapitulierten bei Prenzlau die Reste des Hohenloheschen Korps, 16 000 Soldaten gingen in Gefangenschaft. Am nächsten Tag fiel die Festung Stettin. Zwar war sie mit 5284 Soldaten, 281 Kanonen, Munition nd Verpflegung bestens versehen und hätte einer Belagerung über mehrere Monate hin unschwer widerstehen können, aber Napoleons Reitergeneral Lasalle erklärte dem Kommandanten, Generalleutnant von Romberg, er bilde die Avantgarde des Armeekorps Murats und verlange die sofortige Kapitulation. Romberg hatte in seiner übergroßen Ängstlichkeit noch während der Verhandlungen mit Lasalle dem preußischen Husarenregiment von Bila die Aufnahme verweigert, weswegen dieses später selber hatte kapitulieren müssen. Stettin streckte am 29. Oktober die Waffen. Als die Preußen die Festung verließen und ihre Waffen niederlegten, entdeckten sie, daß ihnen nicht mehr als knapp 800 Husaren gegenüberstanden. Generalleutnant von Romberg wurde für sein Verhalten 1809 zum Tode verurteilt, vom König aber begnadigt.

Dem schlechten Beispiel Stettins folgten im November die Festungen Küstrin, Magdeburg und Hameln. Magdeburg, Preußens stärkste Festung, hatte ein ganzes französisches Armeekorps gebunden und sein Kommandant, General von Kleist, großspurig erklärt, er werde erst kapitulieren, wenn ihm das Schnupftuch in der Tasche brenne, doch er ergab sich, ohne auch nur den Versuch zu machen, ernsthaft Widerstand zu leisten.

Tagtäglich marschierten nun Tausende preußischer Kriegsgefangener durch Berlin. Darunter befand sich auch das unversehrt gebliebene Kürassierregiment Gens d'Armes, dessen Offiziere sich bei den Berlinern wegen ihrer Arroganz und Hochnäsigkeit verhaßt gemacht hatten. Diese selbsternannte Elite in ihren eleganten weißen Uniformen hatte, ohne überhaupt mit dem Feind die Klingen gekreuzt zu haben, am 27. Oktober bei Wichmannsdorf schmählich kapituliert. Da von ihnen behauptet wurde, sie hätten Wochen vor Kriegsausbruch ihre Degen an den Stufen der französischen Gesandtschaft gewetzt (was nie bewiesen, aber von Napoleon geglaubt wurde), bekamen sie die subtile Rache ihrer Überwinder zu spüren: Ohne ihre edlen Pferde, ohne die großen schwarzen Hüte mit den weißen Federbüschen, vor allem aber ohne Stiefel wurden sie durch die Stadt geführt. Ihre Offiziere wurden tags darauf genötigt, im Lustgarten der Parade der Kaisergarde beizuwohnen. Anschließend schickte sie Napoleon hinter den Dom, wo sie viele Stunden warten und sich von der Bevölkerung verspotten lassen mußten.

Nach der Schlacht von Auerstedt hatte sich ein 25 000 Soldaten starkes Korps unter dem Befehl des Generals Blücher aus dem allgemeinen Chaos lösen können und versucht, die Oder zu erreichen. Aber die rasch nachstoßenden Franzosen verlegten ihnen den Weg, worauf Blücher beschloß, Wismar zu erreichen und sein Korps von schwedischen Schiffen in Sicherheit bringen zu lassen. Aber seine Verfolger – die Armeekorps von Bernadotte und Soult, unterstützt von einem Teil der Kavallerie Murats – wußten auch das zu vereiteln, drängten ihn nach Westen ab, Lübeck und der dänischen Grenze entgegen.

Lübeck war eine Freie Reichsstadt und neutral. Doch schon ein Korps schwedischer Soldaten hatte sich um diese Neutralität nicht geschert, Lübeck am 31. Oktober gestürmt, sich dann aber, als die Nachricht von den anrückenden Franzosen eintraf, in schleuniger Flucht nach Travemünde auf ihre Schiffe gerettet. Am 5. November besetzten Blüchers Truppen, den Protest des Lübecker Senats ignorierend, die Stadt und wurden hier tags darauf von den Franzosen angegriffen. In wenigen Stunden und nach erbitterten Straßenkämpfen wurde Lübeck von den Preußen gesäubert, und es begann eine Nacht des Entsetzens.

Die französischen Truppen hatten vom 14. Oktober bis zum 6. November in pausenlosen Gewaltmärschen Blüchers Truppen verfolgt und dabei außerordentliche Strapazen und Entbehrungen auf sich nehmen müssen. Die Kämpfe in der Stadt, besonders der Beschuß durch die in den Häusern verschanzten Preußen, bewirkten eine Wut und Erbitterung, die zwischen Militär und Zivil nicht mehr unterschied. Versprengte Preußen wurden in den Straßen mit Bajonett und Gewehrkolben niedergemacht, dann aber fiel die Stadt einer wüsten Plünderung anheim. Blüchers empörenden Rechtsbruch – seine Soldaten und er selbst hatten längst das Weite gesucht – bezahlten jetzt die Bürger von Lübeck. Wer nicht sofort sein ganzes Geld opferte, wurde augenblicklich umgebracht, und erstmals kam es hier zu entsetzlichen Massenvergewaltigungen.

Die französischen Offiziere, deren nobles Verhalten von allen Augenzeugen (auch von preußischen Gefangenen) einmütig gerühmt wurde, taten alles, um dem Wüten entgegenzusteuern, und gerieten dabei selbst wiederholt in Lebensgefahr. Der in Lübeck lebende französische Emigrant Charles de Villers, vor der Revolution Artillerie-Hauptmann der französischen Armee und jetzt Korrespondent des französischen Nationalinstituts, hat einen ausführlichen Bericht über die von ihm selbst erlebten Greuel in französischer und deutscher Sprache veröffentlicht und ihn als offenen Brief an die Gräfin Fanny de Beauharnais, eine Verwandte des Kaisers, geschickt.

In diesem erschütternden Dokument gibt er die Zahl der ums Leben gekommenen Lübecker mit über hundert an und beziffert den materiellen Schaden auf zwölf Millionen Francs. Die Preußen kostete der Kampf um Lübeck etwas über 1000 Tote und 6000 Gefangene. Genützt hatte das völkerrechtswidrige Verhalten Blüchers ihm nicht: Schon am nächsten Tag mußte sein Korps, dem die neutralen Dänen das Überschreiten ihrer Grenze verwehrt hatten, bei Ratekau mit den noch verbliebenen 14000 Soldaten kapitulieren. Eine vom preußischen König eingesetzte Untersuchungskommission sprach 1810 den General Blücher von jedem schuldhaften Verhalten in allen Punkten frei; der eklatante Bruch der Lübecker Neutralität wurde in der detailreichen Untersuchung nicht einmal erwähnt.

Je weiter die französische Armee derweil ostwärts vorrückte, um so ungeschützter wurden die Nachschubstraßen durch Deutschland. Wohl drohte keinerlei Gefahr in den Staaten des Rheinbunds, aber zwischen Frankreich und dem eroberten preußischen Gebiet befand sich das Kurfürstentum Hessen-Kassel, und Napoleon hatte durchaus Anlaß, dem Kurfürsten, der über eine Armee von 20000 Soldaten verfügte, zu mißtrauen. Dem Beitritt zum Rheinbund war Wilhelm I. ausgewichen, seine Haltung galt in Paris als nicht unbedingt franzosenfreundlich. Der Kurfürst hatte vielmehr mit Preußen sympathisiert, militärische Vorbereitungen getroffen und war sogar ins preußische Hauptquartier gereist, um sich angeblich der preußischen Neutralität gegen Hessen zu versichern. Allerdings hatte er es ausgeschlagen, sich Preußen anzuschließen, da er erst einmal den Verlauf des Krieges abwarten wollte.

Napoleon mußte also damit rechnen, bei einer eventuellen Niederlage ein feindliches Land im Rücken seiner Armee zu haben. Um dieser Gefahr vorzubeugen, erging am 23. Oktober aus Wittenberg eine kaiserliche Instruktion an Marschall Mortier, dessen 8. Armeekorps in Mainz stand, das Kurfürstentum Hessen-Kassel zu besetzen. Am 1. November, morgens um neun Uhr, rückte Mortier mit 6000 Soldaten in Kassel ein; die 1000 Mann starke hessische Garnison wurde entwaffnet. Der Kurfürst, rechtzeitig informiert, war bereits in der Nacht zuvor geflohen, wobei er neben seinem Privatvermögen auch noch sämtliche Staatsgelder mitgehen ließ. Die Besetzung des im übrigen aber völlig überraschten Landes erfolgte sehr rasch; die französischen Truppen stießen nirgends auf Widerstand und verhielten sich diszipliniert. Die kurhessische Armee wurde entwaffnet und aufgelöst.

Nachdem nun Hessen-Kassel und Lübeck im französischen Besitz waren, verblieb nur noch die Freie Reichsstadt Hamburg in ihrer staatlichen Unabhängigkeit. Sie wurde am Nachmittag des 19. November von den Truppen Mortiers kampflos besetzt. Das zu Hamburg gehörende Amt Ritzebüttel (mit Cuxhaven) folgte am 25. November, als ein Bataillon des 22. französischen Linien-Infanterie-Regiments dort einrückte. Ganz Norddeutschland wurde von einer tiefen Niedergeschlagenheit ergriffen, wie sie sich in einem Brief eines Hamburger Senators kundtat, der an Charles de Villers in Lübeck schrieb:

«Ich glaube, es ist Alles für uns verloren, gänzlich verloren und für immer! Eine enorme Anzahl von Soldaten, die bis jetzt sich noch jeden Tag vergrößert; Forderungen, unzählige und im wahren Sinne des Wortes nicht zu erfüllende; nächtliche Arrestationen und Angst für die persönliche Sicherheit. Ich will mich gern bereden, daß in allen diesen Schreckensmaßregeln Übertreibungen sind; wenn man die Drohung bis auf das persönliche Eigentum, bis auf unsere Bank treibt, will ich an die moralische Unmöglichkeit solcher Maßregeln glauben. Aber wer wagt es, nach dem, was man sieht, für das, was geschehen kann, einzustehen? Die Angst für unsere politische Existenz, für unsere Verfassung ist in diesem Augenblick untergeordnet. Ich halte sie für unwiderruflich verloren; aber man wagt noch nicht davon zu sprechen. In der furchtbaren Krise, in der wir uns befinden, ist jedes Gefühl egoistisch. Man fragt sich, ob man für den andern Tag noch Brod für die Kinder hat!»

Sechstes Kapitel

Zur Krönung eine neue Verfassung
Das Königreich Westfalen

Festung um Festung fiel. Am 25. November kapitulierte die Plassenburg, am 26. November Nienburg und am 3. Dezember Glogau. Mit jeder Festung, die den Kampf einstellte, gerieten nicht nur preußische Soldaten in Gefangenschaft, sondern wurden auch Belagerungstruppen frei für den Vormarsch. Außerdem erbeuteten die Eroberer große Mengen von Waffen und Munition, vielfach auch gutgefüllte Magazine mit Lebensmitteln, die der französischen Armee zugute kamen.

Die Armee des Königs von Preußen zählte jetzt nur noch 20 000 Soldaten, die in Ostpreußen auf ihre Verbündeten, die Russen, und ihre Feinde, die Franzosen, warteten. Zu den Feinden zählten jetzt auch die ehemaligen Bundesgenossen, die Sachsen, mit denen am 11. Dezember der Frieden von Posen geschlossen wurde. Durch diesen Frieden wurde dem sächsischen Kurfürsten Friedrich August von Napoleon die Königswürde verliehen und ihm Landbesitz nach dem Frieden mit Preußen zugesprochen. Dafür verpflichtete sich das neue Mitglied des Rheinbunds, ein Kontingent von 20 000 Soldaten zur Verfügung zu stellen, in diesem Krieg allerdings nur 6000.

Auch die entwaffnete Armee Hessen-Kassels gedachte Napoleon

einzusetzen. Als aber die Konskription für Frankreich bekannt wurde, kam es in den ehemaligen Garnisonen der hessischen Armee zum Aufstand. Französische Soldaten und Verwaltungsbeamte wurden gefangengenommen, zum Teil mißhandelt, in Hersfeld wurde ein Soldat getötet. Die Aufständischen – sie zählten in wenigen Tagen fast 18 000, meist verabschiedete Soldaten – bewaffneten sich aus den Depots, in die nach der Abrüstung die Waffen der hessischen Armee eingelagert worden waren, oder griffen zu französischen Beständen. General Lagrange, der französische Oberbefehlshaber in Kassel, dem kaum Truppen zur Verfügung standen, verhielt sich in dieser gefährlichen Situation vollkommen gelassen. Während von überall her französische Verstärkungen unterwegs waren, versuchte Lagrange, ein milder und nachsichtiger General, ein Blutvergießen zu verhindern. Sein Bemühen, durch gutes Zureden die Bevölkerung zu beruhigen, wurde unterstützt durch das zügellose Verhalten der Rebellen, die sich durch Exzesse schon bald bei ihren Landsleuten unbeliebt machten. Ende Januar 1807 war das Land befriedet, ohne daß es zu Kämpfen gekommen wäre. Lagrange konnte mit diesem Ergebnis zufrieden sein, weniger aber war es Napoleon.

Am 8. Januar bekam der in den Augen des Kaisers viel zu milde General von Napoleon einen energischen Brief: «Meine Intention ist, daß das hauptsächlichste Dorf, wo die Insurrektion entstanden ist, verbrannt werde und daß 50 der Hauptanführer erschossen werden. Ein eklatantes Beispiel ist nötig, um den Haß dieser Bauern und dieser Soldateska zu unterdrücken. Wenn Sie noch kein Beispiel aufgestellt haben, tun Sie es unverzüglich; es ist das nötig wegen des übrigen Deutschlands, da es dort sehr verhängnisvoll werden würde, wenn man im Prinzip zuließe, daß man sich ungestraft empören dürfe. (…) Man muß den gegenwärtigen Augenblick benutzen zur Entwaffnung und um bleibende Spuren in den aufständischen Gegenden zurückzulassen. Jede andere Manier zu verfahren, würde verhängnisvoll sein. Dreißig der Hauptschuldigen füsiliert, 200 oder 300 in die Zitadellen Frankreichs geschickt und der Flecken oder die kleine Stadt, die der Hauptherd der Revolte ist, verbrannt – das sind notwendige Beispiele, und diese Akte der Gewalt sind human, da sie den Wiederausbruch neuer Aufstände verhüten.»

Am 19. Januar bekam Generalstabschef Berthier den Befehl: «Schreiben Sie dem General Lagrange, daß meine Intention ist, daß die beiden kleinen Städte Eschwege und Hersfeld verbrannt werden oder daß die 60 Schuldigsten dieser Städte und ihrer Umgebung erschossen werden und daß ein Drittel arretiert und nach Frankreich geführt werde. Man soll 4000 Mann mobile Kolonnen in die Städte schicken, welche der Schauplatz der Insurrektion gewesen sind, damit diese auf Kosten der Einwohner dort leben. Man soll ihnen meinen Willen kundgeben, daß die Beleidigungen, die meinen Adlern zugefügt worden sind, nur durch Blut gerächt werden können; 200 Personen wenigstens müssen mit ihrem Kopf diese Insurrektion bezahlen.»

Zum Glück für Hessen war der General Lagrange ein human denkender Mann, und auch General Barbot, der mit 2000 Soldaten Lagrange zu Hilfe eilte, ließ Milde walten. In den rebellischen Ortschaften wurden neun Rädelsführer hingerichtet, andere nach Frankreich deportiert, doch Napoleons Befehle zu Massenexekutionen wurden ebensowenig befolgt wie seine Anweisung, Eschwege und Hersfeld niederzubrennen, wobei allerdings Hersfeld nur durch das noble Verhalten des badischen Majors Lingg gerettet wurde, dessen Jäger-Detachement am 20. Februar diesen Befehl ausführen sollte. Die Rettung Hersfelds durch die Badener hat Johann Peter Hebel bald darauf mit Recht als rühmliches Beispiel von Menschlichkeit in seinem *Rheinländischen Hausfreund* geschildert.

Der Aufstand endete ohne das vom Kaiser befohlene Erschießen und Niederbrennen. Befehle, die nicht militärische Operationen betrafen, sondern eher Ausbrüchen von Rachsucht glichen, leitete Napoleons Stab manchmal in abgemilderter Form weiter, oder die Befehlsempfänger negierten ihre Ausführung wie die Generale Lagrange und Barbot. Geschadet hat diese Form der stillen Befehlsverweigerung niemandem; Napoleon, der nicht nachtragend war, hat sich nie erkundigt, ob solche Befehle überhaupt ausgeführt worden sind. Daß sich der Major Johann Baptist Lingg und seine badischen Jäger weigerten, die Stadt Hersfeld einzuäschern, dürfte Napoleon nie erfahren haben. Aber der badische Großherzog hat es seinem Offizier durch Beförderung und Erhebung in den erblichen Adel gedankt.

Die *Grande Armée* des Kaisers hatte inzwischen die Weichsel überschritten und sah nach ersten Gefechten einer Entscheidungsschlacht mit den Russen entgegen. Sie fand am 8. Februar in Ostpreußen bei Preußisch Eylau statt und kostete die Russen, denen noch ein kleines preußisches Korps rechtzeitig zu Hilfe gekommen war, 15 000 Tote und Verwundete, die Franzosen aber 25 000.

Napoleon konnte den Ausgang des Gemetzels bei eisigem Nordwind und Schneestürmen nur darum als Sieg ausgeben, weil er die Russen zum (sehr geordneten) Abzug zwang und das Schlachtfeld behauptete.

Das Verhältnis zwischen Preußen und Russen war sehr spannungsreich geworden, denn der russische Verbündete hauste in Ostpreußen wie in Feindesland. So berichtet der preußische Major Friedrich August Ludwig von der Marwitz:

«Ich verfügte mich um den 15. April ins Hauptquartier nach Schippenbeil, welches nur sieben bis acht Meilen von Königsberg entfernt ist; aber ich brauchte beinahe den ganzen Tag zu diesem Ritt, so unergründlich war der Kot. Und welches Bild der Zerstörung! Von Uderwangen an, welches an dem sumpfigen Frisching-Bache liegt, gab es kein einziges Dorf mehr, keinen Baum am Wege, kein lebendes Wesen. Weg und Acker waren gleich unergründlich, die Landstraße wenigstens fünfhundert Schritt breit ausgefahren und ausgetreten, und man erkannte sie nur an den toten Pferden, die auf derselben lagen; denn so sehr war die Spur ihrer Begrenzung und selbst die der Dörfer verschwunden, daß man diese bisweilen nur an einzelnen Pflaumenbäumen erkannte und aus kleinen Erhöhungen des Erdreichs, einzelnen Zaunpfählen und dergleichen erst wahrnahm, daß man durch einen Garten ritt, der vor zwei Monaten noch gestanden hatte. Nicht einmal Trümmer der Gebäude sah man, alles war verbrannt oder vom Kot überflossen. Massive Schornsteine mußte es wohl dort nicht gegeben haben, denn man sah auch diese nicht mehr stehen; die Stadt Domnau stand noch, und näher an Schippenbeil wurde es besser. Dies bestätigte mir, was auch von den Landleuten behauptet wurde, daß nicht der Feind, von dem nur Kavallerie bis in diese Gegend gekommen, sondern die Russen die Verwüstung angerichtet hatten.»

Zu dieser Zeit hatte Napoleon die von Russen und Preußen nicht verteidigte Linie der Weichsel längst überschritten, und seine durch Reserven verstärkte Armee, die inzwischen 210 000 Soldaten zählte, stand tief in Polen und rückte in Ostpreußen vor. Ihr hatten Russen und Preußen nur 132 000 Soldaten entgegenzustellen, obwohl aus Rußland immer mehr Reserven eintrafen. Am 14. Juni 1807 schlug Napoleon die Russen vernichtend bei Friedland. Die russische Armee, die 20 000 Tote, Verwundete und Gefangene, dazu 80 Kanonen eingebüßt hatte, zog sich in wilder Flucht zurück, und vier Tage später bat der Zar um Waffenstillstand. Die Preußen, die bisher alle Wünsche Napoleons nach einem Separatfrieden aus Bündnistreue abgelehnt hatten, fanden sich düpiert, sie wurden weder von ihrem Verbündeten noch von den Franzosen nach einem Waffenstillstand gefragt, da der Überrest ihrer Armee für keinen von Bedeutung war. Der Zar bat um ein Treffen mit Napoleon, dem der Kaiser sofort zustimmte.

Napoleon, um Einfälle für eindrucksvolle Inszenierungen nie verlegen, hatte sich auch jetzt etwas ganz Besonderes ausgedacht.

Alexander I., Zar von Rußland. Gemälde von Thomas Lawrence, 1815.
Als Verbündeter enttäuschte der Zar 1805 zuerst die Österreicher und 1806
die Preußen durch seine Unzuverlässigkeit.

Das Treffen sollte bei Tilsit und mitten auf der preußisch-russischen Grenze stattfinden, die hier von der Memel gebildet wurde. General Lariboisière, Chef der französischen Artillerie, entwarf und baute ein großes Floß mit einem prächtig dekorierten, mit Leinwand bedeckten Holzhaus darauf, vertäut in der Mitte des Flusses.

«Um halb ein Uhr sind die beiden Seiten des Flusses mit Truppen besetzt», schreibt Chefchirurg Percy in sein Tagebuch, «die Kaiser besteigen die Schiffe, das Napoleons ist mit Laub bekränzt. Er kommt zuerst an, fünf Minuten später Alexander. Die Majestäten begrüßen sich herzlich. Napoleon geht dem russischen Kaiser entgegen, umarmt und küßt ihn. Die kaiserlichen Marschälle und einige russische Großwürdenträger begleiteten ihre Herrscher. Die Unterredung dauerte einundeinehalbe Stunde. Die beiden Kaiser waren allein. (Gegen Ende der Besprechung empfingen sie die Personen ihrer Umgebung.) Unterdessen unterhielt sich der Großfürst Konstantin (*Bruder des Zaren*) aufs lebhafteste mit dem Großherzog von Berg (*Murat*). Wir verfolgten mit Interesse alle Vorgänge. Um zwei Uhr trennten sich die Herrscher. Sie verabschiedeten sich in freundschaftlicher Weise. Ihre Schiffe fuhren einen Augenblick nebeneinander; dann wendete das eine nach rechts, das andere nach links, und die beiden Kaiser stiegen unter den lebhaftesten Zurufen ihrer Armeen ans Land. Unser Kaiser schien sehr zufrieden. Das war wirklich ein schönes erhebendes Schauspiel. Der Regen hatte aufgehört, und die Sonne zeigte sich, als ob sie diese zwei denkwürdigen Stunden verschönen wollte.»

Napoleon hatte allen Grund, zufrieden zu sein. In den Gesprächen mit Alexander hatten sich beide Herrscher sehr schnell über die Grundlagen eines Friedensvertrags verständigt, und als man sich am nächsten Tag zur Fortsetzung des Gesprächs traf, durfte auch Friedrich Wilhelm III. dabeisein. Erst am 27. kam der Waffenstillstand mit Preußen zustande. Napoleon und der preußische König mochten einander nicht, zumal ihn Napoleon für einen ausge-

Napoleon und Zar Alexander treffen sich bei Tilsit, Juli 1807. Kupferstich von François-Louis Couché nach einer Zeichnung von Jacques Swebach. Das prächtig inszenierte Spektakel auf einem Floß in der Mitte der Memel demonstrierte die Harmonie jener, die gestern noch Todfeinde gewesen waren.

machten Langweiler hielt, dessen Lieblingsthema die Uniformen waren. «Kein Schneider in der Armee hätte besser Bescheid wissen können als König Friedrich Wilhelm; er wußte genau, wie viele Ellen Tuch zu dieser oder jener Uniform nötig wären», erzählte Napoleon später auf St. Helena dem irischen Schiffsarzt Barry E. O'Meara.

Doch nun ging es um die Bedingungen des Friedensvertrags, und dem König war klar: Sie würden hart werden. Nichts könnte den Tiefstand der preußischen Diplomatie damals besser bezeichnen als der Einfall, die Königin Louise gleichsam als eine Wunderwaffe gegen Napoleon einzusetzen. Die Königin kam am 6. Juli aus Memel nach Tilsit und führte mit Napoleon ein ausführliches Gespräch unter vier Augen. «Sie war elegant, geistvoll und wohlunterrichtet», sagte Napoleon zu O'Meara. «Sie klagte bitterlich über den Krieg. Ach, sagte sie zu mir, die Erinnerung an den großen Friedrich hat uns verleitet; wir glaubten, wir wären ihm noch gleich und sind es doch nicht.» Alle Überredungskünste der schönen Königin fruchteten nichts; Napoleon zeigte sich von seiner liebenswürdigsten Seite, rückte aber keinen Fingerbreit von seinen Bedingungen ab. Nach dem Friedensschluß mit Rußland am 7. Juli folgte am 9. der mit Preußen, der dem Land alle Gebiete westlich der Elbe nahm, vor allem aber die Altmark mit der Festung Magdeburg, auf deren Schlüsselposition Napoleon nicht

Napoleon empfängt Königin Luise von Preußen in Tilsit. Gemälde von Nicolas-Louis-François Gosse. Am 6. Juli 1807 sollte Königin Luise den Sieger Napoleon zu Zugeständnissen bewegen, was fehlschlug. Am nächsten Tag mußte Preußen einen demütigenden Frieden akzeptieren.

verzichten konnte, wollte er Preußen auch künftig unter Kontrolle halten, weswegen Preußen eine Besatzung von 100 000 französischen Soldaten und die Auslieferung aller seiner Festungen akzeptieren mußte. Von denen hatten sich Kolberg und Graudenz und in Schlesien Glatz und Silberberg bis zum Waffenstillstand tapfer verteidigt, wie denn überhaupt die wenigen Festungen, die nicht vorzeitig kapitulierten, bis zum Kriegsende 26 000 Soldaten der Belagerungstruppen gebunden hatten.

Gegen Kriegsende war es auch König Gustav IV. von Schweden noch eingefallen, sein militärisches Glück gegen Frankreich zu erproben. Ein 16 000 Mann starkes Korps unter General Toll, verstärkt durch 5000 Preußen und 8000 auf Rügen gelandeten Engländern, versuchte sich in einer Offensive gegen das von Marschall Brune geführte, 40 000 Soldaten zählende französische Observationskorps in Norddeutschland, als die Nachricht vom Waffenstillstand eintraf. Daraufhin mußten die 5000 Preußen ausscheiden, weshalb die Engländer nun auch nicht mehr wollten. Um sinnloses Blutvergießen zu vermeiden, bot Marschall Brune den Schweden großzügig den unbehinderten Abzug nach Hause an. Danach besetzten Rheinbundtruppen die Insel Rügen und beendeten damit die seit 1648 währende Herrschaft Schwedens über Teile Pommerns und Mecklenburgs.

Preußen bekam die schier unermeßliche Reparationslast von 154,5 Millionen Francs auferlegt, von denen das geschundene, wirtschaftlich völlig ruinierte Land nicht wußte, wie es sie jemals aufbringen sollte. Aber so lange mußte es eine Besatzungsarmee erdulden und auch noch ernähren. In diesen Wochen der völligen Entmutigung richteten sich die Blicke der Preußen auf ihren König in Memel, der ihnen ein Zeichen der Hoffnung und einer grundlegenden Reform an Haupt und Gliedern geben sollte. Doch was tat der König, den auch sein Freund Alexander im Stich gelassen hatte? Empört reimte der Königsberger Kriegsrat und Poet Johann Georg Scheffner:

Und wenn du Ares' Bogen spannst,
So ist es frevelhaft, mit Kindereien
Die Tage werkarm zu zerstreuen,
Und Bosheitssünde wird das Spiel
Mit Tschakos, Federbusch, Samtlitzen und Rabatten.
Wie kann ein König, dem der Feind sein Land verheert,
Der Freund nicht minder arg am Mark des Landes zehrt,
Sich solche Tändelei gestatten?

Und in der Tat: Friedrich Wilhelm hatte nichts Wichtigeres zu tun, als für eine nicht mehr existierende preußische Armee schöne Uniformen zu entwerfen, wofür nicht nur sein Volk wenig Verständnis aufbrachte. Kopfschüttelnd bemerkte Napoleon später: «Der Schnitt einer Dragoner- oder einer Husaren-Uniform hatte für ihn, wie es schien, mehr Wichtigkeit als das, was für die Rettung seines Königreiches nötig war.» In Berlin spottete man: «Unser Dämel sitzt in Memel.» Und dort blieb er bis 1809.

In Tilsit hatte Napoleon auch mit dem Zaren einen Bündnisvertrag unterzeichnet, worin sich Rußland zum Beitritt zur Kontinentalsperre verpflichtete und zum Krieg gegen England, den es am 7. November 1807 erklärte. Mit Alexander hatte Napoleon auch erörtert, wie man das bislang neutrale Dänemark für die neue Allianz gewinnen könnte. Dänemark kontrollierte den Zugang zur Ostsee, und seine Lage war viel zu exponiert, um dauerhaft die Neutralität zu bewahren. Napoleon wußte, wie man in einem solchen Fall die nötigen Voraussetzungen für Verhandlungen schaffen konnte: Er befahl Marschall Bernadotte, sein Armeekorps an der Südgrenze Dänemarks aufmarschieren zu lassen. Worauf auch Dänemark alle verfügbaren Truppen in seinem Süden konzentrierte.

Das Land war in einer schwierigen Lage. Seine Regierung neigte England zu. Gegen Englands Willen waren weder eine ungehinderte Schiffahrt noch Handel denkbar, einer britischen Blockade wäre Dänemarks Wirtschaft nicht gewachsen. Doch an seiner Südgrenze

– zu Dänemark gehörten damals Schleswig und Holstein, das Land grenzte also unmittelbar an das französisch besetzte Hamburg – stand die unübersehbare militärische Realität Napoleons, der jederzeit Bernadotte den Befehl geben konnte, die Grenze nach Norden zu überschreiten, und diesem Armeekorps konnten weitere folgen, denn jetzt, nach Kriegsende, hatte Napoleon freie Hand.

In dieser Situation meldete sich bei der dänischen Regierung ein Sonderbeauftragter Englands. Er verlangte nichts weniger als ein sofort zu schließendes Bündnis und die Auslieferung der gesamten dänischen Flotte als «Pfand» für dänisches Wohlverhalten im Sinne Englands. Auch Großbritannien wußte, wie man diplomatische Bemühungen unterstützen konnte: Unweit Kopenhagens ankerte bereits eine mächtige britische Kriegsflotte, an Bord ein Korps von 30 000 Soldaten, denen man keinen dänischen Soldaten entgegenstellen konnte, denn die ganze dänische Armee wartete im Süden auf Bernadotte. Die englischen Schiffe blieben außer Reichweite dänischer Küstenbatterien, aber das Landungskorps führte eigene Geschütze und eine ganz neue Waffe mit sich: Brandraketen. Sie besaßen eine Reichweite von 2500 Metern, was sie jeder Kanone überlegen machte; beim Aufschlag verbreiteten sie ein sich sofort entzündendes Pechgemisch, das nur schwer zu löschen war. Bisher hatte man diese erst wenige Jahre zuvor entwickelte Waffe nur seegestützt eingesetzt, jetzt erfolgte ihre erste praktische Erprobung an Land. Das britische Korps unter dem Befehl des Generals Sir Arthur Wellesley (später Herzog von Wellington) rückte auf Kopenhagen vor und verlangte die Kapitulation der befestigten Stadt und die Auslieferung aller kriegswichtigen Magazine und Geschütze. Als der Kommandant der 100 000 Einwohner zählenden Hauptstadt ablehnte, beschossen die Engländer Kopenhagen vom 2. bis 5. September Tag und Nacht. Militärische Ziele gab es nicht, es ging nur darum, die Zivilbevölkerung zu terrorisieren, und das gelang vollkommen. Als Kopenhagen schließlich kapitulierte, denn die gesamte Altstadt hatte sich durch Raketenbeschuß in ein einziges Flammenmeer verwandelt, waren 300 Häuser völlig zerstört; 1600 schwer beschädigt. Doch schlimmer: 1600 Männer, Frauen und Kinder waren getötet, 1000 verletzt. Dänemarks Militär zählte daneben 186 Tote und 346 Verwundete, aber das bedeutete für die Angreifer nur eine Nebensache, da sie als ihr eigentliches Ziel von vornherein die Zivilbevölkerung angesehen hatten.

Kaum war die Kapitulation der Stadt unterzeichnet, transportierten die Sieger den Inhalt der Magazine ab und kaperten die umstellte dänische Flotte: 15 Linienschiffe, 10 Fregatten, 5 Korvetten und 14 kleine Schiffe samt ihrer vollständigen Ausrüstung wurden nach England gebracht. Nach ihrem Abzug erklärte Dänemark am 30. Oktober England den Krieg und schloß ein Bündnis mit Frankreich.

Der brutale und beispiellose Überfall auf Dänemark mitten im Frieden und das Blutbad unter der Bevölkerung Kopenhagens lösten überall in Deutschland Entsetzen und Empörung aus. Im holsteinischen Wandsbeck schrieb Matthias Claudius, Journalist und Dichter, bekannt für seine pazifistische Gesinnung:

«Lieber Freund, wir in unsern Jahren möchten die Engländer lieber ohne Schwertschlag zur Besinnung gebracht sehen; wir haben keine Freude an Blutvergießen, und die Kriegs- und Siegeslorbeern sind eitel für uns und reizen uns nicht mehr; aber Notwehr und Selbstverteidigung gegen Gewalt und Unrecht, seinen Fürsten und sein Vaterland liebhaben, ist ein ander Ding – und wir werden trotz unsrer grauen Haare im Fall der Not, wie mächtig der Feind auch sei, den Rücken nicht wenden. Und das wird kein Mann tun, so viele ihrer in Dänemark sind, sie mögen graue oder braune Haare haben. – Es ist etwas im Menschen, das sich vor keiner Gewalt beugt und fürchtet, und durch keine Gewalt überwältigt werden kann. Es bleibt unbeschädigt und frei, wie auch die Sachen gehen, und spricht der Gewalt hohn; und ist doch zugleich mild, und rät zum Guten und Frieden.»

Und in Karlsruhe schrieb Johann Peter Hebel für den *Rheinländischen Hausfreund* den Beitrag *Das Bombardement von Kopenhagen*, worin er die erpresserische Praktik der Engländer seinen Lesern bildhaft zu machen suchte:

«Als aber die Flotte im Sund und an der dänischen Küste und vor der königlichen Haupt- und Residenzstadt Kopenhagen stand, und alles sicher und ruhig war, so machten die Engländer Bericht nach Kopenhagen hinein: ‹Weil wir so gute Freunde zusammen sind, so gebt uns gutwillig bis zum Frieden eure Flotte, damit sie nicht in des Feindes Hände kommt, und die Festung. Denn es wäre uns entsetzlich leid, wenn wir euch müßten die Stadt über dem Kopf zusammenschießen.› Als wenn ein Bürgersmann oder Bauer mit einem andern einen Prozeß hat, und kommt in der Nacht mit seinen Knechten einem Nachbarn vor das Bette, und sagt: ‹Nachbar, weil ich mit meinem Gevattersmann einen Prozeß habe, so müßt Ihr mir bis Ausgangs der Sache Eure Rosse in meine Verwahrung geben, daß mein Gegenpart nicht kann darauf zu den Advokaten reiten, sonst zünd ich Euch das Haus an, und müßt mir erlauben, daß ich an der Straße mit meinen Knechten in Euer Kornfeld stehe, auf daß, wenn der Gevattersmann auf seinem eigenen Roß zum Hofgericht reiten will, so verrenn ich ihm den Weg.› Der Nachbar sagt: ‹Laßt mir mein Haus unangezündet! Was gehn mich Eure Händel an?› Und so sagten die Dänen auch.»

Die durch nichts zu rechtfertigende Verwüstung Kopenhagens betraf nicht nur die Norddeutschen als Nachbarn Dänemarks, dessen König übrigens als Regent der Herzogtümer von Schleswig und Holstein auch deutscher Reichsfürst war. Wie wenig in diesen Zeitläuften Neutralität galt, hatten die Preußen erst vor einigen Monaten mit der militärischen Besetzung Lübecks deutlich gezeigt. Die Rücksichtslosigkeit, mit der britische Kriegsschiffe in internationalen Gewässern die Handelsflotten der neutralen Staaten schikanierten, war allgemein bekannt. Die in Wielands Brief vom 29. Dezember 1805 sich artikulierende antibritische Einstellung gab es auch sonst in Deutschland; sie wurde durch das Verbrechen von Kopenhagen genährt. Andererseits: Nur England war stark genug, Frankreich die Stirn zu bieten.

Gleichgültig, wie man zu Napoleon stand: Nach dem Friedensschluß von Tilsit erfüllte die Deutschen ein allgemeines Glücksgefühl, denn der Krieg war endlich beendet. Ein Brief von Minna Körner aus Dresden vom 14. Juli 1807 drückte das so aus:

«Es ist Friede! Welcher Segen für Millionen Menschen. – Es werden von unserm Hof große Anstalten zur Ankunft des großen Kaisers gemacht. Unser König hat wahre Achtung für diesen ausgezeichneten Mann; er sei gesegnet, daß er, der Mächtige, den Frieden uns gab. – Der Rückmarsch der Truppen wird uns nun jetzt sehr beschäftigen, und alles Lästige wird zu ertragen sein durch den Gedanken, daß Friede ist.»

In Dresden sah die Malerin Dorothea Stock den Kaiser in der Gemäldegalerie: «Er ist weit hübscher und angenehmer wie alle Portraits, so man von ihm hat. Ich erwartete Strenge in seinen Zügen, einen unsteten Blick oder öftern Wechsel in seinem Gesicht. Wie wurde ich überrascht, wie ich bei einem feurigen tiefdenkenden Auge, welches einen ganz unbeschreibbaren Ausdruck hat, die größte Ruhe und ungemeine Freundlichkeit in den übrigen Zügen fand! Er schien nur mit den Gemälden beschäftigt, verweilte sich ohne Zwang dabei und wurde durch das unbescheidene Zudrängen der Menschen weder gestört noch unruhig oder verlegen gemacht. Es freute mich unendlich, ihn so gesehen zu haben: ich möchte mir so gern bei seiner Größe auch Güte denken. Deshalb habe ich auch nachher gar nicht gesucht ihn wiederzusehen, weil ich den Eindruck, den er auf mich gemacht, gern rein erhalten möchte.»

Napoleon betrachtete die Gemälde. Als Kunstliebhaber oder als Eroberer? Denn er hatte gerade den großangelegten Kunstraub in Deutschland befohlen und den fähigsten Kenner Frankreichs damit beauftragt: Vivant Denon. Der war 1802 von Napoleon zum

Generaldirektor des Louvre ernannt worden, nachdem zehn Jahre zuvor die Französische Republik den Louvre zur Nationalen Sammlung von Kunstwerken umgewidmet hatte und darin die beschlagnahmten Kunstsammlungen des Königs und des Adels untergebracht worden waren. Napoleon hatte schon als General in

Dominique-Vivant Denon mit dem Œuvre-Katalog von Poussin. Gemälde von Robert Lefèvre, 1808. Er war der bedeutendste Kunstkenner seiner Zeit. Im Auftrag Napoleons plünderte er die Kunstsammlungen Europas für das einzigartige Musée Napoléon in Paris.

Italien Kunstwerke in großer Zahl rauben und nach Paris überführen lassen, nicht, um sich daran persönlich zu bereichern, was viele Revolutionsgenerale taten, sondern um den Ruhm Frankreichs durch eine in Europa einmalige Kunstsammlung zu erhöhen. Denon gehörte zu jenen Künstlern und Gelehrten, die Napoleon auf seiner Ägypten-Expedition 1798/99 begleitet und ägyptische Altertümer gezeichnet und inventarisiert hatten. Nach seiner Rückkehr veröffentlichte er seit 1802 die Bände seiner *Descriptions des Monuments du Haut et Bas Egypte*, deren Illustrationen er selber gezeichnet und gestochen hatte. Mit diesem monumentalen Werk schuf er die Grundlagen der späteren Ägyptologie.

Nach der gründlichen Plünderung Italiens von Turin bis Neapel begann 1806 die Beraubung Deutschlands zu Ehren des Louvre, der seit 1803 den Namen *Musée Napoléon* führte. Im Gefolge des schon erwähnten Generalintendanten Daru kam Denon zuerst nach Berlin und begann, gestützt auf Kataloge und Reproduktionsgraphik, die Sammlung zu mustern. In Berlin konfiszierte er dann 123 Gemälde, 28 Statuen, 56 Büsten und Reliefs, 25 Elfenbeinarbeiten, über 500 Gemmen und 12363 Münzen. Im Januar 1807 sichtete Denon die kostbaren Bestände des gerade geflohenen Kurfürsten Wilhelm I. in Kassel, und schickte davon über 300 Werke nach Paris. In Braunschweig, der dritten Station, ließ Denon 271 Gemälde, 230 Handzeichnungen, 980 Majoliken, 174 Emailarbeiten, 74 Bronzen, 70 Holzskulpturen und 83 Elfenbeinarbeiten beschlagnahmen. Aus der Bibliothek in Wolfenbüttel gingen 2000 Bände nach Paris, aus Oldenburg und Schwerin 209 Gemälde. Zum Jahrestag der Schlacht von Jena, am 14. Oktober 1807, wurden den Parisern aus dieser Beute 368 Gemälde in einer Sonderausstellung gezeigt, dazu 33 Handzeichnungen und zahlreiche Skulpturen und Elfenbeinarbeiten.

Der Kaiser selbst wählte für sein Arbeitszimmer im Schloß von St. Cloud beziehungsvoll *Triumph oder Bekrönung des Sieges* von Peter Paul Rubens aus, ein Beutestück aus Kassel. Zum Verdruß

Denon im Medaillenkabinett des Berliner Schlosses, Anfang November 1806. Lavierte Federzeichnung von Benjamin Zix. Denon betrachtet den Inhalt eines Kastens, am Tisch notiert sein Sekretär die Objekte. Der Elsässer Zix diente Denon damals als Dolmetscher.

von Denon hatte schon vor seinem Eintreffen General Lagrange 48 Gemälde, darunter Werke von Rembrandt, Rubens und Claude Lorrain, der in Mainz weilenden Kaiserin als kleines Angebinde schicken lassen. Es handelte sich dabei um Bilder, die der Kurfürst kurz vor seiner Flucht in einem seiner Jagdschlösser hatte verstekken lassen, aber das Versteck war den Franzosen verraten worden, und Lagrange brauchte sich nur zu bedienen. Es war eine erlesene Auswahl der Kasseler Bestände gewesen, für das *Musée Napoléon* aber verloren.

Den ganz großen Fischzug freilich durfte Denon nicht machen: die Dresdner Gemäldegalerie, denn Sachsen gehörte jetzt zu den Verbündeten, deren Kunstwerke nicht angetastet werden durften.

Das galt natürlich auch für die übrigen Rheinbundstaaten, doch hatten die französischen Revolutionstruppen schon 1799/1800 in München, Augsburg und Nürnberg 72 Gemälde konfisziert, darunter Albrecht Dürers Selbstbildnis von 1493 und Albrecht Altdorfers *Alexanderschlacht*, das seine neue Heimat im Badezimmer Napoleons im Schloß von St. Cloud gefunden hatte.

Die Ausplünderung ihrer Kunstsammlungen wurde von den Deutschen fast nicht wahrgenommen, ja nicht einmal bedauert. Sosehr es die Berliner schmerzte, als Anfang Dezember 1806 die von Johann Gottfried Schadow entworfene Quadriga von den Franzosen vom Brandenburger Tor geholt und als Trophäe nach Paris

Der Pferdedieb von Berlin. Anonyme Karikatur, 1814. Napoleon hatte Anfang Dezember 1806 die von Gottfried Schadow geschaffene Quadriga vom Brandenburger Tor demontieren und nach Paris schaffen lassen. Sie kehrte 1814, noch in der Originalverpackung, wieder zurück.

gebracht wurde: die Beraubung ihrer Kunstschätze durch Denon fand bei den Berlinern sowenig Beachtung wie bei den Bürgern Kassels, Braunschweigs, Münchens, Augsburgs, Nürnbergs, Oldenburgs oder Schwerins. Das war nicht überraschend. Diese Kunstsammlungen gehörten zum Besitz der Fürsten, öffentlich kaum zugänglich, anders als die für die Allgemeinheit geöffnete Gemäldegalerie Dresdens.

Aber die Deutschen bedrückten auch ganz andere Sorgen als um Kunstwerke, die sie gar nicht kannten. Die Kontinentalsperre gegen England hatte sehr schnell zum Verschwinden aller importierten Kolonialprodukte geführt, das betraf vor allem Kaffee, Zucker und Baumwolle. Da sich ein lebhafter Schmuggel entwickelte, bekam man solche Waren nur unterderhand und zu hohen Preisen.

Um nun Norddeutschlands Küsten gegen die Engländer – auch gegen eine durchaus denkbare militärische Invasion – zu sichern, wurden die Besatzungstruppen verstärkt. Nach Hamburg gelangten immer mehr holländische Soldaten, die Napoleons Bruder Louis schickte und hier dauerhaft stationiert wurden, aber auch die mit Frankreich verbündeten Spanier.

Der Einzug eines ganzen spanischen Armeekorps – etwa 12 000 Soldaten mit Frauen, Kindern und großem Troß – Anfang August 1807 beeindruckte die Hamburger. Es war aber auch ein recht exotisch anmutendes Schauspiel, das man ihnen bot. Eine fremde Besatzung wird nie geliebt, aber soviel Sympathie, wie man in Hamburg den Spaniern entgegenbrachte, hat Deutschland seinen Okkupanten sonst nicht zuteil werden lassen.

Daß sich nun überall Gesang und Gitarrenklänge vernehmen ließen, veränderte die Stimmung in den Straßen. Die Hamburger überraschte der Anblick buntuniformierter Offiziere, die auf kleinen Maultieren über den Jungfernstieg ritten, bei Regenwetter mit aufgespanntem Schirm, und manchmal saß auch die Ehefrau hinter einem Offizier auf dem geduldigen Lasttier. Die Raucher, bislang nur mit der Pfeife bekannt, lernten Zigarre und Zigarillo kennen, und mancher Spanier rauchte Tabak, den er in Papier gewickelt hatte, genannt Zigarette. Im Winter staunten die Südländer über Schnee und zugefrorene Wasserflächen, denn die meisten hatten solche Phänomene noch nie erlebt. Karl August Varnhagen, der sich damals in Hamburg aufhielt, erzählt:

«Wirklich aber betrugen sich diese Fremden auch höchst musterhaft und ganz im Gegensatz der Franzosen. Stolz, mäßig, ehrbar, schien auch der gemeine Soldat nur dahin zu streben, seinem Wirte so wenig als möglich zur Last zu fallen. Größere Unordnungen fielen beinahe gar nicht vor, leidenschaftliche Aufwallungen wurden durch ein ehrendes Wort leicht in Güte beigelegt. Musik und Gesang waren in jedem Hause willkommenes Vergnügen. Wo nähere Verständigung eintrat, fand sogleich ein politisches Vertrauen Nahrung, man erkannte sich als gleichgesinnt und verbündet im Hasse gegen die Franzosen. War die Gelegenheit günstig für noch engere Vertraulichkeit, so wurden auch dann die erwünschtesten Eigenschaften nicht vermißt, und die stille Glut und der feste Eifer des Spaniers trug über die einnehmende Leichtfertigkeit des Franzosen meist den Sieg davon. Man sah nicht wenige Gestalten und Gesichter von vollkommener männlicher Schönheit. Unter den Offizieren fanden sich Männer von größter Auszeichnung des Betragens, und der Marquez de la Romana, welcher im Buchladen von Perthes bei dem ersten Besuch eine Auswahl griechischer und römischer Autoren eifrig angekauft hatte, vereinigte mit der feinsten Weltbildung und edelsten Herzensgüte sogar eine seltene Gelehrsamkeit.»

Nachdem sich Dänemark und Frankreich verbündet hatten und zwischen Schweden und Dänemark der Krieg erklärt worden war, wurde der größte Teil des spanischen Korps zur Unterstützung der Dänen im März 1808 nach Seeland und Fünen verlegt, während die Soldaten Bernadottes Holstein besetzten, unterstützt von holländischen Regimentern.

Im Frieden von Tilsit war Europa wieder einmal neu geordnet worden. Preußen hatte den größten Teil seiner bei den drei polnischen Teilungen gewonnenen Provinzen (einschließlich Warschaus) verloren, daraus hatte Napoleon ein Herzogtum Warschau geschaffen mit eingeschränkter polnischer Autonomie; als Oberhaupt galt der Kurfürst von Sachsen, dessen Amt ja schon im 18. Jahrhundert mit dem des Königs von Polen verbunden gewesen war. Aus den preußischen Provinzen links der Elbe, den Staaten von Hessen-Kassel, dem Herzogtum Braunschweig und den Bistümern von Osnabrück und Paderborn, hatte Napoleon ein «Königreich Westfalen» zurechtgeschnitten, dessen Gründungstag der 18. August 1807 war. Zum König dieses neugebackenen Staates proklamierte er seinen jüngsten Bruder Jérôme, den er zehn Tage später in Paris mit Katharina, der Tochter des Königs von Württemberg, verheiratete. Ehe das neue Königspaar seine künftige Residenz bezog, empfing Jérôme von seinem kaiserlichen Bruder einen Brief, der es verdient, vollständig zitiert zu werden:

«Mein Bruder, beiliegend finden Sie die Verfassung Ihres Königreichs. Diese Verfassung enthält die Bedingungen, unter welchen ich auf alle meine Eroberungsrechte, sowie die Rechte, die ich auf Ihr Land habe, verzichte. Sie müssen sie getreulich befolgen. Das Glück Ihres Volkes liegt mir nicht allein wegen des Einflusses am Herzen, den es auf Ihren und meinen Ruhm haben kann, sondern auch in Hinsicht auf die allgemeine europäische Politik. Hören Sie nicht auf die, die Ihnen sagen, Ihr an Knechtschaft gewöhntes Volk würde Ihre Wohltaten mit Undankbarkeit vergelten. Man ist im Königreich Westfalen aufgeklärter, als man Ihnen zugestehen möchte, und Ihr Thron wird in der Tat nur auf dem Vertrauen und der Liebe Ihrer Untertanen befestigt sein. Was aber das deutsche Volk am sehnlichsten wünscht, ist, daß diejenigen, die nicht von Adel sind, durch ihre Fähigkeiten gleiche Rechte auf Ihre Auszeichnungen und Anstellungen haben, daß jede Art Leibeigenschaft und vermittelnde Obrigkeit zwischen dem Souverän und der untersten Volksklasse aufgehoben werde. Ihr Königtum wird sich durch die Wohltaten des *Code Napoléon*, durch das öffentliche Gerichtsverfahren und die Einführung des Geschworenengerichts auszeichnen, Und wenn ich ganz offen sein soll, so rechne ich in bezug auf die Ausdehnung und Befestigung Ihres Reiches mehr auf deren Wirkung, als auf das Ergebnis der glänzendsten Siege, Ihr Volk muß sich einer Freiheit, einer Gleichheit, eines Wohlstandes erfreuen, die den übrigen Völkern Deutschlands unbekannt sind! Eine solche liberale Regierung muß auf diese oder jene Weise für die Politik des Rheinbundes und für die Macht Ihres Reiches die heilsamsten Veränderungen hervorbringen. Sie wird Ihnen eine mächtigere Schranke gegen Preußen sein, als die Elbe, als alle Festungen und der Schutz Frankreichs. Welches Volk wird zu der willkürlichen preußischen Regierung zurückkehren wollen, wenn es einmal von den Wohltaten einer weisen und liberalen Verwaltung gekostet hat? Die Völker Deutschlands, Frankreichs, Italiens und Spaniens wünschen Gleichheit und aufgeklärte Ideen! Ich, der ich seit vielen Jahren die Angelegenheiten Europas in Händen habe, hatte oft Gelegenheit, mich zu überzeugen, daß das Murren der Privilegierten mit der Volksmeinung im Widerspruch stand. Seien Sie ein konstitutioneller König! Und wenn es Ihnen die Vernunft und Aufgeklärtheit Ihres Jahrhunderts nicht geböten, so müßten Sie es doch aus weiser Politik sein. Sie werden dadurch große Macht in der öffentlichen Meinung und eine natürliche Überlegenheit über Ihre Nachbarn gewinnen, die alle *absolute* Fürsten sind.»

Ist es nicht wie ein Märchen? Da bekommt einer, gerade 23 Jahre alt geworden (Napoleon hat seinen Brief mit dem 15. November datiert, Jérômes Geburtstag), ein Königreich geschenkt, dazu eine Königin und erwartungsvolle Untertanen, die dem jungen Paar am 7. Dezember einen jubelnden Empfang bereiten. Und welch eine Verfassung noch dazu: Abschaffung aller Vorrechte, Aufhebung der Leibeigenschaft, Gleichheit vor dem Gesetz, Gewerbe-

Jérôme Bonaparte und seine Gemahlin Katharina. Gemälde von
Sebastian Weygandt, 1810. Das Ehepaar, König und Königin von Westfalen
seit 1807, lebte in einem verschuldeten Staat luxuriös und war sich einig
in der Verachtung alles Deutschen.

freiheit, Freizügigkeit, Gleichheit aller Religionen, Gleichberechtigung endlich auch für die Juden – im neuen Königreich leben 18000 – und Einführung des einheitlichen französischen Münzsystems. Da ein Hofstaat Aufträge vergibt und viele Duodezstaaten jetzt zu einer großen Organisation zusammengeschlossen sind, bedeutet das auch eine weitaus stärkere Beschäftigung von Handwerkern und Manufakturen und somit spürbarer wirtschaftlicher Aufschwung. Alles in allem: Ein deutscher Musterstaat!

Beinahe. Das Königreich wurde leider durch einige Schönheitsfehler verunziert. Bei zwei Millionen Einwohnern könnte eine jährliche Steuereinnahme von 40 Millionen Francs als solide finanzierte Basis betrachtet werden. Aber es gehörte zu Napoleons Schicksal, daß seine schönsten Ideen nicht von seinen Feinden, sondern immer nur von ihm selber zerstört wurden. So auch hier. Der Kaiser, immer auf der Suche nach neuen Geldquellen, die Frankreich nicht belasteten, sah im Königreich Westfalen von Anfang an ein fleißig auszubeutendes Goldbergwerk.

Zunächst einmal hatte Westfalen, gewissermaßen als Einstand, 25 Millionen Francs Kriegskontribution an Frankreich zu zahlen. Schließlich bestand es aus Staaten, die einmal Kriegsgegner gewesen waren oder sich auf andere Weise unkorrekt verhalten hatten, und deswegen mußte hier noch eine Schuld getilgt werden. Sodann entzog Napoleon dem Land die Hälfte der fiskalisch ergiebigen Domänen, die er als Dotationen für seine Marschälle und Generale sich reservierte. Für die Kosten, die bei den Durchmärschen französischer Truppen und ihrer Stationierung anfielen, hatte gleichfalls das neue Königreich aufzukommen, das seinerseits aufgefordert wurde, eine Armee von 25000 Soldaten aufzustellen.

Dies alles wäre auch bei größter Sparsamkeit nicht zu leisten gewesen. Aber zu allem Unglück war dem Land als König der größte Verschwender Europas beschert worden, der sein Amt schon als hochverschuldeter Kronprätendent angetreten hatte. Energisch drängte Napoleon seinen Bruder auf die Begleichung dieser Privatschulden, die freilich nie erfolgte.

Im Gegenteil: Der junge, gänzlich unerfahrene Monarch, dem der sinnvolle Umgang mit Geld immer unbekannt geblieben war, verfügte jetzt über eine Zivilliste von fünf Millionen Francs jährlich, mit der er natürlich nicht auskam. Jérôme wollte stets fröhliche Gesichter um sich sehen und zufriedene Menschen, denn seine Frohnatur, in ernsthafter Arbeit unerfahren, vertrug nicht die Konfrontation mit Problemen, die ihm die gute Laune verdarben. Seine Minister, Staatsräte und wer ihm sonst diente bezogen die höchsten Gehälter, die überhaupt ein Hof in Europa zahlte, das galt auch für Schauspieler und alle, die es verstanden, ihren Herrn unausgesetzt zu amüsieren. Dazu gehörten zuvorderst alle attraktiven und willigen Frauen, die sich der schier unermüdliche Erotomane ins Bett holte. Der Königin war das Hobby ihres Ehemanns bekannt, aber sie liebte ihn und glaubte seine Polygamie tolerieren zu müssen, wofür er ihr stets dankbar war. Fürstin Pauline zur Lippe, Regentin eines kleinen Nachbarstaates, die am 13. Mai 1808 dem Kasseler Hof einen Besuch abstattete, notierte wenig günstige Eindrücke:

«Es war unmöglich, nicht an den Harem eines orientalischen Fürsten zu denken. Diese Frauen, die beinahe alle nach einem Blick, nach einem Wort des Gefeierten haschten, witzelten Zweideutigkeiten, veranlaßten, kokettierten. Die Königin mit dem Anstand der Sultanin Favorite, ihre Rechte, ihre Ansprüche fühlend, mit dem Ausdruck ihres Wesens: ihr seid meine Sklavinnen, doch zuweilen über das Benehmen einiger gereizt. Der König gegen sie liebevolle Attention (*Aufmerksamkeit*), gegen die andren ganz Sultan, sich in Worten alles erlaubend mit dem Ausdruck seines Wesens und einer gewissen leichten Verachtung: als denke er: ihr seid meiner Lüste Dienerinnen.»

Zwar herrschte Jérôme über zwei Millionen deutsche Untertanen, aber da ihm alles Deutsche verhaßt war, lernte er nie deren Sprache. Darin unterstützte ihn seine Frau, Katharina von Württemberg, die sich grundsätzlich nur des Französischen bediente, denn die Verachtung, die sie für alles Deutsche empfand, entsprach der ihres Mannes. Wie sehr hätte der splendide Hof die heimischen Manufakturen mit Aufträgen versorgen können, aber Mode und Möbel bestellte man sich am liebsten aus Frankreich. Alle führenden Positionen in diesem Staat – die Armee ausgenommen – waren mit Franzosen besetzt, zum Teil von Napoleon selbst ausgesucht und nach Kassel geschickt, um den Tunichtgut von Bruder zu kontrollieren, obwohl wiederum gerade der Kaiser ihm empfohlen hatte, sich um die Liebe seines Volkes zu bemühen und alle leitenden Stellen mit Deutschen zu besetzen.

In einem Fall geschah das auch. Napoleon hatte die Begegnung mit Johannes von Müller in Berlin nicht vergessen. Er berief ihn Monate später nach Kassel, wo Müller mit einem Ministeramt betraut wurde, dem er sich aber schon bald nicht gewachsen fühlte. So ernannte ihn Jérôme zum Generaldirektor des öffentlichen Unterrichts, als der er für fünf Universitäten, 100 höhere und 3000 niedere Schulen die Verantwortung trug. Aber auch das ging nicht gut, denn als die Studenten der Universität Halle ihren König öffentlich verhöhnt hatten, sagte er zu Müller vor allen Anwesenden, «er wünsche keine Gelehrten mehr, Halle müsse verbrannt und die Universität zerstört werden; er wünsche fortan nur noch Soldaten und Dummköpfe». Müller, nicht gewohnt, in aller Öffentlichkeit so abgekanzelt zu werden, bat den König um seine Entlassung und starb vereinsamt und verbittert am 27. Mai 1808 in Göttingen, 56 Jahre alt. Nun war Jérôme kein Grobian, sondern von Natur ein durchaus liebenswürdiger Mann, der nie einem Menschen vorsätzlich Böses zugefügt hat, frei von jeglicher Bosheit und Grausamkeit. Doch gegenüber Müller ließ er es an Takt fehlen und spielte vorsätzlich den Rüpel, ohne zu ahnen, wie tief dieser Ton den Gelehrten verletzen mußte, der solch grobianischen Scherzen hilflos gegenüberstand. Daß Jérôme dann zwei Jahre nach Müllers Tod die Universitäten von Rinteln und Helmstedt auflösen ließ, hätte den verdienten Historiker tief geschmerzt. Beim Volk machte sich der König damit auch nicht beliebt, im Gegenteil: Die Untertanen, angewidert von der öffentlich praktizierten Unmoral des Hofes und seiner Verschwendungssucht, begannen diesen König, auf den sie anfangs große Hoffnungen gesetzt hatten, zu hassen.

Selbstverständlich hatte Napoleon nie daran gedacht, seinem jüngsten Bruder, dessen Leichtsinn er kannte, einen Staat zu geben, in dem dieser nach eigenen Vorstellungen regieren konnte. Er umgab Jérôme mit Franzosen, die den Kaiser regelmäßig über alle Vorgänge in Kassel informierten, und der vornehmste unter diesen war Graf Karl Friedrich Reinhard, der französische Gesandte am westfälischen Hof, der Napoleons besonderes Vertrauen genoß. Reinhard, geboren 1761 im schwäbischen Schorndorf (wie der Buchhändler Palm), lebte seit 1787 in Frankreich, hatte sich sofort der Französischen Revolution angeschlossen, Karriere im Außenministerium gemacht und stand seit 1797 mit Napoleon in Verbindung. Mit Goethe, den er 1807 in Karlsbad kennengelernt hatte, führte er zeitlebens eine Korrespondenz, worin er dem Dichter auch seine eigene zwiespältige Stellung in Kassel schilderte. Er war ein kluger, hochgebildeter Mann, und Napoleon hätte für diesen Posten keinen Besseren finden können, nur nützte das beiden nichts, da der Kaiser aus den Berichten seines Gesandten keinerlei Konsequenzen zog.

Die Deutschen, wie immer gewohnt, selbstverständlich zu gehorchen, fügten sich widerstandslos ins Unvermeidliche und arrangierten sich. Die deutsche Aristokratie ließ nichts unversucht, sich dem neuen König willig anzudienen, um in hohe Positionen aufsteigen zu können, wozu auch gehörte, ihre heranwachsenden Söhne als Pagen am Hof ausbilden zu lassen; das garantierte eine gute Erziehung und eine gesicherte Karriere.

In Kassel gab es schon nach einem Jahr kaum noch ein Hotel, ein Restaurant oder ein Modegeschäft ohne französische Bezeichnung (auch Schloß Wilhelmshöhe hieß jetzt Napoleonshöhe), aber da die Wirtschaft florierte, nahm niemand daran Anstoß. Nicht jeder machte sein Glück. Das Kaffeehaus Murray in der Königstraße reüssierte, weil es einen ungewöhnlich preiswerten guten Rotwein verkaufte. Doch bald ging das – von der Konkurrenz lancierte? – Gerücht, Jérôme bade regelmäßig in Rotwein und lasse ihn anschließend an Murray verkaufen. Das führte insgesamt zu einem schlagartigen Rückgang im Rotweinumsatz in Kassel, am meisten bei Murray.

Bis heute hat sich dieses Gerücht gehalten, ob etwas daran war, konnte nie geklärt werden. Jérômes Lotterleben ließ alles denkbar erscheinen, und ein Bad des Königs in einem Gemisch aus Hühnerbrühe und Burgunder ist in einem Fall sogar aktenkundig geworden bei einem Aufenthalt Jérômes im sächsischen Freiberg 1809, dessen Kosten die Stadt bezahlen mußte. Sonst aber lebte es sich nicht schlecht im Königreich Westfalen, dessen Monarch am liebsten rauschende Feste feierte, an denen es gut zu verdienen gab. Die von ihm wenig geschätzten Deutschen liebte der Monarch nur dann, wenn sie weiblichen Geschlechts, entgegenkommend und nicht spröde waren, wie man damals sagte. Aber darüber hatten die Franzosen in Deutschland am wenigsten zu klagen. So schreibt zum Beispiel sehr zufrieden am 6. Juli 1807 der in Braunschweig stationierte Kriegskommissar Henri Beyle in sein Tagebuch: «Ich (…) habe die Tochter des Wirtes zum ersten Mal hergenommen und um vier Uhr begonnen, dies zu schreiben. Das ist die erste Deutsche, die ich nach dem Akt völlig erschöpft sah. Ich entflammte sie durch Zärtlichkeiten, sie fürchtete sich sehr.»

Auch der in Lübeck stationierte Hauptmann Guibert vom 30. Linien-Infanterie-Regiment zeigte sich beglückt von der erotischen Freizügigkeit der deutschen Frauen: «In Lübeck habe ich die Bekanntschaft einer Schönen gemacht, ich habe sie um ihr Einverständnis gebeten, bei ihr zu wohnen. Alles wurde in weniger als einer Stunde gewährt. Ich bin nun ganz selig, sie liest mir jeden Wunsch von den Augen ab. Das ist die Landessitte, sie bringt mir deutsch bei … Wir fangen an, uns sehr gut zu verstehen. Wir schlafen dreimal in der Woche miteinander.»

Beyle, der es bald zum «Verwalter der kaiserlichen Domänen im Okergebiet» brachte und zwei volle Jahre in Braunschweig blieb, verdanken wir sehr eingehende Tagebuchnotizen zum gesellschaftlichen Leben in Braunschweig, an dem er regelmäßig teilnahm. Er verkehrte in den ersten Adelsfamilien (weswegen er auch schnell seinem Namen ein «de» vorsetzte) und war offenbar überall ein gerngesehener Gast. Obwohl ihn die deutsche Sprache an «Rabengekrächze» erinnerte, nahm er darin Unterricht, bevorzugte aber das Englische.

Der 23 Jahre alte Mann aus Grenoble, gebildet und von guten Umgangsformen, verdankte seine Position dem Umstand, daß der Generalintendant Graf Pierre Daru sein Vetter war, Chef der französischen Heeresverwaltung. Beyles Liebe zu Wilhelmine von Griesheim, Tochter eines Generals, ging nicht in Erfüllung, aber er fand Freunde unter den Deutschen. Neben den Griesheims war es vor allem der Jurist Friedrich Karl von Strombeck, mit dem er auch Ausflüge in die Umgebung Braunschweigs und in den Harz unternahm.

Im April 1808 entwarf Beyle in seinem Tagebuch eine Skizze von Deutschland und den Deutschen, wie er sie erlebte. Beim Lesen gewinnt man den Eindruck, der Franzose berichte über ein von ihm als ziemlich exotisch empfundenes Land, dem die Begegnung mit wahrer (französischer) Kultur noch bevorstehe:

«Kaffeetrinken ist erstaunlich verbreitet in Deutschland. Bei der Ankunft in einem Gasthaus werden einem als erstes Milchkaffee und Butterbrote angeboten: das sind zwei sehr dünne Scheiben Schwarzbrot mit Butter dazwischen.

Herr von S(trombeck) und ich kamen eines Tages zu dem älteren Herrn von Having geritten; wir wurden von Frau von Gr(iesheim) und ihren Töchtern erwartet. Es sollte ein großes Frühstück gegeben werden. Ich rechnete mit etwas Warmem. Ich hätte zwölf Francs für eine Tasse heiße Bouillon gegeben. Ich bekam Butterbrote und Bischof (Orangenessenz mit Wein).

Diese biederen Deutschen essen vier oder fünf Butterbrote, trinken zwei große Glas Bier und dann ein Glas Schnaps. Diese Kost muß den lebhaftesten Menschen zum Phlegmatiker machen. Mir nimmt das jeden Gedanken.

Außer dem kleinen Imbiß, der einem in den Gasthäusern angeboten wird, wenn man zu früh oder zu spät kommt, gibt es noch gegen ein Uhr das Mittagessen, das heißt eine Wein- oder Biersuppe, gekochtes Rindfleisch und eine Riesenschüssel Sauerkraut (oder gegorenes Kraut mit Würsten. Das ist ebenfalls ein Verdummungsessen). Dann kommt ein Braten und ein Krautwurzelsalat, glaube ich; das riecht fürchterlich. Kräuter selten; wenn es welche gibt, sind sie fast immer nur in Wasser gekocht. Zu diesem Diner, das rasend schnell hinuntergeschlungen wird, gibt es verfälschten Wein, der nach Zucker schmeckt; er heißt Burgunder, kleiner Burgunder und so weiter und kostet fünfunddreißig bis vierzig Sous. (...)

Das Abendessen besteht, glaube ich, aus einer Suppe und einem Braten; als Nachtisch ein wenig Gebäck, im allgemeinen wenig Obst: Erdbeeren, aber deutsche – das heißt große, schöne, ohne Duft.

Danach muß man zu Bett gehen, und das ist das Schlimmste. Man stelle sich eine Federmatratze vor, in die man einsinkt. Bis zur halben Bettlänge türmt sich ein Haufen Kissen, auch mit Federn gefüllt, die einen im Sitzen halten, so groß auch das Bedürfnis sei, sich auszustrecken. Das Ganze ist mit einem Tuch bedeckt, das an den Seiten nicht eingestopft wird; zum Zudecken ein riesiger Federsack und keine Betttücher. Da unter dieser Zudecke jeder schwitzt, hat man die Annehmlichkeit, mit allen Reisenden, die vor einem unter dem gleichen Kissen geschwitzt haben, in engster Verbindung zu stehen.

Ein Franzose kann also nichts Besseres tun, als sich Stroh bringen zu lassen und sich im Mantel daraufzulegen. (…)

Die Fenster sind oft zwei Fuß breit und drei Fuß hoch. Die Häuser haben zwei Stockwerke. In diesen kleinen Häusern herrscht eine Hitze von achtzehn bis zwanzig Grad Réaumur. Die ganze Familie hält sich in einem Raum auf, der *Stouve* heißt. Man hütet sich, während des ganzen Winters zu öffnen, und manchmal wird geraucht; man kann sich den Geruch vorstellen.

Manchmal wird der Fußboden gewaschen und mit gelbem oder weißem Sand bestreut; das ist dort die äußerste Sauberkeit und der äußerste Glanz. Der Ofen wird höllisch geheizt; dieses feuchte Holz und der Sand ergeben einen Geruch, der jedem Franzosen augenblicklich Kopfschmerzen verursacht. (…)

Es gibt Tausende von Kinderbüchern mit Kupferstichen: da ist ein Lappländer, ein Mandarin, ein Bär, ein Schuster, ein Prinz. Alles ziemlich gut gemacht, sehr bunt, es muß klare Vorstellungen vermitteln: an der Seite steht eine kleine Erklärung. Und die Nürnberger Spielsachen! Sie sind himmlisch für Kinder und kosten fast nichts. Weihnachten sind alle Häuser voller Dörfer, Soldaten, Kanonen, Pferde, alles recht schön bunt bemalt, und ich wiederhole, für nichts. Nürnberg verdient gut an diesem Handel, denn er leidet nicht unter dem Seekrieg.

Außerdem erhalten die Kinder zu Weihnachten eine mit Goldpapier und Zuckerwerk geschmückte Fichte, die, glaube ich, mit kleinen Lichtern besteckt ist.

Die Deutschen (von Frankfurt bis Berlin und besonders die im Herzogtum Braunschweig) lieben die Gravuren. Bei einem kleinen Schuster könnt ihr sieben bis acht nicht schlechte Stiche finden und oft den Kopf der Niobe oder des Apoll aus Gips. Im allgemeinen sind sie nicht ganz rein im Geschmack. Aber man wundert sich, neben einem schönen, vollendet geformten Kopf des Antinoos einen kostbar gerahmten Stich für fünfundzwanzig Sous zu finden. Das ist weder die Seele des Italieners noch der Geschmack des Franzosen; bei letzterem wäre alles mittelmäßig, aber auf elegante Art. Einen schönen Antinooskopf fände man zu einfach.

Neben den Stichen begegnet man ziemlich häufig kleinen Miniaturschmiereien oder wenigstens Silhouetten. Das sind die Porträts des Vaters, der Mutter und der ganzen Familie, manchmal in ganzer Figur. Die Figuren sind steif und zeigen weder Geschmack noch Anmut.

Letzteres fehlt den Deutschen, denen man auf der Straße begegnet, am meisten. Soweit ich mich erinnere, war der erste Eindruck, den sie auf mich machten, folgender: ich fand sie etwas größer, etwas stärker und etwas fetter als die Franzosen. Die Gliedmaßen gröber, schönere Haut, rote Backen, fast alle blond, einzelne rothaarig, im Wesen schwerfällig und oft dumm. Eine unerträgliche Albernheit in den Gesichtern. Keinerlei Anmut und viel Affektiertheit, nicht die geringste Spur von Natürlichkeit: das macht aus einem deutschen Gecken eins der lächerlichsten Wesen, denen man begegnen kann. Er trägt oft sehr spitze Stiefel, eine dicke Krawatte, eine kleine, schmutzige Weste und einen Rock mit zwei Finger langen Schößen. Darüber einen ungeheuren Hut mit raupenförmigen Quasten und dicken Fransen (der Geck, den ich in Peine traf); er macht Bewegungen, als wolle er sich beim Laufen auf die Erde werfen. Aber der Dummkopf hat einen reizenden Teint, ziemlich schöne blaue Augen, manchmal schwarze Wimpern und herrliches blondes Haar. Aber keine Seele, keinen anderen Ausdruck als den des völligen Mangels an Ideen. (...)

Alle Männer rauchen; man raucht im Klub, man raucht beim Billard, man raucht in der Kneipe, es wird so viel geraucht, daß die Männerkleider ganz stark nach Tabakrauch riechen. (...)

Mir will scheinen, ihr Bier, ihr Butterbrot und ihre ewigen Milchprodukte sind nicht dazu angetan, ihnen Lebhaftigkeit zu geben. (...)

Ich zweifle nicht daran, daß sich der moralische Charakter des

Landes verändern würde, wenn jeder Mensch täglich eine Flasche Wein aus dem Languedoc tränke.»

Über den Chronisten, der immerhin einräumt, Braunschweig besitze «die schönsten Dienstmädchen, die ich je gesehen», hat später Karl Friedrich von Strombeck in seinen Erinnerungen geschrieben: «Weit genauer als mit dem Intendanten (*Daru*) wurde ich jedoch mit einem nahen Verwandten desselben, dem Kriegskommissar de Beyle (gebürtig aus Grenoble) bekannt; ja, ich darf sagen, daß wir Freundschaft füreinander empfanden. Er war ein wissenschaftlich gebildeter junger Mann von ungefähr 26 Jahren; bei echt französischer Lebhaftigkeit von einer Gutmütigkeit, die nicht übertroffen werden konnte. Fast täglich besuchte er mich, begleitete mich auf meinen Spazierritten, verweilte mit mir bisweilen ein paar Tage auf meinem Landgute, und selbst auf meinen Harz- und Brocken-Exkursionen, die ich auch in jener Zeit nicht einstellte, war er mein Gefährte.»

Als Strombeck diese Sätze 1833 veröffentlichte, hatte er seinen Freund Henri (de) Beyle längst aus den Augen verloren, und Strombeck dürfte wohl nie erfahren haben, daß dieser Beyle aus Grenoble inzwischen ein berühmter Schriftsteller geworden war, der sich aus bis heute nicht geklärten Gründen das Pseudonym «Stendhal» gegeben hatte. Sein Essay *De l'amour* war 1822, sein Roman *Le Rouge et le Noir*, der ihn berühmt machte und auch Goethes Beifall fand, 1830 erschienen. In zwei Dichtungen finden sich deutliche Spuren seiner beiden Braunschweiger Jahre: in der Erzählung *Mina de Vaughel* (1830) und ganz besonders in dem hinterlassenen Romanfragment *Le Rose et le Vert* (1837).

Siebtes Kapitel

«Ich würde Sie trotzdem töten!»

Aufstand gegen Napoleon

Nachdem in Deutschland alles nach Wunsch verlaufen war und Frankreich somit jenseits des Rheins mit stabilen und sicheren Verhältnissen rechnen konnte, wandte sich Napoleon der Lösung jenes Problems zu, das ihn schon länger beschäftigte: Spanien. Als der Name dieses Landes zunehmend auch in deutschen Zeitungen zu lesen stand, ahnte noch keiner, wie rasch die Vorgänge in diesem Staat die Untertanen deutscher Fürsten ganz unmittelbar berühren würde, zumal die Iberische Halbinsel dem Mitteleuropäer als *terra incognita* galt. Auch unter den Gebildeten gab es nur wenige, die sich mit Spanien beschäftigt hatten, und kaum einer kannte das Land aus eigener Anschauung. Das sollte sich bald ändern.

Spanien mit seinen 12 Millionen Einwohnern war seit 1796 mit Frankreich verbündet, überwies ihm seit 1803 jährlich 72 Millionen Francs Unterstützungsgelder, öffnete drei seiner Häfen französischen Schiffen und hatte 1805 für Frankreich seine Flotte in der Seeschlacht von Trafalgar geopfert. Regiert wurde es von einer Bourbonendynastie, an deren Spitze König Karl IV. stand, ein schwacher Monarch, der die Staatsgeschäfte lieber der ehrgeizigen Königin Marie-Louise von Parma überließ und dem jungen

Ersten Staatsminister Manuel de Godoy, der auch der Geliebte der Königin war.

Und dann gab es noch den Kronprinzen Ferdinand, der seine Eltern haßte, besonders die Mutter, am allermeisten aber den intriganten und skrupellosen Godoy. Der hatte schon 1806 Vorbereitungen getroffen, einem von Preußen geschlagenen Frankreich in den Rücken zu fallen, und darüber auch mit England verhandelt, aber dann war alles ganz anders gekommen. Napoleon, über Godoys Winkelzüge natürlich genauestens informiert, sah hier das Spiel sich wiederholen, das die neapolitanischen Bourbonen mit ihm zu spielen gedacht hatten, und beschloß, den spanischen Thron mit einem Bonaparte zu besetzen.

In Tilsit war vereinbart worden, den portugiesischen Kronprinzen Johann, der die Amtsgeschäfte für seine geisteskranke Mutter führte, zur Kriegserklärung an England zu zwingen. Als dieser nicht gehorchte, griff eine spanisch-französische Armee Portugal an und besetzte das Land, das kaum Widerstand leistete. Napoleon ließ Spanien, dem er Teile Portugals und dessen südamerikanischen Kolonien als Kriegsbeute versprach, einen Großteil Portugals militärisch okkupieren, ließ selber dort ein französisches Korps stehen und befahl, da der größere Teil der spanischen Armee in Portugal stand und Nordspanien geräumt hatte, französischen Regimentern, in Spanien einzurücken, die gegen eine Landung englischer Truppen eingesetzt werden sollten. In aller Stille wurden spanische Festungen von den Franzosen besetzt.

Die Differenzen im spanischen Königshaus, in der Öffentlichkeit längst kein Geheimnis mehr, weiteten sich aus; ein Aufstand in Madrid zugunsten des Kronprinzen Ferdinand zwang Karl IV. zur Abdankung. Als französische Truppen unter dem Kommando Joachim Murats nun auch Madrid besetzten, wurden sie von den Spaniern begeistert empfangen, glaubte man doch, sie wären zur Unterstützung des Kronprinzen herbeigeeilt.

Unter dem Vorwand, den Konflikt schlichten zu wollen, lud Napoleon die spanische Königsfamilie und Manuel de Godoy nach Bayonne. Dort angekommen, zwang Napoleon den Kronprinzen, die Krone an seinen Vater zurückzugeben, anderenfalls müßte er ihn als Rebellen ansehen, und Karl IV. fand nichts dawider, die zurückgewonnene Krone nun «vertrauensvoll» in die Hände des Kaisers zu legen, der sie augenblicklich an seinen Bruder Joseph weiterreichte. Nun war Joseph gerade König von Neapel geworden und verspürte wenig Neigung, König von Spanien zu werden, fügte sich aber natürlich der Staatsräson. Joachim Murat, bislang Großherzog von Berg, bekam jetzt die neapolitanische Krone aufgesetzt.

Die spanische Königsfamilie, die sich vor den Ohren Napoleons lautstarke, würdelose Auseinandersetzungen geliefert hatte, verdiente gewiß keinen ehrenden Nachruf, denn sie hatte sich ihr jämmerliches Schicksal selber eingehandelt. Aber das Verhalten Napoleons, der die Spanier schließlich als Gäste nach Bayonne eingeladen hatte und sie nun internieren ließ, läßt sich moralisch nicht höher bewerten. Er hatte nicht nur König, Königin, Kronprinz und Premier getäuscht, sondern auch das spanische Volk, das ihm vertraut hatte und nun begriff, warum der große Verbündete immer mehr Truppen im Land stationiert und auch die Hauptstadt in seine Gewalt gebracht hatte.

Die Empörung war ungeheuer; überall, wo französische Truppen standen, brachen Aufstände los. In Madrid wüteten am 2. Mai 1808 fast den ganzen Tag erbitterte Straßenkämpfe mit den von überall her in die Hauptstadt geströmten Bauern. Murat ließ unter ihnen ein wahres Blutbad anrichten und in der Nacht zum 3. Mai etwa 300 Gefangene vor den Toren erschießen. Dennoch waren außerhalb Madrids die französischen Garnisonen vom Aufstand überrascht worden und erlitten schwere Verluste, ehe sie die Oberhand gewannen.

Napoleon begriff nicht, in welch perfider Weise er den spanischen Nationalstolz beleidigt hatte, er begriff nicht die Wut eines Volkes, das sich schändlich getäuscht sah und seines Königs, womit der Kronprinz gemeint war, verlustig gegangen war. Die reguläre spanische Armee, die sich entschlossen zur Wehr setzte, wurde von den Franzosen in wenigen Schlachten fast restlos vernichtet. Aber die Spanier besannen sich auf die Taktik des Partisanenkriegs, der den Franzosen unbekannt war. Diese *guerrilla* (kleiner Krieg) kannte nur die Ausrottung des Feindes mit allen Mitteln bestialischer Grausamkeit. Nachdem die Franzosen die entsetzlich verstümmelten Leichen ihrer in Gefangenschaft geratenen Kameraden oder von hilflos zurückgebliebenen Verwundeten gefunden hatten und auch auf systematisch vergiftete Brunnen stießen, begannen sie, es den Spaniern mit gleicher Münze heimzuzahlen. Dorf um Dorf wurde in Vergeltungsaktionen eingeäschert und die Bewohner umgebracht, auch Frauen und Kinder. Napoleon hatte Spanien eine überaus liberale Verfassung gegeben, die Inquisition abgeschafft und überhaupt die Macht der Kirche empfindlich beschnitten. Das führte dazu, daß sich nun bevorzugt Mönche und Geistliche an die Spitze der *guerrilleros* setzten, die sich durch besondere Grausamkeit auszeichneten und Klöster zu Zentren des bewaffneten Widerstands machten. Die Antwort der Franzosen bestand in der gezielten Vernichtung von Geistlichen, der Kirchen und der Klöster. Jede Greueltat zog augenblicklich die Vergeltung der anderen Seite nach sich; die Menschlichkeit wurde das erste Opfer dieser beiderseitigen Vernichtungsstrategie.

Die spanischen Partisanen fanden zunehmend Unterstützung durch die in Portugal gelandeten Engländer; von den *guerrilleros* bekamen die Engländer alle gewünschten Informationen über französische Truppenbewegungen und die Stärke der Einheiten. Im Gegenzug erhielten die Partisanen Waffen. Wollte Napoleon die gesamte Iberische Halbinsel dem englischen Handel verschließen – und das war ja das eigentliche Ziel des ganzen Unternehmens –, dann verlangte das ein dichtes Netz von Besatzungstruppen und

Der 3. Mai 1808. Gemälde von Francisco Goya, 1814. Nach der Niederschlagung des Madrider Aufstands am 2. Mai ließ Joachim Murat am 3. Mai um vier Uhr morgens die letzten 43 gefangenen Spanier am Fuß der Montana del Principe Pio, nahe Goyas Wohnung, erschießen.

die völlige Sperrung sämtlicher portugiesischen und spanischen Häfen. Beides ist nie gelungen.

Vor allem unterschätzte Napoleon von Anfang an die Kraft und das Ausmaß des spanischen Widerstands. Die französischen Truppen, die in Portugal und Spanien operierten, bestanden zunächst oft aus unerfahrenen Rekruten, da Napoleon der Meinung war, es handele sich in Spanien nur um einzelne kleinere Polizeiaktionen gegen Banditen, die militärisch nicht ernst zu nehmen seien. Eine verhängnisvolle Unterschätzung, denn am 23. Juli mußte bei Bailén das Korps des Generals Dupont mit 17 000 Soldaten vor der spanischen Armee kapitulieren, am 30. August bei Cintra das Korps des Generals Junot mit 9000 Soldaten. Sie streckten erst die Waffen, nachdem ihnen die spanischen Generale freien Abzug zugesichert hatten. Doch die in Aranjuez (später Sevilla) regierende *Junta Central*, die den Widerstand leitete und sich als Gegenregierung des Königs Joseph verstand, brach allem Kriegsrecht zuwider diese Zusage und schickte die 26 000 Soldaten in eine Gefangenschaft unter zum Teil so unmenschlichen Bedingungen, daß viele dieser unglücklichen Franzosen sie nicht überlebten.

Beide Kapitulationen beflügelten den spanischen Widerstand, aber auch für das übrige Europa bedeutete die demütigende Niederlage einen großen Prestigeverlust für den sieggewohnten Napoleon. Er mußte sich jetzt auf einen Krieg vorbereiten, an den er nie gedacht hatte und der so leicht zu vermeiden gewesen wäre.

Was niemand in Europa damals auch nur zu ahnen vermochte: Mit dem spanischen Aufstand, der am 2. Mai 1808 begann und als *Dos de Mayo* in die spanischen Geschichtsbücher eingegangen ist, wurde der Niedergang Napoleons eingeleitet, es war der Anfang von seinem Ende, obwohl er sich im Sommer 1808 auf dem Zenit seiner Macht befand.

Das im März 1808 von Hamburg nach Fünen und Seeland verlegte Korps des Marqués de la Romana erfuhr nichts von den Vorgängen in seiner Heimat. Die Franzosen hatten sofort eine absolute Nachrichtensperre verhängt und ließen keine Post aus Spanien mehr durch. Von einem britischen Geheimagenten erfuhr der Marqués, was sich inzwischen in Spanien ereignete. Die Information durch die Franzosen bekamen die spanischen Soldaten erst in dem Augenblick, als sie gezwungen wurden, den Eid auf König Joseph zu leisten. Aber in aller Diskretion handelten die Engländer mit dem Marqués de la Romana eine ungewöhnliche Aktion aus: Am 11. August 1808 erschien überraschend eine britische Flotte vor Fünen und nahm das spanische Korps an Bord; die Einschiffung dauerte eine Woche, dann erst bemerkten die Dänen, was vorging. Nur die beiden auf Seeland stationierten spanischen Regimenter, die de la Romana nicht mehr rechtzeitig hatte informieren können, wurden gefangengenommen, alle anderen erreichten wohlbehalten ihre spanische Heimat.

Diese Entführung war und ist in der Militärgeschichte einmalig, und sie war den Franzosen so unangenehm, daß die Presse darüber nicht berichten durfte. Dennoch sprach sich der Vorfall rasch herum, und am 10. September wagte es die *Großherzoglich Badische privilegierte Freyburger Zeitung*, ihren Lesern mitzuteilen, der Marqués de la Romana habe mit der Mehrheit seiner Truppen dank englischer Hilfe Dänemark verlassen, um nach Spanien zurückzukehren. Die Ankunft dort vermerkte das Blatt am 6. November. Beide Meldungen hatte man aus dem französischen Staatsblatt, dem *Moniteur Universal*, bezogen, der den Vorfall zugegeben hatte.

Daß der *Moniteur* überhaupt Mißerfolge in Spanien einräumte, wenn auch stets propagandistisch eingefärbt, zeigte nur zu deutlich, wie unmöglich es war, die Vorgänge länger zu verschweigen. Nachrichten aus Spanien gelangten durch die englische Presse nach ganz Europa, aber auch durch die Briefe französischer Soldaten in die Heimat.

In Deutschland erfuhren die Leser aus ihren Zeitungen bei aller Zensur denn doch, es stehe in Spanien nicht zum besten, trotz neuem König und einem angeblich befriedeten Land. Immer wieder war von «Aufrührern» die Rede und davon, «daß in den Provinzen Katalonien, Valencia, Murcia und Andalusien die Ruhe noch nicht wiederhergestellt sei», ja sogar von Gefechten und Schlachten wurde berichtet. Natürlich wurde die Rebellion von englischen Agenten angezettelt, ja England plane, Truppen zu schicken. Die Folgen solcher ständig einlaufenden Meldungen zeigten sich in Österreich, wo man öffentlich darüber sprach, dem spanischen Beispiel zu folgen. Es müßte doch möglich sein, durch eine allgemeine Erhebung der unterdrückten Völker Napoleons Herrschaft zu beenden.

Für den Kaiser, der sich durch das gänzlich unerwartete Debakel seiner spanischen Intervention bloßgestellt fand, bedeutete das: Er mußte Europa ein kraftvolles Zeichen seiner Macht geben. So wurde ein Treffen mit dem Zaren angekündigt, das auf dessen Wunsch in Erfurt stattfinden sollte und zu dem auch alle Fürsten des Rheinbunds geladen wurden. Nur Preußen und Österreich erhielten keine Einladung. Napoleon, der begriffen hatte, daß die Entwicklung in Spanien, wo jetzt eine britische Armee unter General Moore erfolgreich operierte, seine persönliche Anwesenheit erforderte, mußte sich den Rücken freihalten.

Über die zunehmend feindlicher werdende Stimmung in Österreich war er informiert, und es war nicht auszuschließen, daß der Funken der Empörung auf Preußen überspringen könnte. Ganz im Sinne des «Geists von Tilsit» mußte jetzt Einigkeit mit Rußland demonstriert werden; eine an den Grenzen Österreichs und Preußens aufmarschierende russische Armee sollte vorbeugend wirken und ein eindrucksvolles Zeichen französisch-russischer Waffenbrüderschaft setzen.

Ausdrücke wie «Öffentlichkeitsarbeit» oder «Publicity» gab es 1808 noch nicht; das, was sie bezeichneten, aber sehr wohl. Napoleon war Meister der politischen Propaganda schlechthin. Er hatte frühzeitig begriffen, daß alle Politik – und am meisten jeder Krieg – psychologisch sorgfältig vorbereitet werden mußte, und keiner verstand sich auf die Beeinflussung der Massen besser als er. So schien es nur ganz selbstverständlich, daß bei der Vorbereitung des Erfurter Kongresses Napoleon persönlich den Vorsitz übernahm.

«Ich will Deutschland durch Pracht und Glanz in Erstaunen setzen», verkündete der Kaiser seinen Organisatoren gleichsam als Devise des Gipfeltreffens. Die *Comédie Française* sollte in Erfurt jeden Abend spielen, und natürlich durften es nur die besten Schauspieler Frankreichs sein. Den Spielplan legte Napoleon persönlich fest. Vor allem mußte die Tragödie *Cinna* von Pierre Corneille darauf stehen. Von allen Bühnendichtungen liebte Napoleon *Cinna* am meisten, er zitierte gern daraus und behauptete, sie fast ganz auswendig aufsagen zu können. «Man muß den Deutschen höhere Begriffe von Moral beibringen», rief er. «Für Alexander paßt das freilich nicht; die Russen verstehen so etwas überhaupt nicht. Aber für die Deutschen mit ihren transzendentalen Ideen ist das so recht was. Also *Cinna* wird aufgeführt, und zwar gleich am ersten Abend.»

Mit einem großen und glanzvollen Gefolge hielt Napoleon am 27. September 1808 Einzug in Erfurt. «Eine unermeßliche Menschenmenge füllte die Straßen, und auf dem Platz vor dem Palais, wo der Kaiser absteigen sollte, standen Tausende Kopf an Kopf», erinnerte sich später Frankreichs Außenminister Talleyrand. «Jeder wollte den Mann sehen, und so genau wie möglich sehen, der Kronen und Throne verteilte und der die Geschicke Europas, Freude und Hoffnung, Not und Elend in seiner allmächtigen Hand hielt. Drei Menschen sind auf der Erde wohl am höchsten gefeiert worden: Augustus, Ludwig XIV. und Napoleon. Jeder verschieden gefeiert, nach Zeit und Umständen, aber im Grunde doch immer auf ein und dieselbe Weise. Meine Stellung als Großkammerherr und – damals noch – als Vertrauter des Kaisers ließ mich alles in nächster Nähe betrachten. Die Huldigungen, die man ihm darbrachte, sowohl die aufrichtigen als auch die gezwungenen und die erheuchelten, gingen – ich finde kein anderes Wort dafür – ins Ungeheuerliche. Schmeichelei, die an Vergötterung, und niedere Gesinnung, die an Ekel grenzte, schienen sich gegenseitig überbieten zu wollen.»

Nein, diese Deutschen unterschieden sich in ihrem dankbaren Jubel für die kaiserliche Größe doch überaus angenehm von den undankbaren, rebellischen Spaniern, und wenn es dem Kaiser eingefallen wäre, allein einen Spaziergang durch Erfurt zu machen, so hätte niemand um seine Sicherheit besorgt sein müssen. Im Gegenteil, ein abendlicher Bummel durch die Stadt wäre für Napoleon recht aufschlußreich gewesen, um die Stimmung der Erfurter kennenzulernen. Ein Erfurter Journalist, Ignaz Ferdinand Arnold, hat damals in einem Tagebuch die festlichen Höhepunkte beschrieben und gleich nach dem Ende des Kongresses unter dem beziehungsreichen Titel *Erfurt in seinem höchsten Glanze* veröffentlicht. Schon am ersten Tag sieht er den Kaiser durch die Schlössergasse reiten:

«Selten spricht ein Gesicht mehr Majestät, Würde, Erhabenheit, wahre Seelengröße und tiefdenkende Weisheit so rein aus, als das in allen seinen Zügen ehrfurchtgebietende dieses größten Monarchen seiner Zeit; vielleicht aller Zeiten.»

Die Bürger Erfurts wußten, was sie dem «größten Monarchen» schuldeten. Als wollte er Talleyrands Sätze illustrieren, beschreibt Arnold, was damals zu Erfurts «höchstem Glanze» dazugehörte:

«Ich komme von einer Nachtpromenade durch die bedeutendsten Straßen der prächtig erleuchteten Stadt. Meine Uhr steht auf zwei. Die Schreibtafel ist mit Inschriften gefüllt, die ich an den Fenstern der Bewohner Erfurts sammelte. (…)

Nächst der Freimaurerloge zeichnete sich der geschmackvolle Erfindungsgeist des Herrn Landrat von Resch auf dem Anger am vorzüglichsten aus. Das ganze Gebäude von der Erde bis zum obersten Dachgiebel war mit mehreren tausend Lampen erleuchtet. Über der Tür brannte der Namenszug des Kaisers unter einer Krone, in einem italienischen Ovalschilde. Mitten über der Straße (dem Anger), dem Hause gegenüber, schwebte in freier Luft ein kolossaler Kranz, aus einer Menge buntfarbiger Glaslämpchen gebildet. Aus seiner Mitte schwebte von Brillantfeuer das gekrönte N herab.

Noch bemerkte ich folgende Inschriften.

An der Straße über dem Bilde eines Tempels:

L'arbitre du monde, Napoléon.
Balance les destins des Nations.

(Napoleon, Schiedsrichter der Welt,
wägt das Schicksal der Völker.)

Darunter:

Gäb's jetzt noch einen Götter-Sohn
So wär's gewiß Napoleon.

Diesem gegenüber am Portal eines Kaufmannsgewölbes unter
einem Anker, dem Symbol des Handels:

Handel und Wandel macht blühend das Land;
Mehr noch Napoleons Herz und Verstand.

Etwas weiter herauf nach der Allerheiligenkirche zu, am Hause
eines pensionierten ehemaligen kurmainzischen Offiziers:

A Napoléon faute d'argent
Nous faisons de nos cœurs present.

(Aus Mangel des Geldes machen wir
Napoleon ein Geschenk mit unsern Herzen.)

(...) Alle Straßen waren noch um Mitternacht mit Menschen
gefüllt. An manchen Orten, zumal vor dem Gouvernement und
dem Palais des russischen Kaisers konnte man sich nur mit Mühe
durchdrängen.»

Am 2. Oktober kam Goethe nach Erfurt. Napoleon, der *Die Lei-*
den des jungen Werthers gelesen hatte (angeblich siebenmal) und
besonders schätzte, wünschte den Dichter persönlich kennenzulernen. Man sprach also über den *Werther*, über das Theater, über
Goethes persönliche Verhältnisse. Der Kaiser forderte den Dichter
auf, nach Paris überzusiedeln und ein Stück über Caesar zu schrei-

ben, worin dargestellt werden sollte, wie Caesar die Welt beglückt hätte, wäre er nicht ermordet worden. Von sogenannten «Schicksalsdramen» wollte Napoleon nichts wissen: «Was will man jetzt mit dem Schicksal? Die Politik ist das Schicksal.»

Beide sahen einander am 6. Oktober in Weimar wieder bei einem Hofball im Schloß, zu dem Napoleon spät noch den fünfundsiebzigjährigen Wieland rufen ließ, der nicht gekommen war. Mit ihm sprach er über Geschichte und warum er den römischen Historiker Tacitus nicht mochte, der – nach Napoleons Urteil – alles viel zu negativ dargestellt habe und den römischen Kaisern nicht gerecht geworden sei.

Am 14. Oktober wurden Goethe und Wieland mit dem Kreuz der Ehrenlegion ausgezeichnet. Der Zar, der nicht zurückstehen mochte, reichte tags darauf noch den russischen Sankt-Annen-Orden an Goethe nach. Tief beeindruckt schrieb der Dichter seinem Verleger Cotta:

«Ich will gerne gestehen, daß mir in meinem Leben nichts Höheres und Erfreulicheres begegnen konnte als vor dem französischen Kaiser, und zwar auf eine solche Weise zu stehen. – Ohne mich auf das Detail der Unterredung einzulassen, so kann ich sagen, daß mich noch niemals ein Höherer dergestalt aufgenommen, indem er mit besonderem Zutrauen mich, wenn ich mich des Ausdrucks bedienen darf, gleichsam gelten ließ und nicht undeutlich ausdrückte, daß mein Wesen ihm gemäß sei; wie er mich denn auch mit besondrer Gewogenheit entließ und das zweitemal in Weimar die Unterhaltung im gleichen Sinne fortsetzte, so daß ich in diesen seltsamen Zeitläuften wenigstens die persönliche Beruhigung habe, daß, wo ich ihm auch irgend wieder begegne, ich ihn als meinen freundlichen und gnädigen Herren finden werde. Wie wert muß mir in dieser Betrachtung das hinterlassene Zeichen sein und wie höchst vergnüglich das demselben zugefügte russische: denn wer möchte nicht gern ein Denkmal jener wichtigen Epoche besitzen, ein Zeichen der Vereinigung zweier so großen als entfernten Mächte, wenn es auch weniger schmeichelhaft wäre.»

Hinter der prächtigen Fassade des Erfurter Kongresses sah es mit dieser «Vereinigung» weniger imponierend aus. Napoleon stellte mit Unwillen fest, daß der Zar zu keinerlei Zugeständnissen bereit war und ihm in den Gesprächen auswich. Zwar versprach er seinen Beistand für den Fall eines französisch-österreichischen Krieges, aber Napoleon traute ihm nicht. Der Zar vergaß nicht, wie sehr er sich von seinem Partner hintergangen fühlte. Napoleon hatte es nämlich verstanden, die Türkei geschickt in einen Krieg mit Rußland zu manövrieren, als der Zar sich anschickte, gegen Schweden einen Krieg um den Besitz Finnlands zu führen, wozu ihm Napoleon in Tilsit freie Hand gelassen hatte. Mehr noch: Er wollte französische Truppen zur Entlastung der Russen gegen Schweden schicken, eine Zusage, die Napoleon aber nicht einhielt. Denn der Kaiser fürchtete ein Erstarken Rußlands, und dem Zaren war nicht entgangen, daß Napoleon, um die russische Position zu schwächen, mit gezinkten Karten spielte.

Beide, Kaiser und Zar, führten dem Erfurter Publikum demonstrativ bekundete Freundschaft und Herzlichkeit vor, dabei traute keiner dem anderen über den Weg. Doch löste der Zar ein dem preußischen König gegebenes Versprechen ein: Er konnte Napoleon überreden, die von Preußen verlangte Reparationsleistung von 154,5 Millionen Francs auf 120 Millionen Francs, zahlbar in 35 Monaten, zu ermäßigen. Napoleon und Alexander verließen beide am 14. Oktober Erfurt und sollten sich nie mehr wiedersehen. Jeder nahm das Gefühl mit nach Hause, vom anderen hintergangen worden zu sein.

Unmittelbar danach brach Napoleon nach Spanien auf und übernahm dort Anfang November persönlich das Kommando über seine Truppen, Am 10. November eroberten die Franzosen Burgos, am 4. Dezember Madrid zurück. Soweit sich ihnen spanische Truppen entgegenstellten, wurden sie geschlagen. Die britische Armee, 25 000 Soldaten zählend, räumte daraufhin Salamanca und marschierte eilends in Richtung La Coruña, um dort von einem britischen Geschwader evakuiert zu werden. Der Versuch Marschalls Soult, mit seinem Korps die Einschiffung noch zu verhindern, schlug dank einer erfolgreichen Abwehrschlacht der Engländer am 16. Januar 1809 fehl, aber den Franzosen fiel in La Coruña die gesamte britische Ausrüstung an Kanonen, Gewehren und Munition in die Hände.

Napoleon hatte zu diesem Zeitpunkt bereits Spanien verlassen, da ihn sein Geheimdienst warnte, Österreich bereite einen Angriffskrieg vor. Österreich glaubte in der Tat einen beträchtlichen Teil der französischen Armee in Spanien gebunden und rechnete auf ein Bündnis mit Preußen. Beides erwies sich als verhängnisvoller Irrtum. Als Österreich am 9. April 1809 in Bayern einfiel, hatte Preußen schon wissen lassen, es würde sich an diesem Krieg nicht beteiligen. Gleichzeitig hatte Napoleon alles mobilisiert, was ihm zur Verfügung stand, einschließlich 100 000 Rheinbund-Soldaten. Was aber den Kaiser besonders erbitterte: Trotz Aufforderung verweigerte der Zar die in Erfurt versprochene Hilfe; mehr noch, man teilte Österreich diskret mit, Rußland werde nicht angreifen, sondern nur einige militärische Bewegungen zum Schein in Galizien vornehmen, worauf die Österreicher ihre Truppen von der Ostgrenze abzogen und gen Westen schickten. Die Erfolgsaussichten standen für Wien nicht schlecht, doch die Trägheit seiner Armee und das schnelle, energische Zupacken Napoleons machten den möglichen Erfolg der Österreicher zunichte.

Von der österreichischen Offensive war Napoleon in Paris am Abend des 12. April durch den optischen Telegraphen informiert worden. Obwohl Napoleon den Angriff erst später erwartete, hatte er schon seine Vorbereitungen getroffen und deswegen am 10. April seinem Generalstabschef Berthier in Straßburg einen Einsatzbefehl telegraphiert: «Ich denke, daß der Kaiser von Österreich bald angreifen wird. Begeben Sie sich nach Augsburg und handeln

Sie dort gemäß meinen Weisungen. Sollte der Feind vor dem 15. angreifen, müssen Sie die Truppen bei Augsburg und Donauwörth zusammenziehen und alles marschbereit halten. Schicken Sie meine Garde und meine Pferde nach Stuttgart.»

Wegen nebligen Wetters traf dieser Befehl aber erst am Mittag des 13. in Straßburg ein, als Berthier schon abgereist war. Randbemerkung des Empfängers: «Ich erlaube mir Euer Majestät zu melden, daß dieser Befehl mich erst heute, am 16. April um 6 Uhr morgens, in Augsburg erreicht hat.» Den Verlauf der militärischen Operationen hat dieses technische Versagen insofern beeinflußt, als Berthier, ohne präzise Anweisung des Kaisers, einige Entscheidungen selber traf, die sich als nachteilig erwiesen und von Napoleon erst im fast letzten Augenblick noch korrigiert werden konnten und zum Sieg führten.

Aber auch auf der anderen Seite ließ die Nachrichtenübermittlung zu wünschen übrig, ob irrtümlich falsch informiert oder vorsätzlich: Die österreichische Botschaft in Berlin gab ein Siegesbulletin nach dem anderen heraus, was in Berlin schier grenzenlosen Jubel auslöste. Entsprechend groß war die Enttäuschung, als sich alle gemeldeten Siege der österreichischen Armee als Niederlagen erwiesen.

Napoleon hatte am 17. April in Donauwörth seine Armee erreicht. Nach fünf Tagen mit kleineren Gefechten wurden die Österreicher am 21./22. April in der Schlacht von Eggmühl geschlagen und am 23. April Regensburg nach heftigen Kämpfen erobert, wobei Napoleon von einer verirrten Kugel oder einem Granatsplitter am Fuß leicht verwundet wurde.

Am 13. Mai besetzten die Franzosen Wien. Damit war aber der Krieg noch nicht beendet. Die Österreicher hatten in Norditalien zwar die Franzosen schlagen können, konnten aber diesen Sieg nicht nutzen, weil ihre Truppen im österreichischen Kernland gebraucht wurden. Hier lieferte Erzherzog Carl am 21./22. Mai bei Aspern in der Nähe Wiens mit weit überlegenen Kräften Napoleon eine Schlacht, die mit der ersten Niederlage des Kaisers endete, ja die für Napoleon sogar eine Katastrophe hätte werden können, wenn der Sieger seinen Erfolg zu nutzen gewußt hätte. So aber verspielte er seine Chance und büßte dafür mit der schweren Niederlage in der Schlacht von Wagram am 5./6. Juli, als Napoleon mit einem eindrucksvollen Sieg den Krieg für sich entschied. Am 11. Juli bat Österreich um Waffenstillstand, der dann in langwierige Friedensverhandlungen überging.

Österreich hatte bereits Anfang April versucht, durch eine Vielzahl von Flugblättern die Deutschen zu einem allgemeinen Volksaufstand nach spanischem Vorbild zu bewegen. Doch nichts geschah. Nur in Tirol erhob sich die Bevölkerung am 10. April gegen die Bayern, die seit dem Frieden von Preßburg 1805 die neuen Herren des Landes geworden waren und alles getan hatten, ihre neuen Untertanen gegen sich zu erbittern. Die Tiroler – vor allem die bäuerliche Bevölkerung – wollten keine bayerischen Soldaten werden, sie empörten sich gegen die erlassenen kirchlichen Reformen und die Aufhebung der Landstände. Den Bayern mußten schließlich französische und Rheinbund-Truppen zu Hilfe kommen, ehe sie den Aufstand niederschlagen konnten. Die Deutschen sahen den Aufstand der Tiroler mit Sympathie, rührten aber selber keinen Finger.

Am 22. April zettelte der westfälische Oberst Wilhelm von Dörnberg, Kommandeur der Garde-Jäger und gerade zum persönlichen Adjutanten Jérômes ernannt, einen Aufstand gegen seinen König an. Von den Vorbereitungen hatte der im September 1808 gegründete westfälische Geheimdienst – der mit dem französischen zusammenarbeitete – nichts mitbekommen, und so brach am Hof Panik aus. Doch der dilettantisch geführte Aufstand endete schmählich. Die westfälische Armee verhielt sich loyal und kartätschte die schlechtbewaffneten Rebellen, meist Bauern, gnadenlos nieder. Sechs Rädelsführer ließ Jérôme erschießen, andere zu Freiheitsstrafen verurteilen, die ihnen aber schon bald erlassen wurden. Oberst von Dörnberg konnte sich ins Ausland retten. Seinen Söhnen, die er zurückgelassen hatte, geschah nichts, im Gegenteil: Jérôme bezahlte ihnen sogar ihre Ausbildung.

Inspiriert von Dörnbergs Aufstand, aber nicht informiert über dessen Ausgang, brach am 28. April der preußische Major Ferdinand von Schill mit seinem Husarenregiment von Berlin aus zu einem eigenen Feldzug auf. Er überrumpelte anfangs erfolgreich mehrere westfälische Garnisonen und plünderte die Regierungskassen, ehe er am 31. Mai in Stralsund von holländischen und dänischen Truppen zur Strecke gebracht wurde und sein Leben im Straßenkampf verlor. Von seiner Truppe, der sich auch westfälische Deserteure angeschlossen hatten, wurden elf Offiziere und 557 Soldaten gefangengenommen. Die elf Offiziere wurden in Wesel, 14 westfälische Soldaten in Magdeburg erschossen. Wie die Bevölkerung auf ihre vermeintlichen Befreier reagierte, hat ein Angehöriger des Schillschen Regiments festgehalten:

«Wir wurden zwar teilweise mit Freuden empfangen, man scheute sich aber, diese Gefühle laut werden zu lassen. Obgleich wir uns als Befreier ankündigten, Proklamationen austeilten und die Zuschauer ermahnten, tätig teilzunehmen, gelang es uns doch nicht, diese trägen deutschen Gemüter zu entflammen; denn die meisten äußerten gerade heraus, sie wollten erst sehen, wie es ablaufen würde. Ja, als der Major beim Durchmarsch durch ein großes Dorf die versammelte Gemeinde selbst anredete, ihnen mit lebhaften Farben die großen Bilder der Spanier, der Tiroler malte und sie zur Nachfolge aufrief, gab ein Bauer zur Antwort: ‹Sie haben recht, es muß anders werden; lassen Sie uns nur noch abwarten, bis die Ernte vorbei ist!›»

Schill hatte seinem Regiment vor dem Aufbruch erklärt, er handele im geheimen Einverständnis mit dem preußischen König (oder dies zumindest angedeutet), und diese Unwahrheit hätte Preußen die Existenz kosten können. Nicht nur der König, auch alle namhaften preußischen Patrioten distanzierten sich von

Ferdinand von Schill. Punktierstich von Ludwig Buchhorn, 1810. Der preußische Major versuchte 1809 mit seinem Regiment einen Aufstand gegen Napoleon, der aber scheiterte, weil ihn die Bevölkerung nicht unterstützte. Preußische Patrioten verurteilten seine Tat.

Schill, und Napoleon glaubte ihnen und erklärte Schill und seine Anhänger zu Straßenräubern. In der Tat hatte sich Schill auch ein ziemliches Gesindel angeschlossen, das durch wüste Exzesse Schrecken verbreitete und die Disziplin zunehmend untergrub. Die Gefangenen, soweit nicht erschossen, wurden wegen Straßenräuberei verurteilt und nach Südfrankreich ins Bagno geschickt, das heißt, man verurteilte sie zu schwerster Zwangsarbeit in den Steinbrüchen.

Erfolglos blieb auch der Zug des Herzogs von Braunschweig-Oels, dessen Vater bei Auerstedt tödlich verwundet worden war. Er brach mit einer Freischar, die man wegen ihrer schwarzen Uniformen «die Schwarzen» nannte, am 29. Juli von Böhmen auf und marschierte, militärisch stets erfolgreich, durch Sachsen und Mitteldeutschland bis zur Nordsee, von wo aus ihn britische Schiffe nach England brachte. Die Bevölkerung feierte ihn begeistert, dachte aber nicht entfernt daran, den «Schwarzen Herzog» bei aller Popularität auch tatkräftig zu unterstützen, Rebellion gegen die Vasallen Napoleons, gegen die eigenen Fürsten? Aber nicht mit Deutschen; man war doch kein Spanier!

Auch die britische Armee versuchte ihr Glück, während Napoleons Truppen in Österreich standen. Im Juli 1809 landete englische Marine-Infanterie bei Cuxhaven, um dort die Küstenbatterien auszuschalten, wurde aber bei zwei Landungsunternehmen von dänischen Truppen zurückgeworfen. Daraufhin versuchten die Engländer es noch einmal im August in Holland, das damals von eigenen Soldaten entblößt war. Unter dem Kommando Lord Chathams landeten 39 000 Soldaten auf der in der Schelde-Mündung gelegenen Insel Walcheren und versuchten, nachdem sie Vlissingen besetzt hatten, sich Antwerpens zu bemächtigen. Daraufhin mobilisierte Frankreichs Polizeiminister, damals auch interimistischer Innenminister, die Nationalgarde und beauftragte den bei Napoleon in Ungnade gefallenen, nach Haus geschickten Marschall Bernadotte, das Kommando zu übernehmen. Lorbeeren gab es dabei nicht zu gewinnen. Es fiel den eilig aufgestellten Verbänden, die sich kaum auf Kämpfe einließen, leicht, die Invasoren weiträumig einzuschließen und sie dann ihrem Schicksal zu überlassen. Dieses Schicksal trug den Namen *Anopheles claviger* (oder *maculipennis*) und bezeichnet jene Mückenart, die den Menschen mit Malaria infiziert. Ende August war «Höhepunkt der Malariasaison» (Stefan Winkle); 27 000 englische Soldaten erkrankten, und innerhalb von vier Monaten starben 4175. Dann gaben die Briten auf und kehrten Anfang Dezember nach England zurück.

Am 12. Oktober 1809 in der Mittagszeit nahm Napoleon wieder einmal im Schloßhof von Schönbrunn eine Parade seiner Truppen ab. Zu jenen täglichen Paraden versammelten sich die Regimenter, die sich in den vergangenen Wochen bei den Kämpfen besonders ausgezeichnet hatten, und einstige Verwundete, die als geheilt aus

,den Lazaretten entlassen worden waren und nun zu ihren alten Einheiten zurückkehrten. Vor allem aber zogen immer wieder die prachtvoll uniformierten Garden auf.

Bei den Wienern war dieses militärische Schauspiel so beliebt, daß dafür Eintrittskarten ausgegeben werden mußten, und entsprechend stark war das Gedränge der Schaulustigen. Am 12. Oktober fiel dem Generalstabschef Berthier ein junger Mann auf – olivbrauner Mantel mit grünen Samtaufschlägen, auf dem Kopf einen *chapeau claque* mit französischer Kokarde –, der sich zielstrebig durch die Posten drängte und erst zwei Schritte vor Napoleon von Berthier angehalten wurde: «Was wollen Sie?» – «Ich will den Kaiser sprechen!» – Der junge Mann schien jetzt eine Schriftrolle aus dem Mantel holen zu wollen, weigerte sich aber, sie Berthier zu geben («nein, ich will sie dem Kaiser selbst reichen»), worauf Berthier Verdacht schöpfte und den Verdächtigen von den Militärgendarmen festnehmen ließ, die in das Papier eingewickelt ein beidseitig geschliffenes spitzes Messer fanden. Nachdem der Verhaftete namens Friedrich Staps sofort zugegeben hatte, damit habe er den Kaiser erstechen wollen, meldete Napoleons Adjutant, General Jean Rapp, den Vorfall Napoleon, der sich den Attentäter bringen ließ. Da Staps nur sehr schlecht französisch sprach, fungierte der Elsässer Rapp als Dolmetscher und hat den Dialog zwischen Staps und seinem potentiellen Opfer wörtlich in seinen Memoiren festgehalten:

«‹Woher sind Sie?›

‹Aus Naumburg.›

‹Was ist Ihr Vater?›

‹Protestantischer Geistlicher.›

‹Wie alt sind Sie?›

‹Achtzehn Jahre.›

‹Was hatten Sie mit Ihrem Messer vor?›

‹Ich wollte Sie töten.›

‹Sie sind von Sinnen, junger Mann; Sie sind ein Illuminat?›

‹Ich bin nicht von Sinnen. Ich weiß nicht, was ein Illuminat ist.›

‹Sie sind also krank?›

‹Ich bin nicht krank, ich bin gesund.›

‹Weshalb wollten Sie mich umbringen?›

‹Weil Sie das Unglück meines Landes verschulden.›

‹Habe ich Ihnen Schlechtes zugefügt?›

‹Mir wie allen anderen Deutschen.›

‹Von wem sind Sie hierher geschickt. Wer hat Sie zu dem Verbrechen angestiftet?›

‹Niemand. Es ist die innere feste Überzeugung, daß ich, indem ich Sie tötete, meinem Vaterlande und Europa einen großen Dienst erweisen würde, welche mir die Waffe in die Hand drückte.›

‹Sehen Sie mich zum ersten Mal?›

‹Ich habe Sie schon in Erfurt gesehen.›

‹Hatten Sie damals schon die Absicht, mich zu töten?›

‹Nein; ich glaubte, Sie würden keinen Krieg mehr gegen Deutschland führen; ich war einer Ihrer größten Bewunderer.›

‹Seit wann sind Sie in Wien?›

‹Seit zehn Tagen.›

‹Warum haben Sie so lange gewartet, ehe Sie Ihr Vorhaben ausführten?›

‹Ich kam nach Schönbrunn, es sind acht Tage her, mit der Absicht, Sie zu töten, aber die Parade war schon vorüber, und ich verschob mein Vorhaben deshalb bis heute.›

‹Sie sind von Sinnen, wie ich Ihnen sagte, oder Sie sind krank.›

‹Weder das eine noch das andere.›

‹Man schaffe Corvisart herbei.›

‹Wer ist Corvisart?›

‹Das ist ein Arzt›, antworte ich (*Jean Rapp*).

‹Ich bedarf keines Arztes.›

Als Corvisart nach einiger Zeit, während wir schweigend dastanden und der junge Mann in seiner Gleichgültigkeit verharrte, erschien, sagte ihm Napoleon, er möge dem Verhafteten den Puls fühlen. Während Corvisart es tat, fragte Staps: ‹Nicht wahr, mein Herr, ich bin nicht krank?›

‹Dieser junge Mann›, erklärte Corvisart, sich an den Kaiser wendend, ‹befindet sich wohl.›

‹Ich habe es Ihnen ja gesagt›, bemerkte voller Genugtuung Staps. Napoleon, ganz erstaunt über diese Ruhe und Sicherheit, nahm seine Fragen wieder auf: ‹Sie sind überspannt; Sie werden Ihre Familie ins Unglück stürzen. Ich werde Ihnen das Leben schenken, wenn Sie des Verbrechens wegen, welches Sie im Begriff waren, zu begehen, Reue empfinden und Verzeihung erbitten.›

‹Ich will keine Verzeihung. Es tut mir leid, daß ein Erfolg ausblieb.›

‹Den Teufel auch! Gilt denn in Ihren Augen ein Verbrechen nichts?›

‹Sie zu töten ist kein Verbrechen, es ist Pflicht.›

‹Wen stellt das Portrait vor, welches bei Ihnen gefunden wurde?›

‹Ein junges Mädchen, das ich liebe.›

‹Sie wird sich über Ihr Beginnen grämen.›

‹Sie wird sich grämen, weil mir mißlungen ist, was ich wollte. Sie verabscheut Sie ebenso wie ich.›

‹Nun, und wenn ich Sie begnadigte, würden Sie mir nicht dankbar sein?›

‹Ich würde Sie trotzdem töten.›»

Damit endete dieser ungewöhnliche Dialog. Napoleon («er wußte nicht mehr, was er sagen sollte», schreibt Rapp) ließ Staps abführen und einem Militärgericht übergeben. Noch am Abend dieses Tages schrieb Napoleon an seinen Polizeiminister Fouché:

«Ein siebzehnjähriger junger Mensch, Sohn eines lutherischen Pfarrers in Erfurt, hat sich bei der heutigen Parade mir zu nähern gesucht. Die Offiziere hielten ihn an. Da man eine gewisse Verwirrung an dem jungen Mann bemerkte, wurde er durchsucht, und man fand einen Dolch bei ihm. Ich ließ ihn zu mir kommen, und der kleine Missetäter, der mir ziemlich unterrichtet schien, bekannte, daß er mich habe ermorden wollen, um Österreich von der Gegenwart der Franzosen zu befreien! Ich habe an ihm weder religiösen, noch politischen Fanatismus bemerkt. Es schien mir auch, als wenn er nicht recht wüßte, wer Brutus war! Die fieberhafte Aufregung, in der er sich befand, verhinderte, noch mehr aus ihm herauszubekommen. Man wird ihn verhören, sobald er ruhiger geworden und nüchtern ist. Vielleicht hat es gar nichts zu bedeuten. Er wird vor ein Kriegsgericht gestellt werden.

Ich will Sie nur von dem Ereignis unterrichten, damit man ihm keine größere Bedeutung beimesse, als es zu haben scheint. Ich hoffe, daß es nicht bekannt werde, und wäre doch davon die Rede, so müßte man den Menschen für einen Irrsinnigen ausgeben. Behalten Sie es für sich, wenn man nicht davon spricht! Bei der Parade hat es gar kein Aufsehen erregt; ich selbst habe es nicht einmal bemerkt.

Napoleon.

PS. Ich wiederhole Ihnen nochmals, und Sie begreifen, daß nicht darüber gesprochen werden darf!»

Friedrich Staps, geboren 1792 als Sohn eines evangelisch-lutherischen Pfarrers in Naumburg, Lehrling in einer Erfurter Weberei, wurde am 15. Oktober 1809 von einem Kriegsgericht zum Tode verurteilt und am folgenden Morgen um sechs Uhr von einem württembergischen Infanterie-Peloton erschossen. Französische Geheimpolizisten verhörten Eltern und Freunde des Hingerichteten, beschlagnahmten dessen Papiere und verpflichteten alle zu absolutem Schweigen.

Erst am 5. Februar 1821 ließ der Vater den Tod seines Sohnes im *Naumburger Kreisblatt* anzeigen. Das Grab ist nie gefunden worden, amtliche Belege ließen sich in Wien nicht nachweisen. Erst 1831 wurde der Verschollene vom Oberlandesgericht in Naumburg gesetzlich für tot erklärt. Der Attentatsversuch wurde in Deutschland allgemein erst durch das Erscheinen der Memoiren der Generale Rapp (1823) und Savary (1828) bekannt.

Der Friedensvertrag mit Österreich wurde am 13. Oktober 1809 unterzeichnet. Wieder mußte das besiegte Land für den von ihm begonnenen Krieg teuer bezahlen. Neben beträchtlichen Gebietsabtretungen hatte es sich der Kontinentalsperre anzuschließen und 85 Millionen Francs Reparationen zu leisten.

«Gäb's jetzt noch einen Götter-Sohn/ So wär's gewiß Napoleon», mit diesem Reim hatten die Erfurter dem Kaiser gehuldigt. Im kleinen Sachsa im Harz, vormals preußisch, jetzt zum Königreich Westfalen gehörend, wußte es der evangelische Pfarrer von St. Nikolai, Justus Daniel Lucanus, noch genauer auszudrücken, als er «im heiligen Eifer» eine Predigt mit den Worten begann:

Napoleon ist Gottes Sohn
Giebt den Verbrechern seinen Lohn.
Drum hüte dich und thue Recht,
Daß er nicht dein Verbrechen rächt.
Halleluja.

Achtes Kapitel

Barfuß durch den Schnee
Der Krieg mit Rußland

Im März 1811 hielt Napoleon in Paris vor den Deputierten der
Handelskammer eine Ansprache, die der von einer schweren Krise
heimgesuchten französischen Wirtschaft wieder Vertrauen geben
sollte und die Gewißheit, der Kaiser werde auch diese Krise mei-
stern. Napoleon nannte in seiner Rede eine bemerkenswerte Zahl:
Zwischen 1806 und 1810 habe Frankreich aus dem Ausland eine
Milliarde Francs bezogen. Eine fast unvorstellbare Summe, gemes-
sen an der damaligen Kaufkraft. Wie immer sich diese Milliarde
zusammensetzte, in einem Punkt ließ sie sich präzisieren: Die
siegreichen Feldzüge von 1805, 1806/07 und 1809 hatten der französischen Volkswirtschaft einen Reingewinn von etwa 450 Millionen Francs gebracht. Läßt man in dieser Bilanz die ökonomisch
nicht relevanten Toten und Verkrüppelten dieser Kriege beiseite,
dann hatten sich die drei Feldzüge (die ja nicht Frankreich begonnen hatte) sogar richtig gelohnt und das französische Budget nicht
im geringsten belastet. Eine Milliarde Francs (brutto) in nur vier
Jahren eingenommen – warum dann eine Krise?

Dafür gab es viele Gründe, die alle aus der Kontinentalsperre
resultierten. Nehmen wir zunächst einmal die ewig schwärende
Wunde Spanien. Längst hatte auch das Sprachrohr der französi-

schen Regierung, der *Moniteur*, zugeben müssen, daß in Spanien seit 1808 ein veritabler Krieg tobte und nicht eine zu vernachlässigende Insurgentenbewegung. England schaffte immer mehr Truppen auf die Iberische Halbinsel, und nachdem der glücklose General John Moore 1809 in der Schlacht bei La Coruña tödlich verwundet worden war, hatte ihn London durch den tatkräftigen Sir Arthur Wellesley ersetzt, der den Franzosen in mehreren siegreichen Schlachten empfindliche Verluste zugefügt hatte. Das war ihm nicht schwergefallen, da sich die in Spanien kommandierenden französischen Marschälle alle untereinander haßten und sich daher auch nicht wechselseitig unterstützten, wie es ihre Aufgabe gewesen wäre. Im Gegenteil: Sie legten es geradezu darauf an, den Kollegen ins Messer laufen zu lassen. Das persönliche Eingreifen Napoleons hätte das Blatt wenden können, wie sich im Herbst 1808 gezeigt hatte; auch Sir Arthur Wellesley gab zu, gegen Napoleon keine Chance zu haben. Aber der hielt in unbegreiflicher Verkennung der spanischen Probleme die Situation nicht für bedrohlich; sie interessierten ihn nicht, da er die Auswirkungen unterschätzte. Und die waren – zunächst noch – nicht militärischer, sondern ökonomischer Natur.

Die portugiesischen und spanischen Häfen wurden längst von England kontrolliert, und über sie ergoß sich ein permanenter Strom britischer Waren ins Land. Vor 1808 hatte der Export Frankreichs nach Spanien 18 Prozent des gesamten Außenhandels betragen. Jetzt aber wollten die Spanier nicht mehr die Produkte ihres Erzfeinds Frankreich kaufen, zumal sie auch weitgehend gar nicht mehr zu bekommen waren; sie bevorzugten englische Produkte, und was die englische Armee und die spanische und portugiesische Bevölkerung nicht brauchten, ging in den Schmuggel nach Frankreich und ruinierte mit Dumpingpreisen vor allem die Industrie Südfrankreichs. Und anders als die Kriege von 1805, 1806/07 und 1809 warf der Feldzug in Spanien keinen Gewinn ab, sondern kostete ungeheure Summen.

Die über ganz Europa verhängte Kontinentalsperre konnte weder Großbritannien ernsthaft schaden noch Frankreich nennenswert nutzen. Napoleon erließ Einfuhrverbote und Schutzzölle zugunsten der französischen Industrie. Alle kolonialen Einfuhren, die sich nicht verhindern ließen, hatte Napoleon 1810 durch eine Sonderabgabe außerordentlich verteuert, was Spekulationsgeschäfte und den damit unlösbar verbundenen Schmuggel besonders förderte.

Den Schmugglern wurde es leichtgemacht. Nachdem 1809 das Osmanische Reich (zu ihm gehörten die heutigen Staaten Türkei, Griechenland, Libanon, Syrien, Israel, Palästina, Irak und Ägypten) mit England den Kriegszustand beendet hatte, öffnete sich der gesamte Levantehandel englischen Waren. Dafür nutzte England zusätzlich als Stützpunkte die von ihm besetzten Inseln Sardinien, Sizilien, Malta, die Balearen, die Ionischen und Dalmatinischen Inseln (nur Korfu war französisch besetzt). Weitere Handelsniederlassungen entstanden in Konstantinopel und Saloniki. Von hier ging ein permanenter Warenstrom über Belgrad nach Ungarn, von dort (da die sogenannten Illyrischen Provinzen in französischer Hand waren) nach Wien, von wo aus sie nach Leipzig und Frankfurt am Main gelangten. Europas Bedarf an Baumwolle, Kaffee, Kakao, Rohrzucker, Pfeffer, Indigo und Chinarinde war groß, und noch größer waren die Gewinnspannen in diesem Handel. Mochten die Franzosen auch konfiszierte englische Waren in Frankfurt und Hamburg gleich zentnerweise öffentlich verbrennen: den Schmugglern und Zwischenhändlern tat das nicht weh; solche Verluste waren in ihren Bilanzen von vornherein eingeplant.

Zentrum des Schmuggels in der Nordsee war die kleine Insel Helgoland, ursprünglich dänisch, doch 1807 von den Engländern erobert. Allein hier gab es 200 Handelsniederlassungen für den Schmuggel an den Nordseeküsten, wobei auch der Hafen von Tönning im dänisch regierten Holstein ein wichtiger Umschlagplatz war, von Dänemark großzügig geduldet, obwohl sich der illegale

Handel fast unter den Augen der Franzosen abspielte. Im Ostsee-bereich sorgte das schwedische Göteborg für ständige Belieferung. Schon 1808 wurden von hier 1 300 000 Pfund Kaffee und fast drei Millionen Pfund Zucker ausgeführt; 1810 hatten sich diese Zahlen bereits verdoppelt.

Dagegen waren die Franzosen machtlos, zumal sie 1809 wegen des Kriegs mit Österreich fast alle ihre Truppen aus den Küsten-regionen hatten abziehen müssen, und die wenigen Zöllner reich-ten bei weitem nicht aus. Der Schmuggel war nicht ungefährlich: Wer erwischt wurde, riskierte die Hinrichtung, aber erwischt wur-den nur die wenigsten, und das Risiko schreckte nicht ab, denn bei gleichbleibendem Erfolg konnte man es zum Millionär bringen.

Den eigentlichen Umsatz aber machten die Inhaber von Lizen-zen. Da England nun einmal seine Kolonialprodukte verkaufen mußte, weil sonst seine Wirtschaft zusammengebrochen wäre, erlaubte es den Neutralen (vor allem den USA), Handel auch mit dem Feind zu treiben, vorausgesetzt, man erwarb eine Handels-lizenz, das Stück zu 13 bis 14 Pfund Sterling. Eine solche Lizenz konnten aber auch Franzosen, Holländer und andere aus dem Machtbereich Napoleons erwerben. Da zwischen 1807 und 1812 die Engländer 44 346 Lizenzen verkauften, brachte das für die britische Staatskasse auch einen hübschen Gewinn. Eine Lizenz – Napoleon übernahm das englische Vorbild – erlaubte die Einfuhr nur unter der Bedingung der Wiederausfuhr. Ein britisches Schiff, das mit Kaffee und Baumwolle einen holländischen Hafen anlief, nahm nach dem Löschen Getreide an Bord, denn daran mangelte es den Engländern am meisten.

Britische Seeblockade auf der einen, französische Kontinen-talsperre auf der anderen Seite: Großbritannien und das Franzö-sische Kaiserreich blieben ökonomisch auf Gedeih und Verderb aufeinander angewiesen. Das konnte manchmal groteske Züge annehmen. Als durch die englische Blockade 1805 kein Indigo mehr nach Frankreich gelangte, das aber für das Blaufärben der

Uniformen unentbehrlich war, bekam die französische Infanterie weiße Uniformen, mit denen 18 Regimenter ausgestattet wurden, bis es den Franzosen gelang, das begehrte Blau aus heimischen Pflanzen zu gewinnen, worauf die weißen Uniformen Ende 1807 wieder verschwanden.

Der Getreidebedarf Englands ließ sich aus der heimischen Landwirtschaft nicht decken, auch die Importe aus Kanada und den USA reichten nicht aus, dafür war schon die Schiffskapazität zu gering. Das durch mehrere Mißernten geschwächte England hätte man vielleicht bei striktester Blockade aushungern können, aber diese Möglichkeit bestand für Frankreich nicht. Denn die französischen Bauern wollten ihre Überschüsse verkaufen, vor allem Getreide und Wein, für die England der hochwillkommene Abnehmer war. Die daraus resultierenden Einnahmen aber brauchte Napoleon für den immer kostspieliger werdenden Krieg in Spanien und um Unruhen unter den Bauern zu vermeiden, die sonst Grundsteuern oder Pacht nicht mehr hätten bezahlen können.

Für Getreide und Wein aus Frankreich bot Deutschland keinen Absatzmarkt; mit beidem war man versorgt, allenfalls bestand Nachfrage nach Rotwein. Anders aber wäre es bei französischen Luxusgütern gewesen, vor allem nach den sehr begehrten Seidenstoffen aus Lyon. Aber Napoleon hatte die von ihm besetzten oder abhängigen Gebiete – Deutschland, Holland, Schweiz – durch Abgaben so belastet, daß es hier an Kaufkraft fehlte, so daß die Ausbeutungspolitik des Kaisers am Ende die französische Wirtschaft schwächte. Die hohen Einfuhrzölle ließen den Export von Deutschland nach Frankreich immer mehr schrumpfen; womit also sollte man französische Importe bezahlen?

Und dann war da noch Rußland. Der Zar hatte sich 1807 in Tilsit leichtfertig zum Handelskrieg gegen England verpflichtet, obwohl ihm damals jeder Wirtschaftsexperte hätte erklären können, wie wenig Rußland auf eine solche Konfrontation vorbereitet war.

Rußland war ein wirtschaftlich völlig unterentwickeltes Land. Ehe Napoleon an die Macht gekommen war und dann die Landwirtschaft Frankreichs gründlich neu organisierte, hatten die Franzosen von den Getreide-Importen aus Rußland gelebt. Rußland lieferte bis 1807 an England Holz, Eisen, Teer und Hanf zum Aufbau seiner Flotte; Produkte, die außer England niemand von den Russen sonst brauchte. Dafür bekamen die Russen hochwertige englische Industrieprodukte, die das Land selber nicht herstellen konnte.

Nach Tilsit konnte dafür natürlich Frankreich einspringen, das zum Beispiel jährlich für 10 Millionen Francs Seide aus Lyon und feine Tuche aus dem Aachener Raum an Rußland lieferte, außerdem Weine, Parfüms, Seifen – und was sich die russische Oberschicht sonst noch wünschte. Doch für Rußlands Rohprodukte hatte Frankreich keinen Bedarf. So blieb dem Zaren gar nichts anderes übrig, als mit einem Ukas vom 31. Dezember 1810 seine Häfen den Schiffen der Neutralen – sprich den englischen Waren – zu öffnen, zumal es ihn erbitterte, daß sich Frankreich und England über den Lizenzhandel in aller Heimlichkeit verständigten, während man ihn aussperrte.

Für Frankreich sah es nicht gut aus. Viele große und angesehene Unternehmen wurden zahlungsunfähig und rissen Hunderte mit sich in den Bankrott. Und es war kein Trost, daß Frankreichs Importe von 477 Millionen Francs 1806 auf 289 Millionen Francs 1809 zurückgegangen waren, denn in ebendiesem Verhältnis wurde auch der Export rückläufig. Der Überschuß war auf das Minimum von 41 Millionen Francs zurückgegangen.

Nachdem Napoleon erkannt hatte, daß der Zustrom britischer Kolonialwaren nicht aufzuhalten war und die französische Industrie bedrohte, verfügte er am 5. August 1810 hohe Abgaben auf alle Kolonialwaren. Das war gut gemeint, belastete aber durch Verteuerung den Handel mit diesen Waren in Frankreich, während gleichzeitig der Schmuggel für wahre Dumpingpreise sorgte. Der

Verbrennung englischer Waren in Hamburg am 16. November 1810. Gouache von Peter Suhr, 1810. Die Kontinentalsperre gegen England begünstigte einen lebhaften Schmuggel englischer Waren nach Deutschland. Die Franzosen ließen konfiszierte Güter verbrennen.

lief besonders über die Schweiz, und das Geschäft war längst so lukrativ geworden, daß man die französischen Zöllner mit exorbitanten Summen bestechen konnte, denen mancher schwer widerstand.

Ohne den Schmuggel ging es nicht, denn die Manufakturen des europäischen Festlands produzierten zuwenig, um den eigenen Bedarf zu decken, man brauchte die Importe. Auf dem Gebiet der Industriemaschinen war England Frankreich voraus; die Maschinen und meist auch die Facharbeiter der französischen Unternehmen waren aus England gekommen. Baumwolle war preiswerter als alle Woll- und Leinwandwaren. Wer sie verarbeiten wollte, war auf Schmuggel oder Lizenzen angewiesen. Aber Baumwolle

mußte importiert werden, weswegen Napoleon den Anbau in Südfrankreich, auf Korsika und im Raum von Neapel befahl, was aber
längst nicht ausreichte.

Reeder, Import- und Exportkaufleute und Hafenindustrielle
litten, und es drohte durch den Zusammenruch so vieler Unternehmen die Arbeitslosigkeit. Nichts aber fürchtete Napoleon
mehr; die kleinsten Unruhen unter den Arbeitern bereiteten ihm
nach eigener Aussage mehr Sorgen als eine verlorene Schlacht.
Jene Epoche kannte weder Arbeitslosenunterstützung noch Sozi-
alhilfe. Wer ins Elend geriet, mußte sehen, wo er blieb. Napoleons
Gegenmaßnahmen bestanden in Staatsaufträgen und in der großzügigen Vergabe von staatlichen Darlehen, deren Verwendung die
Regierung streng kontrollierte. Vorbedingung für die Gewährung
von Krediten war grundsätzlich die Verpflichtung, niemanden zu
entlassen. Die Kleinbetriebe bekamen Bestellungen für den Hof
und die Armee. Ließen sich aber trotzdem Arbeitslose nicht vermeiden, so gewährte Napoleon am 8. Mai 1811 und am 1. April
1812 jeweils 500 000 Francs als Soforthilfen, ja er ließ der Stadt Paris vom April 1812 an monatlich 100 000 Francs zur Unterstützung
von Arbeitslosen überweisen, um ja keine Unruhen aufkommen
zu lassen. Insgesamt bewilligte die französische Regierung eine
Million Francs zur Unterstützung von Arbeitslosen in Frankreich,
aber auch in Rom, Turin und Genua.

Da war es ein Glück, daß England ein fester Abnehmer des
französischen Getreides war, denn nicht nur konnten so die französischen Bauern ihre Steuern bezahlen, der Erlös füllte auch die
Staatskasse, aus der ein neuer Krieg finanziert werden mußte. Napoleon war empört über den Bruch des Tilsiter Vertrags durch den
Zaren, der nicht nur englische Waren ins Land ließ, sondern im
Gegenzug die französischen dafür ausschloß. Er hatte auch nicht
den Affront vergessen, als ihm der Hof von St. Petersburg die Bitte
um die Hand einer russischen Prinzessin abschlug, als Napoleon
eine neue Ehe eingehen wollte. Kaiserin Joséphine gebar ihrem

Gemahl keine Kinder, Napoleon aber wollte eine eigene Dynastie. Nach der Scheidung von Joséphine 1809 heiratete Napoleon statt einer russischen Prinzessin Marie-Louise, die Tochter des österreichischen Kaisers, die ihm am 20. März 1811 den ersehnten Sohn schenkte. England brauchte das französische Getreide und zahlte gut, und so wurde mit englischem Geld ein Krieg finanziert, dessen Aufgabe es sein sollte, Rußland wieder zur wirtschaftlichen Blockade Englands zu zwingen, obwohl jeder Experte Napoleon hätte sagen können, daß Rußland auch bei bestem Willen außerstande war, eine solche Blockade durchzuhalten.

Doch zurück nach Deutschland, das die ökonomischen Kalamitäten Frankreichs natürlich zu spüren bekam. Der Wirtschaftskrieg zwischen den Großmächten führte zu einer Entwicklung mit noch nicht absehbaren Folgen. Gewiß profitierten auch die Deutschen vom wachsenden Schmuggel, aber Kaffee und Zucker waren schon vor der Kontinentalsperre nur den Vermögenden erschwinglich gewesen, und auch von denen, von hohen Steuern gebeutelt, konnten immer weniger die hohen Schwarzmarktpreise bezahlen. Dafür blühte nun der Handel mit Surrogaten (Ersatzstoffen), wie etwa Zichorie, gerösteter Roggen und gedörrte Runkelrüben als Kaffeesurrogat, und statt des unerschwinglichen Rohrzuckers nahm man Honig oder kaufte den aus Frankreich bezogenen Traubensirup, von dem Frankreich jährlich zwei Millionen Kilogramm produzierte, so groß war die Nachfrage. Die Erkenntnis, wonach Not erfinderisch mache, bewährte sich auch jetzt.

Schon 1747 hatte der Berliner Apotheker und Chemiker Andreas Sigismund Marggraf die Identität des Rübenzuckers mit dem Rohrzucker nachweisen können. Sein Schüler, der Berliner Chemiker Franz Carl Achard, setzte Marggrafs Versuche zur industriellen Zuckergewinnung aus der Zuckerrübe fort und hatte 1801 die erste Zuckerfabrik, die sich ausschließlich auf die Zuckergewinnung aus der Zuckerrübe stützte, im schlesischen Kunern gegründet. Auch wenn bis zur heutigen Qualität noch einige Zeit vergehen sollte, bedeutete die nun in immer größeren Umfang betriebene Herstellung von Rübenzucker eine erhebliche Verbilligung von Zucker und die Unabhängigkeit vom Import.

Nach dem Zusammenbruch Preußens und den schweren Bedingungen des Friedensvertrags von Tilsit war vielen in dem gedemütigten Land klar, daß dieser Staat ohne eine tiefgreifende Reform seiner gesamten Struktur nicht lebensfähig sein würde. Zugleich bot die allgemeine desolate Lage die beste Voraussetzung für ein solches Reformvorhaben. Die schmähliche militärische Niederlage hatte zweierlei deutlich gemacht: Mit einer geprügelten Armee, die dazu noch großenteils aus Ausländern bestand, konnte man nicht gegen die national motivierten Soldaten Napoleons antreten. Und: Eine Berufsarmee, die vom eigenen Volk verachtet wurde und das sich nicht mit ihr zu identifizieren vermochte, besaß keine Zukunft. Preußen bestand aus einer dünnen Oberschicht, bestehend aus dem Adel, einer Beamtenschaft, einem Offizierskorps, einem besitzenden Bürgertum – und einem weitgehend rechtlosen Volk, das zu Dreiviertel auf dem Land lebte und von einer Freiheit, wie sie die französischen Bürger und Bauern kannten, kaum gehört hatte. Die Zeitungen berichteten darüber nicht, und da die meisten preußischen Untertanen nicht lesen konnten und Zeitungen viel zu teuer waren, hätte selbst eine gewissenhafte Information ihnen nichts gebracht.

Gerhard Johann David von Scharnhorst, General und Chef des Generalstabs, war die treibende Kraft der preußischen Heeresreform. Er hatte das Versagen der alten Armee als Generalstabsoffizier auf dem Schlachtfeld von Auerstedt selber miterlebt und geschrieben: «Die Stockschläge haben den Soldaten zu dem unglücklichsten aller Menschen-Klassen gemacht. Kein Soldat ist so erbärmlich ausgepeitscht worden, wie der preußische, und keine Armee hat weniger geleistet.» Und General August Graf Neithardt von Gneisenau sah die Gründe für den Niedergang der preußischen

Armee in ihrem «Vertrauen auf fein ausgezirkelte Evolutionen, ihr Sträuben gegen neue wesentliche Einrichtungen, ihre Abgeneigtheit, dem Zeitgeist nachzugehen und eine veraltete Taktik zu verlassen und die Zusammensetzung der Anführer». Scharnhorst und Gneisenau hatten das Glück, gerade von den Besten im preußischen Offizierskorps begeisterte Unterstützung zu bekommen: Hermann von Boyen, Carl von Clausewitz, Friedrich Wilhelm Graf von Götzen und Karl Wilhelm Georg von Grolman.

Die entwürdigenden Körperstrafen wurden abgeschafft (Stockprügel blieben aber bestehen für Verbrechen und wiederholte Vergehen), und wenn es auch mit der Einführung der allgemeinen Wehrpflicht noch dauerte, so wurde doch in der nach Tilsit nur noch 42 000 Soldaten zählenden Armee das Scharnhorstsche System der «Krümper» eingeführt, das heißt die Einberufung von kurz dienenden «Monatssoldaten», die eine Grundausbildung bekamen und dann ins Zivilleben zurückkehrten. Abgeschafft wurde die längst veraltete Lineartaktik, geübt wurde nun – nach französischem Vorbild – die bewegliche Kampfführung (zerstreutes Gefecht) mit dem Einsatz von Einzelkämpfern, deren Wirksamkeit die Preußen bei Jena und Auerstedt schmerzhaft erfahren hatten.

In der Agrarreform, eingeleitet mit dem Oktoberedikt von 1807, stand die Abschaffung der Leibeigenschaft (1810) obenan. Freie Bauern gab es in Frankreich seit der Revolution und dementsprechend im Großherzogtum Berg und im Königreich Westfalen. England, Österreich, Dänemark, Baden und Savoyen schlossen sich an. Nun gab es in Preußen 1810 kaum noch «Leibeigene» im wörtlichen Sinn, wohl aber die Masse der Abhängigen von Domänen (Staatsbesitz) und von der Gutsherrschaft, der zum Beispiel vom Gesetz ein «mäßiges Züchtigungsrecht» zugestanden wurde. Die meisten Bauern, die für ihre Herrschaft unentgeltlich Hand- und Spanndienste leisten mußten, unterschieden sich nur durch einen bescheidenen Fluranteil, den sie für ihre eigenen Bedürfnisse bewirtschaften durften, von den Tagelöhnern. Die Abschaffung der Leibeigenschaft bestand darin, daß die nunmehr «freien» Bauern selber ihren Grund und Boden kaufen durften und somit die Gutsuntertänigkeit beendet wurde. Dafür verlangten die Gutsherren nun die Bezahlung der Höfe, was sich nur wenige Bauern leisten konnten. Die Agrarreform trieb viele der von ihr Betroffenen ins Elend oder zur Auswanderung und brachte ihnen keine Vorteile, zumal der grundbesitzende Adel alles tat, diese Reform, sofern sie ihnen Einbußen zu bringen schien, gründlich zu hintertreiben.

Andere angestrebte Reformen wie die der Staatsverfassung, die Finanzreform, die Verwaltungsreform oder die Städteordnung sind Papier geblieben, ja manche sind erst nach der Reichsgründung (1871) umgesetzt worden. Dazu trug nicht nur die ausgeprägte Unlust der Behörden bei, überhaupt etwas verändern zu sollen, sondern auch die Uneinigkeit jener beiden Persönlichkeiten, die – mit Ausnahme der Heeresreform, die realisiert wurde – an der Spitze der Reformbewegung standen: Hardenberg und Stein.

Heinrich Friedrich Karl Reichsfreiherr vom und zum Stein aus Nassau war schon im Oktober 1804 preußischer Minister geworden, vom König aber im Januar 1807 ungnädig entlassen worden, weil er allzu freimütig andere Auffassungen als der Monarch vertreten hatte. Doch ausgerechnet Napoleon, der in Tilsit auf der Entlassung Hardenbergs bestand, hatte dem König die Wiederberufung Steins empfohlen, der im September ins Kabinett zurückkehrte und seine ganze Energie in die Reformvorhaben einbrachte. Er haßte Napoleon aus vollem Herzen, was dieser auch bald schriftlich bekam. Denn ein Brief Steins vom 15. August 1808 an den Fürsten Sayn-Wittgenstein war den Franzosen in die Hände gefallen; er befaßte sich mit der Chance der Deutschen, dem spanischen Beispiel zu folgen: «Die Erbitterung nimmt in Deutschland täglich zu, und es ist ratsam, sie zu nähren und auf die Menschen zu wirken.» Daraufhin verfügte Napoleon am 16. Dezember 1808 in seinem Hauptquartier in Madrid die Ächtung Steins, die im Januar 1809 auch in deutschen Zeitungen bekanntgegeben wurde. Daß sich Stein dennoch bis zum 6. Januar in Berlin unbehelligt aufhalten konnte, verdankte er der großzügigen Nachsicht des französischen Gesandten St. Marsan, der ihn rechtzeitig warnen ließ, statt ihn zu verhaften. Stein ging ins Exil nach Brünn und 1812 nach St. Petersburg.

Karl August von Hardenberg, vom König im Juni 1810 als preußischer Staatskanzler berufen (das Königspaar war am 23. Dezember 1809 aus Königsberg nach Berlin zurückgekehrt), hatte sich schon mit seiner Denkschrift vom 12. September 1807 dem König empfohlen: «Also eine Revolution im guten Sinn, gerade hinführend zu dem großen Zweck der Veredelung der Menschheit, durch Weisheit der Regierung und nicht durch gewaltsame Impulsion von Innen oder Außen, das ist unser Ziel, unser leitendes Prinzip. Demokratische Grundsätze in einer monarchischen Regierung, dieses scheint mir die angemessene Form für den gegenwärtigen Zeitgeist.» Anders als Stein verfocht er weitaus mehr die Interessen des preußischen Adels, in den Augen der Aristokraten aber nicht entschieden genug, weswegen er sich bei ihnen wenig Freunde machte. Sein am 11. März 1812 erlassenes Edikt zur bürgerlichen Gleichstellung der Juden machte ihn unpopulär und trug ihm den Spottnamen «der Judenkönig» ein. Dabei wurde den Juden, anders als in Baden seit 1809, die volle Gleichberechtigung nicht gewährt; der Zugang zum Staatsamt blieb ihnen in Preußen verschlossen. Im Gegensatz zu diesen Beschränkungen erhielten die etwa 7000 in Hamburg und Lübeck lebenden Juden uneingeschränkt alle bürgerlichen Rechte in dem Augenblick, als sie französische Staatsbürger wurden: am 13. Dezember 1810.

An diesem Tag verfügte Napoleon die Eingliederung Norddeutschlands in das Französische Kaiserreich. Da während des Feldzugs von 1809 die meisten Soldaten abgezogen worden waren, hatte sich der Schmuggel fast unbehindert ausbreiten können. Allein fast 12 Prozent des gesamten britischen Exports gelangten

1809 nach Norddeutschland. Auch Louis Bonaparte, König von Holland, behandelte die Kontinentalsperre eher lax. Anders als sein jüngerer Bruder Jérôme, der sein Amt nicht ernst nahm und seine Untertanen nicht schätzte, identifizierte sich Louis mit seinem neuen Königreich und dessen Bewohnern. Er verfolgte eine auf Autonomie bedachte Politik, die seinem kaiserlichen Bruder immer mehr mißfiel.

Doch Louis lag nichts daran, einzig die Befehle des Kaisers auszuführen. Als Napoleon, dessen Vorhaltungen Louis nicht beachtete, es mit militärischem Druck versuchte und Teile Hollands Frankreich einverleibte, dankte Louis am 1. Juli 1810 als König von Holland ab und ging ins Exil nach Italien. Nach Lucien kündigte damit ein zweiter Bruder Napoleons dem Kaiser couragiert die Gefolgschaft. Louis ging erst einmal als «Graf St. Leu» zur Kur nach Teplitz, wo er mit Goethe Wand an Wand wohnte; «einer der sanftmütigsten, friedfertigsten Charaktere, die ich im Laufe meines Lebens kennenlernte», urteilte der Dichter, entzückt von der «schönen Seele» des Exkönigs.

Die Einverleibung Hollands am 9. Juli in das Französische Kaiserreich gab Anlaß, den Herrschaftsbereich Frankreichs über ganz Norddeutschland auszudehnen, denn Napoleon wollte die strikte Kontrolle über alle norddeutschen Seehäfen. Auch beschäftigte ihn der Ausbau eines Kanalnetzes, das Hamburg und Lübeck an das vorhandene französische anschließen sollte, um so einen beschleunigten und vor allem von England unbeeinflußten Handel im Norden zu gewährleisten. Darauf hatte schon der französische Außenminister Jean-Baptiste de Champagny, Nachfolger Talleyrands seit 1807, am 8. Dezember 1810 den Kaiser hingewiesen:

«Die Eingliederung der Hansestädte, Lauenburgs und sämtlicher Küstengebiete zwischen Elbe und Ems ist durch die Umstände bedingt. Dieses Territorium befindet sich bereits unter der Befehlsgewalt Eurer Majestät. Die gewaltigen Magazine Helgolands würden auf dem Kontinent stets einen Absatzmarkt finden, wenn die norddeutsche Küste an einer einzigen Stelle dem englischen Handel geöffnet bliebe und die Flußmündungen der Jade, der Weser und der Elbe diesem nicht für immer verschlossen würden. Die britischen Ratsbeschlüsse haben die Privilegien der neutralen Schiffahrt vollständig zerstört. Eure Majestät kann nur noch durch die Binnenschiffahrt Ihre Arsenale versorgen und einen sicheren Handelsweg mit dem Norden unterhalten. Die Instandsetzung und Erweiterung des bestehenden Kanals zwischen Hamburg und Lübeck und der Bau eines neuen Kanals, der die Elbe mit der Weser und die Weser mit der Ems verbinden wird, werden in einem Land, in dem es keine natürlichen Hindernisse gibt, nur vier bis fünf Jahre Arbeit erfordern und Kosten von 15 bis 20 Millionen verursachen und den französischen Kaufleuten einen leichten und gefahrlosen Wirtschaftsweg eröffnen.»

Aber die Eingliederung Norddeutschlands hatte auch den Zweck, für den Fall einer militärischen Auseinandersetzung mit Rußland das Hinterland zu sichern. Zum Generalgouverneur der hanseatischen Departements und Präsidenten der Regierungskommission mit Sitz in Hamburg berief der Kaiser seinen fähigsten Militär, Marschall Louis-Nicolas Davout, der am 9. Februar 1811 sein neues Amt antrat und sofort aufrüstete: Noch im Februar ließ er drei neue Linien-Infanterie-Regimenter aufstellen, das 127. (Hamburg), das 128. (Bremen) und das 129. (Osnabrück), dazu drei Veteranenkompanien und drei Kompanien Küstenwache; im Oktober folgte noch ein Kavallerie-Regiment, das 9. Regiment Chevaulégers-Lanciers, das aus Norddeutschen, Franzosen und Polen gebildet wurde.

Innenpolitisch schien das Land beruhigt. Die Annexion Norddeutschlands kam für viele nicht überraschend. Als französische Staatsbürger zu leben schien weitaus vorteilhafter, als unter einem Besatzungsstatut zu existieren. Vor allem aber erhoffte sich der Handel den Vorteil, künftig nicht mehr unter den französischen Schutzzöllen und Einfuhrverboten seinen Geschäften nachzugehen. Ein Irrtum: Die drei neuen Departements wurden von Frankreich auch weiterhin als Zollausland behandelt und durften allenfalls hoffen, es könnte in einigen Jahren anders werden.

Derweil war der Tiroler Aufstand nach zehnmonatigen Kämpfen niedergeschlagen worden. Auch nach dem Waffenstillstand und dem Frieden mit Österreich hatten die Bauern weitergekämpft und dabei eine bayerisch-französische Armee unter Marschall Lefèbvre sogar zweimal in offener Feldschlacht am Berg Isel geschlagen. Nachdem man aber den Kopf des Aufstands, Andreas Hofer, gefaßt und am 20. Februar 1810 als Rebellenführer in Mantua erschossen hatte, war die Widerstandskraft gebrochen; zurück blieben mehrere tausend Tote auf beiden Seiten und ein ruiniertes Land, das nun auch noch zwischen Bayern und dem Königreich Italien aufgeteilt wurde.

Fast unbemerkt in Deutschland hatte sich gleichzeitig das Schicksal des Papstes erfüllt. Pius VII. war nicht nur das Oberhaupt der katholischen Christenheit, sondern damals auch noch der weltliche Herrscher des sogenannten Kirchenstaats mit Rom als Hauptstadt. Um auch hier die Bedingungen der Kontinentalsperre durchzusetzen, hatten die Franzosen Stück um Stück des weltlichen päpstlichen Territoriums besetzt. Als der Papst gegen diese Eingriffe beim Kaiser protestierte, wurde er von Napoleon im Evangelium unterwiesen: «Mein Reich ist nicht von dieser Welt», habe Jesus einst gesagt, und der Kaiser drohte dem Papst mit Konsequenzen, falls sich die Bischöfe des Kirchenstaats weiterhin weigern sollten, dem Kaiser den Eid der Treue zu leisten. Als aber Pius dennoch uneinsichtig blieb, verfügte Napoleon am 17. Mai 1809 die Annexion des Kirchenstaats. Der Papst antwortete darauf mit der Exkommunikation des Kaisers. Worauf dieser an Murat, den König von Neapel, schrieb: «Keine Schonung mehr! Das ist ein wütender Narr, den man einsperren muß.» So geschah es. Murat schickte eine Abteilung Soldaten, die den Papst nachts verhafteten und nach Savona brachten.

Das Schicksal des Papstes, der später in Fontainebleau internniert wurde und fast fünf Jahre Napoleons persönlicher Gefangener blieb, hat die Katholiken aller Länder erstaunlich wenig beeindruckt, und die Exkommunikation hat dem Kaiser nicht geschadet. Damals, 1809, starrte alles gebannt auf Österreich, wo Napoleon bei Aspern seine erste Niederlage erlitt, aber dann bei Wagram in alter Größe wieder triumphierte. Und als dieser Krieg vorbei war, mehrten sich die Zeichen und Gerüchte, eine militärische Auseinandersetzung mit Rußland werde vielleicht nicht zu vermeiden sein. Aber warum? Bis heute ist die von der russischen Propaganda verbreitete Mär Allgemeingut, Rußland sei das völlig unschuldige und arglose Opfer Napoleonischer Aggressionspolitik gewesen, sogar von einem «Überfall» geht die Rede. Doch die Fakten wissen es anders.

Der Zar glaubte die in Österreich 1809 siegreich gewesene französische Armee durch ihre Verluste geschwächt und weitgehend in Spanien gebunden, wo ihr die Engländer Niederlage auf Niederlage beibrachten. Zeit also, die politischen Verhältnisse im Sinne Rußlands zu korrigieren. Im Januar 1810 begann der Zar mit einer großangelegten Modernisierung und Aufrüstung seiner Armee. Das Konzept Alexanders war freilich etwas weltfremd. Er wollte an seiner Westgrenze 300 000 Soldaten zusammenziehen (die es allerdings nur auf dem Papier gab) und setzte auf eine erneute Militärallianz mit Preußen nach diesem Aufmarsch. Auch Österreich sollte dann mit von der Partie sein, obwohl ihm Wien bei seinen Sondierungen eher kühl begegnet war. In völliger Verkennung der polnischen Mentalität glaubte der Zar allen Ernstes, ganz Polen – von dem ein Teil jetzt «Herzogtum Warschau» hieß – würde sich im Konfliktfall einmütig an Rußlands Seite stellen. Im Zuge der Neuordnung Norddeutschlands hatte Napoleon auch das Herzogtum Oldenburg annektiert, dessen Herzog Peter Friedrich Ludwig ein Verwandter Alexanders war, und als Entschädigung dem Herzog das einst kurmainzische Erfurt angeboten, was der aber ausschlug. Oldenburgs Unverletzlichkeit war in Tilsit garantiert worden, und der Zar sah sich brüskiert.

Schweden, völlig abhängig vom Handel mit England und dessen Wohlwollen, versprach dem Zaren im Kriegsfall Neutralität, obwohl der ihm gerade Finnland abgenommen hatte. Doch in Stockholm regierte jetzt Jean-Baptiste Bernadotte, Napoleons Intimfeind, den sich die Schweden 1810 vom Kaiser als Thronfolger erbeten hatten. Schließlich gab es noch den Krieg mit der Türkei, der Alexander nun großzügige Friedensangebote machte, um seine im Süden gebundenen Divisionen für die Westgrenze freizubekommen. Sultan Mahmud II. zeigte sich geneigt, denn sein Volk wollte Frieden, und die Staatskasse war leer.

Napoleon blieben diese Vorgänge nicht unbekannt. Nun kam noch eine vom 8. April 1812 datierte Note Alexanders, die einem Ultimatum gleichkam: Verhandlungen mit Frankreich nur, wenn dessen Truppen Preußen und Schwedisch-Pommern räumten, wobei aber der Ukas des Zaren vom 31. Dezember 1810, mit dem Rußland seine Häfen den britischen Waren öffnete, nicht verhandelbar sei.

Hatte Napoleon zuerst noch an eine Armee von 400 000 Soldaten gedacht, die gegen Rußland marschieren sollten, so standen im Mai 1812 tatsächlich 650 000 einschließlich aller Reserve-Einheiten bereit. Der Krieg war damit in den Augen beider Herrscher unvermeidbar geworden. Für Napoleon würde es ein Zweifrontenkrieg werden, denn weitere 200 000 Soldaten kämpften in Spanien. Bedenken wischte der Kaiser, der das Ausmaß der spanischen «Affäre», wie er es nannte, immer noch nicht sehen wollte, beiseite: Der Feldzug gegen Rußland werde ein Blitzkrieg von fünf Wochen sein, dann hätte man die russische Armee vernichtet und den Zaren zum Frieden bereit; an einen Marsch auf Moskau war nicht gedacht, weil man ihn gar nicht brauchte.

Aber da war ein riesiges Hinterland, das man nur wenig geschützt zurückließ, sobald man die russische Grenze überschritten hätte. Wie würden sich Preußen und Österreich verhalten? Nachdem Preußen fristgerecht seine Reparationen bezahlt hatte, waren auch die französischen Besatzungstruppen 1809 abgezogen worden, ausgenommen nur jene Festungen, die sich Napoleon schon in Tilsit als Pfand ausbedungen hatte: Stettin, Küstrin, Glogau und Danzig. Napoleon hatte um Alexanders willen im Juli 1807 Preußen, wie er jetzt fand, viel zu milde behandelt: «Wie konnte ich diesem Mann (*Friedrich Wilhelm III.*) nur so viel Land übriglassen?» Sein Geheimdienst meldete ihm aus Preußen eine wachsende franzosenfeindliche Gesinnung und Verschwörungspläne einer sich «Tugendbund» nennenden Geheimgesellschaft. Daß dieser «Tugendbund» ohne Macht und Einfluß war und sich nur selber sehr bedeutend vorkam, hatte man dem Kaiser nicht gesagt. Spanische Zeitungen berichteten, Frankreich beabsichtige die Aufteilung Preußens, was man in Berlin mit wachsender Sorge las. Staatskanzler Hardenberg reiste im Mai 1811 nach Paris, um Napoleon ein Bündnis anzubieten. Mit seiner Antwort ließ sich der Kaiser so lange Zeit, daß Preußen nervös wurde und mit großer Diskretion beim Zaren wegen möglicher Hilfe anfragte. Auch England versprach in aller Stille finanzielle Unterstützung für den Fall aller Fälle.

Doch es kam anders: Im Oktober 1811 verlangte Napoleon eine Offensiv- und Defensivallianz von Preußen, die am 24. Februar 1812 unterzeichnet wurde. Preußen verpflichtete sich, für den kommenden Krieg 20 000 Soldaten und 60 Geschütze gegen Rußland zu stellen. Sein Territorium wurde Auf- und Durchmarschgebiet der Franzosen. Der preußische König, ohnehin von der Unbesiegbarkeit Napoleons überzeugt, hatte inzwischen auch aus Wien erfahren, man werde sich den französischen Wünschen fügen. Clemens von Metternich, Österreichs Botschafter in Paris, mißtraute dem Zaren, den er für unzuverlässig hielt, vor allem aber winkte Napoleon mit einem schier unwiderstehlichen Köder: Man könne doch Schlesien, das Österreich definitiv 1763 nach drei verlorenen Kriegen an

Preußen hatte abtreten müssen, Österreich zurückgeben? Am 14. März 1812 wurde der französisch-österreichische Allianzvertrag in Paris unterzeichnet, wonach Österreich 30000 Soldaten zur Verfügung stellte, deren Oberbefehl aber nicht – wie beim preußischen Hilfskorps – ein französischer Marschall, sondern der österreichische General Schwarzenberg übernehmen würde.

Und das Volk, die «Deutschen mit ihren transzendentalen Ideen», war von ihm etwas zu befürchten? Darüber machte sich Napoleon überhaupt keine Sorgen: «Urteilen Sie doch selbst», schrieb er am 2. Dezember 1811 an seinen Marschall Davout, Generalgouverneur in Hamburg, «was zu befürchten ist von einem so braven, so vernünftigen, so kalten, so geduldigen Volk, das von jeder Ausschreitung so weit entfernt ist, daß kein einziger Mann während des Krieges in Deutschland ermordet wurde … Wenn eine Bewegung in Deutschland ausbrechen sollte, dann wird sie am Ende für uns und gegen die kleinen Fürsten gehen.»

In Napoleons Augen bereitete das größte Problem des kommenden Krieges die Logistik. Überall entstanden riesige Vorratslager im Osten für Lebensmittel, Kleidung, Schuhwerk, Waffen, Munition. Die in Italien, Deutschland und Österreich praktizierte Ernährung der Armee aus den besetzten Gebieten würde in Rußland nicht möglich sein, das wußte Napoleon. Also folgten der Armee gewaltige Wagenkolonnen mit Mehl, Reis und Zwieback. Diesen Kolonnen zogen Tausende von Schlachtochsen hinterher, die das Frischfleisch liefern sollten. Allein in die Danziger Depots wurden 300000 Zentner Mehl und zwei Millionen Portionen Zwieback eingelagert. Das ganze Herzogtum Warschau verwandelte sich in ein ungeheures Vorratslager. Um die mehr als 150000 mitgeführten Pferde mit Grünfutter ernähren zu können, wurde schon 1811 der Kriegsbeginn auf den Juni festgelegt. Nachschub sollte auch auf großen Lastkähnen über die Flüsse transportiert werden. Um diese unverzüglich überqueren zu können, führte jedes Armeekorps Pontons, Werkzeug und Pioniere mit sich.

Die *Grande Armée*, wie sie genannt wurde, die in den ersten Morgenstunden des 24. Juni 1812 in 12 Korps (mit der Kaisergarde 13) die russische Grenze überschritt, bestand aus einem bisher nie gesehenen Völkergemisch. Von den anfangs 556 000 Soldaten (spätere Reserven nicht eingerechnet) waren nur 241 000 Franzosen, jedoch 149 000 Deutsche, und die übrigen bestanden aus Polen, Österreichern, Italienern, Dänen, Neapolitanern, Schweizern, Portugiesen, Spaniern, Kroaten, Illyrern und Dalmatinern (die letzten drei waren Truppen der sogenannten Illyrischen Provinzen).

Überraschend war, mit welcher Begeisterung gerade die Deutschen in diesen Krieg zogen, der mit ihren Interessen wahrlich nichts zu tun hatte. So erinnerte sich der lippische Feldwebel Johann Friedrich Wilhelm Dornheim: «Die großartigen Züge eines Alexander, eines Hannibal, Julius Cäsar usw. waren unsere Vorbilder und begeisterten Offiziere und Soldaten. Wir hatten Rußland schon erobert, wir marschierten nach der Türkei, wir befanden uns in Griechenland, wir berührten schon im Geiste denselben Boden, wo die Helden und Staatsmänner der grauen Vorzeit einst gewandelt hatten; kurz, auch wir hofften teil an dem Ruhme zu nehmen, die siegreichen Adler Napoleons bis an das Ende der Welt aufgepflanzt zu haben.»

Es war die alles überwältigende Faszination durch Napoleon, der die Soldaten erlagen, wie Leutnant Graf von Wedel erzählt, der in der französischen Armee diente: «So entstand gerade aus dieser bunten Zusammensetzung des Heeres ein edler Wettstreit des Mutes und der Tapferkeit, und wie auch der einzelne über Napoleon sonst denken mochte, ob er ihn liebte oder haßte, so war doch wohl im ganzen Heere keiner, der ihn nicht für den größten und erfahrensten Feldherrn hielt und unbedingtes Vertrauen auf sein Talent und seine Kombinationen setzte. Wo sich der Kaiser zeigte, glaubte sich der Soldat des Sieges gewiß; wo er erschien, ertönte ein tausendstimmiges *Vive l'Empereur!* Der blendende Schein seiner Größe überwältigte auch mich und riß mich hin zu Bewunderung und Enthusiasmus, daß ich aus vollem Herzen, mit aller Kraft meiner Stimme, einstimmte in das *Vive l'Empereur!*»

Wie gutgläubig und leichtfertig viele junge deutsche Soldaten dem Genie Napoleons blindlings vertrauten, erzählt der württembergische Oberleutnant Karl von Suckow: «So erinnere ich mich, daß wir bei Anwesenheit unseres Brigadegenerals von Hügel zum Behufe der Musterung des Bataillons diesem Vorgesetzten ein Festdiner im Goldenen Hirsch veranstalteten. Was war natürlicher, als daß sich dabei die Unterhaltung größtenteils um unsere bevorstehende Aufgabe drehte! Der General warnte, sich doch ja keinen Illusionen hinzugeben und auf alle Eventualitäten männlich gefaßt zu sein. Ein junger Leutnant war jedoch anderer Meinung; er nahm die Sache sehr leicht und versicherte etwas vorlaut: ‹So einen russischen Feldzug mache ich ebenso leicht mit, wie ich ein Butterbrot esse!› Der General ward auf diese Äußerung sehr ernst und erwiderte: ‹Herr Leutnant, ich will Sie an dieses Butterbrot erinnern!›»

Der Feldzug stand vom ersten Tag an unter einem Unglücksstern. Die mit Lebensmitteln beladenen Transportschiffe blieben liegen, weil die Flüsse Niedrigwasser führten. Umgeladen auf Frachtwagen, erreichten sie die Truppe nicht oder viel zu spät, weil die Korps schon weiter als ursprünglich gedacht vorgerückt waren. Denn die Russen, mit nur 156 250 Soldaten viel zu schwach, um dem Angriff standzuhalten, zogen sich eiligst zurück und hinterließen überall verbrannte Erde. Zwar verfügten sie über 298 000 Soldaten Reserve, aber die gehörten entweder zur Donau-Armee, zum Finnländischen Korps oder zu den Festungsbesatzungen von Riga, Dünamünde und Dünaburg und waren erst später verfügbar.

Dieser permanente Rückzug der Russen zwang die *Grande Armée* zu unablässigen Gewaltmärschen, um sie zu stellen, und bei diesem raschen Vormarsch kam der Nachschub nicht mit. Die mitgeführten Schlachtochsen magerten ab, doch die meisten star-

Am Njemen. Lithographie von Christian Wilhelm von Faber du Faur, 1831. Der württembergische Artillerieoffizier Faber du Faur hat den Feldzug von 1812 bis zum letzten Tag mitgemacht, als Augenzeuge täglich gezeichnet und diese Blätter 1831 lithographiert. Hier zeigt er die Überquerung des Grenzflusses Njemen (Memel) durch die *Grande Armée* am 24. Juni 1812.

ben an Seuchen. Den Menschen erging es nicht besser. Die an solche Strapazen noch nicht gewöhnten Rekruten brachen zusammen, erkrankten und füllten die Lazarette; völlige Disziplinlosigkeit breitete sich aus. In erschreckendem Maße nahmen verzweifelte Soldaten sich das Leben. Epidemien brachen aus – vor allem die Ruhr – und reduzierten die Kampfkraft der Regimenter.

Die *Grande Armée* rückte fächerförmig vor. Im Zentrum marschierte – unter Napoleons persönlicher Führung – die Hauptarmee mit 362 000 Soldaten in Richtung Smolensk. Auf dem linken Flügel war das Ziel des 10. Korps (Franzosen und Preußen) die Festung Riga, während der rechte Flügel (Österreicher und Sachsen) zwischen Bialystok und Brest-Litowsk die südliche Flanke sicherte.

Vor der Hauptarmee mußten die weit unterlegenen Russen zurückweichen, aber gegen den linken und rechten Flügel, wo sie stark genug waren, leisteten sie so heftigen Widerstand, daß der Vormarsch bald zum Stillstand kam.

Die Begeisterung der ersten Tage war schnell verflogen. Auch

Napoleon dachte längst nicht mehr an die Möglichkeit eines Blitz-
kriegs von nur fünf Wochen Dauer. Die gedrückte Stimmung der
Soldaten spiegelt sich in einem Brief, den drei Württemberger gemeinsam an ihre Familien in Korb schrieben:

«Sämtlich vielgeliebte Eltern und Geschwisterich! Mit betrüb-
tem Herzen müssen wir Kinder Euch, liebe Eltern, berichten,
teils daß wir auf unsere vielen Schreiben keine Antwort erhalten
haben, teils auch, in was für einer Lage wir uns ungefähr schon
sechs Wochen befinden. Gesund sind wir Wagner, Hartmann und
Offtermatt, aber der Schnaitmann ist nicht in bestem Stand. Seine

Krankheit besteht meistens in Gemütsangelegenheiten, welche er sich aber nicht anmerken lassen will.

Hunger und Kummer haben wir sechs Wochen lang leiden müssen und dazu sehr viel marschieren, daß wir nicht glaubten, daß es möglich sein könnte, daß ein Mensch solche Strapazen ausstehen könnte. Wie wohl aber wird mancher Vater, manche Mutter zu der andern sagen: wie gerne wollte ich wissen, wie es meinem Kinde in der Entfernung ginge. Aber, ach Gott; wie viele Väter, wie viele Mütter werden vergeblich fragen, da schon so viele auf dem Marsch umgefallen und von keinem Menschen eine Hilfe zu erwarten gehabt haben, die teils vor Hunger und Kummer gestorben oder sogar von diesem rohen wilden Volk totgeschlagen worden sind.

Was uns an Lebensmitteln gebrochen hat, läßt sich von uns kaum ausdenken. Wenn wir denken können, unsere Eltern und Geschwisterich können im Frieden Gottes ihre Unterhaltung genießen, und wir müssen in der Entfernung mit abgemattetem Körper herumschweben … Vierzehn Tag haben wir bei unsrem Regiment keinen Bissen zu sehen bekommen … Wir hätten noch viel zu schreiben, aber es wird auch an dem zuviel sein. Wir sämtlichen Kameraden grüßen unsere Eltern und Geschwisterich, auch sonst nahe Freunde herzlich und verbleiben Eure in der Entfernung schwebende Söhne

Wagner, Hartmann und Offtermatt

Auch der Merz und Killinger lassen ihre lieben Eltern grüßen.»

Besser erging es dem Maler Albrecht Adam aus Nördlingen, der den Krieg als Zivilist und Zeichner im Gefolge von Eugène de Beauharnais mitmachte im Generalstab des 4. Armeekorps und seine Eindrücke am 11. Juli in einem Brief an seine Frau zusammenfaßt:

Der verwundete General Jean Rapp in der Schlacht bei Borodino. Gemälde von Albrecht Adam, 1826. Innerhalb von nur einer Stunde wurde Napoleons Adjutant Rapp von drei Streifschüssen und einer Kartätschenkugel an der linken Hüfte verwundet. Der Maler Adam war Augenzeuge.

«Ich fange an, den Mut sinken zu lassen, zwei volle Monate auf dem Marsche, und für was? Und durch welche Länder? Es macht mir Herzweh, daß ich die mir von Gott geschenkte Zeit so elend vergeuden muß. Krieg! Das ist ein entsetzliches Wort! Da gilt keine Rücksicht auf das Wohl oder Verderben ganzer Nationen, und wehe dem, welcher sich mit dieser Furie bekannt macht und noch ein Herz hat, das für die Menschen schlägt. Was ich seit vierzehn Tagen für Elend gesehen, ist unbeschreiblich; die meisten Häuser stehen leer und sind ohne Dach. Man hat in den Gegenden, welche wir durchzogen, meistens Strohdächer, und dieses alte Stroh diente den Pferden zur Nahrung. Die Wohnungen sind ruiniert oder ausgeplündert, die Bewohner entflohen oder so arm, daß sie sich kaum vor dem Hungertod retten können; viel mehr lassen ihnen die Soldaten nicht. Alle Straßen liegen voll toter Pferde, welche bei der jetzt eingetretenen Hitze weithin einen fürchterlichen Geruch verbreiten, und das Fallen der Pferde wird noch ärger. Das ist ein abscheulicher Krieg. Der Feldzug von 1809 scheint nur ein Spaziergang im Vergleich mit diesem; wenn es so fortgeht, weiß ich nicht, wie es enden soll. Trotz des elenden Lebens und des beschwerlichen Umherziehens, habe ich doch schon manches gezeichnet, was für mich großen Wert hat, aber diese Zeichnungen kommen teuer genug zu stehen. Und der Erfolg dieses Krieges muß außerordentlich vorteilhaft sein, wenn ein Maler für alle seine Opfer entschädigt werden soll. Dieses Herumziehen in elenden Gegenden und das damit verbundene Vergeuden der goldenen Zeit wird mir nachgerade unerträglich, und ich kann es nicht verbergen, daß ich mich auf die erste Schlacht freue. Lieber will ich die Kugeln pfeifen hören, als noch lange dieses trostlose Leben führen. Die Soldaten lechzen nach dem Kampfe, er wird heiß werden, wenn anders die Russen standhalten! Sollte es ihnen aber belieben, uns noch lange Zeit auf ihrem geräumigen Territorium die amüsanten Promenaden machen zu lassen, so kann die Armee hübsch matt und müde werden, bis es zu einem entscheidenden Schlage kommt oder einem glorreichen Einzug in die Hauptstadt, was doch unser Ziel ist.»

Das massenhafte Sterben der Pferde, von dem Adam schreibt, schuf zusätzliche Probleme. Das Wetter war in den ersten Feldzugswochen sehr wechselhaft gewesen. Tagelange schwere Regengüsse hatten in den ersten zwei Wochen die Soldaten völlig durchnäßt und die Wege aufgeweicht, dann folgten Hitze- und Dürreperioden und sehr kalte Nächte. An die Pferde, die wegen des pausenlosen Vormarsches schwere Strapazen dulden mußten, wurde nasses Grünfutter, unreifes Getreide und immer wieder faules Dachstroh verfüttert, woran sie zu Tausenden krepierten. «Für die Pferde fand sich sehr selten Heu und Hafer», berichtet Heinrich von Roos, Arzt in einem württembergischen Kavallerie-Regiment, «und wenn es auch der Fall war, so konnten sie letzteren nicht mit den Zähnen zermalmen, weil das frische Gras und Kornfutter diese stumpf gemacht hatte. Eine solche Lebensweise konnte nicht lange ohne Folge bleiben, und schon da fingen Reiter und Pferde an, am Durchfall zu leiden. Erstere wurden dadurch bleich, matt und mager; letztere schleppten sich nur mühsam fort und wurden ebenfalls mager.»

Zu kleineren Gefechten mit den sich zurückziehenden Russen war es immer wieder gekommen, aber erst beim Kampf um Smolensk entwickelte sich am 17. und 18. August eine wirkliche Schlacht. Dann fiel die Stadt, ein einziges Flammenmeer, den Franzosen in die Hände, die hohe Verluste erlitten. Erbittert über den ständigen Rückzug seiner Armee, übertrug der Zar Ende August den Oberbefehl dem fast siebzigjährigen Fürsten Kutusow. Aber auch er, der sich am 7. September bei Borodino zur Schlacht stellte, wurde geschlagen; der Weg nach Moskau war frei, die Stadt am 14. September besetzt. Da die Russen sie aber anzündeten, fehlten der *Grande Armée* die Winterquartiere, und da sich der Zar weigerte, auf Napoleons Friedensofferten zu antworten, trat dieser nach nutzlosem Warten am 19. Oktober den Rückzug an. Von seinen 362 000 Soldaten waren – trotz noch hinzugekommener Reserven – nur etwas über 100 000 übriggeblieben; die meisten waren an Krankheiten zugrunde gegangen.

Der Oktober war anfangs noch recht milde gewesen, doch dann begann es zu schneien und die Temperaturen fielen immer tiefer. Regimentsarzt Heinrich von Roos:

An den Mauern von Smolensk den 18. August 1812, nachts 10 Uhr.
Lithographie von Christian Wilhelm Faber du Faur, 1831. Napoleon eroberte
das von den Russen angezündete Smolensk in einer zweitägigen Schlacht
unter hohen Verlusten.

«Am Abend, als die Kälte wieder zugenommen und es schon
dunkel geworden war, erreichten wir den Paß bei dem Dorfe So-
lowiewa über den Dnjepr, von dem man, in Beziehung seiner un-
günstigen Beschaffenheit zu unserem Übergang, schon im voraus
viel hatte reden hören.

Ehe man zu diesem Paß gelangt, gehen Straße und Fluß paral-
lel, links von beiden ist ein Wald, der wie jene mit Kanonen und
Bagagewagen vollgefüllt war. Zur Brücke gekommen, führt die
Straße, einen Winkel bildend, über das steile linke Ufer zur Brük-

ke rechts hinab; über dieselbe zum rechten Ufer und von da wieder steil hinauf, oben einen zweiten Winkel bildend, von dem aus die Straße fortgeht.

Dieser Umstand war es, der den Paß, zumal bei großem Frost und Glatteis, mit ermatteten und hungrigen Pferden, bei nicht scharfem und oft ganz fehlendem Hufbeschlag, zum Übergang mit Kanonen und Armeefuhren so höchst beschwerlich machte. Es quälten sich Menschen und Tiere fruchtlos; nur mit vieler Anstrengung hatte man einige Kanonen hinübergebracht. Oben an der Straße, am rechten Ufer stand der Marschall Ney mit einer kleinen Umgebung in voller Uniform, ohne Mantel, und rief unsern Generalen in elsässischer Mundart zu: ‹Meine Herren, dies ist keine Retirade, sondern eine Flucht, wie ich nie eine gesehen habe!›

Kaum waren wir eine Viertelstunde von da entfernt, als wir Lärm vernahmen und Flüchtlinge ankommen sahen. Die Kosaken hatten die Unsrigen am linken Ufer vor der Brücke überfallen, die Kanonen und Bagage genommen und unter die Menschen eine solche Unordnung gebracht, daß alle die steilen Ufer und die Brücke zugleich passieren wollten und viele verunglückten. (…)

Auf diesen Übergang folgte eine noch grauenvollere Nacht, jedoch weniger für mich, denn ich fand mit unseren Generalen eine wenn auch höchst notdürftige Unterkunft, etwas Nahrung für mich und Futter für mein Pferd. (…)

Nachdem man nun einige Stunden geschlafen hatte, graute der Tag. Der General von Kerner ging ins Freie hinaus und kam nach einer langen Weile in einer Gemütsstimmung zurück, als ob er eine große Angst überstanden hätte. Endlich sprach er die Worte: ‹Nun habe ich das Schrecklichste in meinem Leben gesehen. Draußen auf der Ebene liegen unsere Leute, wie sie sich abends um die Feuer gelagert haben, erstarrt, erfroren und tot umher.›»

Dieses Bild hat sich der Nachwelt am tiefsten eingeprägt: unendlich sich dehnende Schneewüsten mit Tausenden erfrorer Soldaten an erloschenen Biwakfeuern. Doch obwohl die Verluste durch die Kälte, denen die unterernährten und unzureichend gekleideten Menschen nichts entgegenzusetzen hatten, zweifellos hoch gewesen sind: die meisten Soldaten starben an Krankheiten,

Die Brücke über die Kolotscha bei Borodino den 12. September 1812. Lithographie von Christian Wilhelm Faber du Faur, 1831. Die Brücke war während der Schlacht am 7. September besonders umkämpft gewesen, ehe sie die Franzosen eroberten. Im Vordergrund französische Gefallene.

vor allem an Ruhr und Typhus, später, in den großen Lazaretten, auch an Fleckfieber.

Die geringsten Verluste durch die Kälte hatten der rechte und der linke Flügel. Da hier der russische Widerstand sich schon in den ersten Wochen erheblich verstärkt hatte, blieb der Vormarsch stecken. Das 10. Armeekorps (Marschall Macdonald) kam über das erfolgreich verteidigte Riga nie hinaus; das 2., 3. und 6. Armeekorps konnte die Düna nicht überqueren, und die Österreicher und Sachsen verharrten schon bald eher defensiv als offensiv in der Region um Slonim. Dadurch aber blieben die Nachschubwege kürzer, und die Divisionen gewannen Zeit, sich rechtzeitig auf den Winter vorzubereiten. Oberst Marcellin de Marbot vom 2. Armeekorps, Kommandeur eines Kavallerie-Regiments, befahl seinen Männern schon beizeiten, sich mit Schafspelzen zu versehen. Seine Einheit hatte keine Ausfälle durch die Kälte.

Vom 26. bis 29. November überquerte Napoleon mit der Hauptarmee – sie zählte jetzt nur noch 50 000 Soldaten – die Beresina. Die aus dem Süden heranmarschierende Armee des Admirals Tschitschagow (38 000 Soldaten), die dank des Friedens mit der Türkei freigeworden war, wollte Napoleon noch vor dem Erreichen des Flusses den Weg abschneiden. Aber es gelang den Resten des von der Düna abkommandierten 2. und 6. Armeekorps, die nur noch 12 000 Soldaten zählten, Tschitschagows Avantgarde zurückzuschlagen. Vor allem aber gelang es Napoleon, die Russen gründlich zu täuschen: Er lenkte durch ein Scheinmanöver die Aufmerksamkeit Tschitschagows auf Borissow, während zwei Brücken bei Studianka gebaut wurden, die auch die von Norden heranrückenden Truppen des Generals Wittgenstein noch nicht entdeckt hatten. Tschitschagow, der Napoleon bereits eingekesselt wähnte, entdeckte die Täuschung zu spät. Gegen Wittgensteins Übermacht opferte sich das 9. Armeekorps des Marschalls Victor mit den ihm noch verbliebenen 6000 badischen, bergischen, hessischen, sächsischen und polnischen Soldaten, zu denen noch die

Überlebenden von vier Schweizer Infanterie-Regimentern vom 2. Korps gestoßen waren. Besonders die Schweizer kämpften mit größter Ausdauer und Tapferkeit und wurden nahezu aufgerieben. Sieben Stunden lang gelang es Victor, die unablässigen Angriffe des weit überlegenen Gegners abzuwehren, ehe er in der Frühe des 29. November mit wenigen Überlebenden selber die Beresina überquerte und die Brücken hinter sich verbrannte. Allein diese Überquerung des durch Tauwetter reißend gewordenen, mit Eisschollen bedeckten Flusses unter feindlichem Beschuß hatte Napoleons Armee etwa 17 000 Tote und Verwundete und 13 000 Gefangene gekostet.

Danach lösten sich die Einheiten der *Grande Armée* nahezu auf. In Kowno (Kaunas), der russischen Grenzstadt am Njemen (Memel), fanden sie etwa 500 Infanteristen des Fürstentums Lippe vor, die aus Danzig gekommen waren, im Gegensatz zu den zerlumpten, dem Tode nahe Rückzüglern proper uniformierte und guternährte Soldaten. Von ihnen sicherten nun 200 den Rückmarsch französischer Einheiten über den Njemen: «Ein größerer Respekt, als unsern zweihundert Bajonetten bei Passierung der Brücke von den Franzosen zuteil wurde, mochte in den Tagen des Glücks wohl keinem ganzen Armeekorps erzeigt sein. Von uns hofften sie Schutz und Rettung. Alles machte uns ehrerbietig Platz, soviel es der enge Raum und das ungeheure Gedränge nur irgend gestattete; die völlig desarmierten Franzosen traten geduldig zur Seite», berichtet der lippische Feldwebel Dornheim.

Am Wilnaer Tor Kownos befand sich eine Verschanzung, die von etwa 150 lippischen Grenadieren unter ihrem Hauptmann Christian Jakob Barckhausen besetzt worden war. Diesen wenigen Soldaten gelang es, die nachdrängenden Russen vom Tagesanbruch bis um 14 Uhr trotz wiederholter Angriffe so lange abzuwehren, bis die letzten französischen Truppen den Njemen überquert und sich in Sicherheit gebracht hatten. Als dann Kosaken leichte Geschütze auf Schlitten heranführten und die Schanze von drei Seiten beschossen, zerschmetterte eine Kartätsche dem Hauptmann Barckhausen die Beine. Daraufhin befahl der Schwerverwundete seinen Grenadieren den Rückzug und erschoß sich mit seiner Pistole. So endete am 13. Dezember 1812 am Wilnaer Tor in Kowno mit dem Tod des erst 25 Jahre alten lippischen Offiziers der Krieg auf russischem Boden im Nordabschnitt. Soldaten des kleinsten deutschen Fürstentums hatten durch ihr Opfer den Rest von Napoleons *Grande Armée* vor der Vernichtung bewahrt.

Wie in Spanien so wurde auch der Krieg in Rußland mit unerhörter Grausamkeit geführt. Die russischen Partisanen, die Bauern, aber auch das reguläre Militär folterten ihre Gefangenen zu Tode, wie der englische General Sir Robert Wilson berichtet, der sich als Verbindungsoffizier im russischen Hauptquartier während des Feldzugs aufhielt und entsetzliche Greuel als Augenzeuge erlebte. Sie sollen hier nicht dargestellt werden, wohl aber die wunderbare Errettung eines jungen Deutschen vor dem ihm zugedachten Tod.

Carl Schehl aus Krefeld war noch nicht ganz 15 Jahre alt, als er aus lauter Begeisterung für die schöne Uniform Trompeter im 2. französischen Carabinier-Regiment wurde und somit als einer der jüngsten Soldaten der *Grande Armée* den Rußlandfeldzug mitmachte und an der Schlacht von Borodino teilnahm. Auf dem Rückzug geriet er Ende Oktober in die Gefangenschaft von Kosaken. Zuerst einmal wurde er gründlich ausgeplündert:

«Während dieser verschiedenen Operationen stand ich in unmittelbarem Gewande, barhaupt und barfuß auf dem Exekutionsplatze und fror wie ein Schneider, da ich es nicht wagen durfte, mich den indessen angezündeten Lagerfeuern zu nähern.

Inzwischen fiel es einem Kosaken ein, an meiner doch gewiß höchst einfachen Toilette dennoch etwas zu ändern. Er besah sich nämlich mein letztes Gewand, das, wenn auch nicht sehr weiß, doch noch vollständig gut erhalten war. Dasselbe schien seinen Beifall zu finden, und sofort entledigte er sich des seinigen, in welchem, trotz der vielen Löcher, eine bedeutende Menge unangenehmer Insassen hauste, und bot mir einen Tausch an, den ich in meinen Verhältnissen nicht ablehnen konnte.

Das Kosakengewand schien mir ein wahrer Zaubermantel zu sein, denn sobald ich es angelegt hatte, verschwand all mein bißchen Mut, das ich mir bisher noch so ziemlich bewahrt hatte.

Ich besaß also keinen Faden mehr, der früher mein gewesen war. – Mein Tagebuch und meine Regimentspapiere hatten die Barbaren zerrissen und verbrannt.

Da, auf einmal, entdeckten die Feinde, welche noch immer mit ihrer Beute beschäftigt waren, in einer der vier inwendigen Taschen meiner Schafpelz-Schabracke eine B-Klarinette, die ich bei unserer früheren Harmonie-Musik geblasen hatte. Spornstreichs kamen einige zu mir gerannt und forderten mich durch lebhafte Pantomimen auf, ihnen etwas vorzuspielen.

Das Instrument hatte ich seit unserm Kantonement in Kienitz, also seit beinahe sieben Monaten, nicht in den Händen gehabt, es war demnach sehr vertrocknet, und ich mußte alle nur erdenklichen Hilfsmittel anwenden, um dem dürren Holze endlich nur einige Töne zu entlocken. In meiner trüben Stimmung versuchte ich das bekannte Lied ‹O du lieber Augustin, alles ist hin …› in einem sehr langsamen, äußerst melancholischen Tempo zu blasen, da ich hoffen durfte, daß mein verkommenes Instrument mir die wenigen Töne, welche der liebe Augustin in Anspruch nimmt, wohl nicht versagen würde.

Und siehe da, mein Versuch gelang vollständig. – Ich trug den Kosaken, in meinem oben beschriebenen Kostüm, meine Romanze vor, ohne einen einzigen von den beim Anblasen vertrockneter Klarinetten mitunter vorkommenden Gänsegurgel-Tönen einfließen zu lassen; und diese einzige Solopartie, die ich, außer vor den Junggesellen in Vorst und später auf einem Dorfe bei Berlin, jemals vor versammeltem Publikum ausgeführt habe – – – rettete mir das Leben – – wie dies der geneigte Leser sogleich erfahren soll.

Die gemeinen Russen lieben nämlich eine melancholische Musik weit mehr als eine heitere – was ich übrigens erst später erfuhr – darum hatte denn auch meine geringe Kunst und die trübselige Weise, in welcher ich an jenem, für mich so verhängnisvollen Tage, meinen ‹lieben Augustin› vortrug, mir die Steppensöhne, in deren Gewalt ich geraten war, plötzlich geneigt gemacht.

Zuerst kam einer und brachte mir ein altes, grauleinenes Beinkleid; ein anderer schenkte mir ein Paar grauwollene Lappen und ein Paar Bastschuhe, welche, mir durchaus fremde Bekleidungs-Gegenstände, er mir kunstgerecht anlegen half. Die wollenen Lappen werden nämlich um die Füße und über das Beinkleid um die Beine bis unter das Knie gewickelt und dann die Bastschuhe angezogen, von welchen jeder mit zwei starken hänfenen Kordeln versehen ist, die vollständig ausreichen, um Füße und Beine, bis an die Knie, über Kreuz einzuschnüren. Meine unteren Extremitäten bekamen durch diese zweckmäßige Bekleidung zwar viele Ähnlichkeit mit denen eines Bären, aber ich empfand sofort eine angenehme Wärme in denselben und faßte wieder ein wenig Mut. Zum schuldigen Dank für diese unschätzbaren Wohltaten, ergriff ich auch aus freien Stücken meine Klarinette und gab meinen neuen Gönnern ‹Guter Mond, du gehst so stille …› als zweite Nummer meiner künstlerischen Leistungen zum besten, welches schwierige Musikstück ebenfalls mit vielem Gefühl und ganz tadelfrei von mir ausgeführt wurde.

Hatte der ‹liebe Augustin› mir schon soviele Freunde erworben, so wurde deren Zahl durch den ‹guten Mond› mindestens verdoppelt, denn gleich, nachdem meine zweite Nummer beendigt war, trat ein alter Graubart an mich heran und beschenkte mich – o unaussprechliches Glück – mit einem Schafpelzrock!

Besagter Rock zeigte zwar auch einige großartige Spuren der Vergänglichkeit und war überdies noch bedeutender bevölkert als mein eingetauschtes unmittelbares Gewand, indessen erwärmte er meinen gänzlich durchkälteten Oberkörper, und das war in meiner Lage vollkommen genügend. Es fehlte mir jetzt nur noch ein Gürtel zum Zusammenhalten des Rockes und eine Kopfbedeckung. Den Gürtel erhielt ich in einem alten Halfterstrick und als Kopfbedeckung stülpte ich meinen Helm auf, welcher auf der Erde lag, dem die Kosaken mit ihren Stiefelabsätzen mehrere Beulen beigebracht und von dem sie die blaue Raupe, meinen Stolz und meine Freude, abgerissen hatten. Meine Figur muß in diesem Anzuge viele Ähnlichkeit mit einem römischen Proletarier gehabt haben.

Die Zuhörer fuhren mit ihren Gunstbezeugungen fort. Zuerst erlaubten sie mir, mich zu ihnen an das Feuer zu setzen, dann gaben sie mir sogar einige Stücke von ihrem Kommißzwieback und einen Schinkenknochen, an dem zwar nicht mehr viel abzunagen war, den ich aber mit meinen guten Zähnen gleich dem besten Hunde bearbeitete.»

Bei Minusgraden von 15 Grad wurden von diesem Kosakenpulk noch weitere etwa 700 Gefangene eingebracht, ausgezogen und zumeist barfuß durch den Schnee getrieben, was kaum einer überlebte. Carl Schehl hatte das Glück, zu jener sehr geringen Minderheit zu gehören, die als Kriegsgefangene in Rußland überlebten. Man brachte ihn auf ein Gut im Baltikum, wo er als Reitknecht und Kutscher arbeitete. Seine Heimat sah er erst im Spätsommer 1815 wieder.

Neuntes Kapitel

Von Leipzig nach St. Helena
Das Ende der Okkupation

Im Frühsommer 1812 war eine der prächtigsten Armeen, die man je gesehen, nach Rußland ausmarschiert; jetzt, nur ein halbes Jahr später, kam ein jämmerlicher Elendszug zurück. Die 22 Jahre alte Philippine von Griesheim (deren Schwester Wilhelmine sechs Jahre zuvor Henri Beyle in Braunschweig den Hof gemacht hatte) schreibt am 2. Januar 1813 aus Köthen an eine Freundin:

«Täglich erneuern sich die Unglücksscenen vor unseren Augen, und zerreißen die Herzen der Mitfühlenden, – – – Krüppel ohne Arme und Beine, Kranke, die sterbend vom Wagen getragen werden, Wahnsinnige erfüllen die Luft von Wehklagen und Fluchen. Soldaten in den verschiedensten Uniformen, aus allen Ländern, verwünschen ihre traurige Existenz. Der große Heldengeist durchglüht nicht mehr die Gemüther. Die rauhe bittere Kälte hat Ruhm und Uebermuth das Grab bereitet! – – Wir sind nicht allein Augenzeugen dieser Jammergestalten, die feindliche Kugeln und der Frost verkrüppelt, sondern hören noch die schauderhaftesten Erzählungen von der greßlichen Zerrüttung, die unter dem Heer herrschte. Um ein Stück verrecktes Pferdefleisch haben sich oft 6 Menschen todtgeschlagen und der Sieger, zu kraftlos das Erbeutete zu zermalmen, ist dann selbst ein Raub des Hungers geworden.»

Im Alter erinnerte sich der Maler Ludwig Richter jener Eindrük-
ke, die sich ihm als Neunjährigen tief eingeprägt hatten:

«Im Anfange des Jahres 1813 sah ich eines Tages bei wildem
Schneegestöber über die Elbbrücke einen Zug wankender Gestalten kommen, die mich sehr frappierten. Die armen, sonderbar ver-
mummten Menschen waren Franzosen, die aus Rußland zurückkehrten. Reiter, aber zu Fuß in Pferdedecken gehüllt, auf Stöcke
sich stützend, schlichen gebückt und matt einher. Andere hatten
Weiberpelzmützen auf dem Kopfe. Lumpen oder über die schäbi-
gen Uniformen gezogene geraubte Bauernkittel sollten sie vor der
schneidenden Kälte schützen. (...) Diese bejammernswerten Reste
der großen Armee gaben Bild und Zeugnis des unbeschreiblichen
Elends, welches sie ausgestanden und dem Hunderttausende qual-
voll erlegen waren. Man sah ein Gottesgericht in diesen großen Er-
eignissen, und der Eindruck davon war ein tiefer und gewaltiger.»

Der Anblick der Geschlagenen weckte nur selten Haß- und Ra-
chegefühle. Außer in Ostpreußen, wo die Bevölkerung vereinzelt
Nachzügler umbrachte, ist ihnen fast nichts geschehen, denn das
Mitleid überwog, auch wenn Pflege und Versorgung meist nur den
deutschen Heimkehrern zuteil wurden. Die vorherrschende Stimmung war Entsetzen, als man von Szenen bis dahin unvorstellba-
rer Brutalität, ja sogar von Kannibalismus erfuhr, und die erken-
nen ließen, wie wenig von Humanität und Zivilisation in extremer
Situation übrigblieb.

Aber natürlich schöpften jetzt auch viele Deutsche Hoffnung
auf ein Ende der Fremdherrschaft und die Befreiung durch die
russische Armee, die langsam westwärts marschierte. Die Russen
waren keine strahlenden Sieger, auch sie hatten schwer leiden
müssen. Schon in den ersten sechs Wochen des Krieges hatten sie
allein 36 000 Soldaten durch Krankheit und Desertion verloren
und bis zur Einnahme Moskaus weitere 70 000 in Gefechten und
Schlachten. Bei der Verfolgung der *Grande Armée* litten die Russen
unter der Kälte, der unzureichenden Verpflegung und den Strapa-

Soldaten des französischen 24. Linien-Infanterie-Regiments verlassen Frankfurt am Main. Der Abzug der Besatzungstruppen war zwar für die meisten Deutschen ein Grund zur Freude, doch so manche Frau trauerte den galanten Liebhabern nach, zum Verdruß ihrer Landsleute.

zen unausgesetzter Märsche kaum weniger als ihre Gegner, und ihre Verluste waren nicht geringer. So war es verständlich, wenn Generalissimus Kutusow keine Neigung zeigte, die russische Grenze zu überschreiten; die Heimat war befreit, das sollte genügen. Aber der Zar befahl ihm energisch die unablässige Verfolgung der Geschlagenen; er und seine deutschen Berater Stein und Scharnhorst wußten, es würde ohne die russische Armee niemals einen Aufstand der Deutschen geben.

Schon die Nachricht vom eigenmächtigen Handeln des Generals Yorck löste in Preußen ungläubiges Staunen aus. Yorck kommandierte innerhalb des 10. Armeekorps (Marschall Macdonald) 20 000 Soldaten des preußischen Hilfskorps, das Friedrich Wilhelm III. Napoleon stellen mußte und das bisher nur sehr geringe Verluste gehabt hatte. Nahe der preußischen Grenze entschloß sich Yorck, von Macdonald getrennt, zu einer Übereinkunft mit den Russen, einander nicht anzugreifen. «Ein Verrat, wie er in der Geschichte ohne Beispiel dasteht», tobte Macdonald, als er die Nachricht bekam. Yorck stellte es seinem König so dar, als sei er von überlegenen russischen Kräften eingekreist worden und Widerstand zwecklos gewesen; tatsächlich aber wäre ein Durchbruch zu Macdonald ohne weiteres möglich gewesen, zumal die Russen anfangs zur Einschließung zu schwach waren. Aber Yorck wollte seine Soldaten nicht im Kampf gegen einen Gegner opfern, der schon morgen sein Verbündeter sein würde, und dann mußte Preußen über einsatzfähige Truppen verfügen. Friedrich Wilhelm III. geriet außer sich vor Zorn, als ihn Yorck über die abgeschlossene «Konvention von Tauroggen» informierte: «Da möchte einen ja der Schlag treffen!» Offener Ungehorsam eines Generals, der eigenmächtig mit dem Gegner eine Konvention zum Schutz seiner Truppen abschloß – das hatte es in Preußen noch nie gegeben und auch sonst nicht in Deutschland, und der König fürchtete Napoleons Rache.

Aber der hatte jetzt anderes zu tun. Am 5. Dezember hatte er in Smorgon die Armee heimlich verlassen und war, nur von fünf Vertrauten begleitet, in zwei Schlitten bis nach Paris gefahren, wo er am 18. Dezember eintraf und sofort mit der Reorganisation seiner Armee begann. Im 29. Bulletin der *Grande Armée*, dessen Wortlaut die deutschen Zeitungen ihren Lesern zwischen Weihnachten und Neujahr mitteilten, räumte der Kaiser unumwunden die völlige Vernichtung seiner Rußlandarmee ein und behauptete, sie sei einzig dem Winter und dem Frost zum Opfer gefallen.

Eine neue Armee: das bedeutete auch für Deutschland neue Aushebungen, die verhaßten Konskriptionen. Zunächst verliefen die Musterungen in den Wehrbezirken (Kantonen) ohne Zwischenfälle, doch am 25. Januar weigerten sich die Konskribierten des Kantons Ronsdorf im Großherzogtum Berg, zu ihren Sammelplätzen abzumarschieren. Statt sofort die Befehle unter Androhung von Gewalt durchzusetzen, zog sich der zuständige Unterpräfekt ängstlich zurück. Sogleich verweigerten sich am nächsten Tag die Konskribierten des Kantons Solingen, die von denen in Ronsdorf unterstützt wurden; die Kantone Waldbröl und Gummersbach folgten. Obwohl ausreichend Gendarmerie und Militär zur Verfügung standen, kuschten die Unterpräfekten, was sich herumsprach; Widerstand war also möglich. Die Gemusterten bewaffneten sich mit Knüppeln; Deserteure, arbeitslose Fabrikarbeiter sowie Salz- und Tabakschmuggler schlossen sich an und organisierten sich in Gruppen, die 50 bis 500 Mann stark waren. Sie verwüsteten, von Ort zu Ort ziehend, Gemeindeverwaltungen und Kasernen der Gendarmerie, deren Waffen sie erbeuteten, und plünderten zuweilen auch die Häuser der Wohlhabenden. Man nannte die buntscheckigen Banden «Knüppelrussen», was damit zu tun hatte, daß man die russische Armee bereits an den Grenze des Großherzogtums wähnte.

Statt mit Militär entschlossen durchzugreifen, schickte der in Düsseldorf residierende Kaiserliche Kommissar Beugnot voller Angst einen Staatsrat nach Paris, der dem Kaiser von einem allgemeinen Volksaufstand sprach. Napoleon fürchtete in diesen Wochen nichts mehr als das und entsandte sofort den General Lemarrois als Vollstrecker seines Zorns nach Düsseldorf, und der Aufstand, ohne einheitliche Führung und Organisation, brach in wenigen Tagen fast kampflos zusammen. Von den Gefangenen wurden acht sofort von Militärtribunalen standrechtlich erschossen, mehrere waren bei ihrer Festnahme zu Tode mißhandelt worden, und wer nicht inhaftiert wurde, den steckte man zwangsweise ins Militär, obwohl ein großer Teil überhaupt nicht zu den gemusterten Konskribierten gehörte.

Zum Aufruhr kam es auch in Hamburg. Zwischen dem – dänischen – Altona und dem – nun französischen – Hamburg herrschte ein lebhafter Schmuggel, an dem sich nahezu die ganze Bevölkerung beteiligte. In Zusammenarbeit mit dem dänischen Zoll errichten die französischen Zöllner neue Zollschranken, so daß innerhalb von 500 Metern fünf Kontrollposten zu passieren und hohe Abgaben auf die gefundenen illegalen Waren zu zahlen waren. In Hamburg schwirrten die Gerüchte. Kosaken seien schon bis Perleberg vorgedrungen, schwedische Truppen gelandet, in Rostock und Warnemünde Aufstände ausgebrochen. Und da seit einiger Zeit immer mehr französische Familien Hamburg verließen, keimte auch die Hoffnung, die Franzosen möchten die Stadt ganz räumen.

In dieser aufgeheizten Stimmung kam es am Morgen des 24. Februar plötzlich zu Tumulten im Hafen und am Millerntor (dem Übergang von Hamburg nach Altona): Ein von Zollbeamten begleiteter Wagen mit beschlagnahmtem Schmuggelgut wurde von der Menge geplündert, die Zöllner am Tor mit einem Steinhagel bedacht, alle Wachgebäude (mit Ausnahme des militärischen) demoliert, im Hafen kam es zu Kämpfen, Polizeikommissar Nohr, besonders verhaßt, wurde fast gelyncht. General Carra St. Cyr, Gouverneur Hamburgs, der über eine zu schwache Besatzung verfügte, um mit einem größeren Tumult fertig zu werden, bat den dänischen Stadtkommandanten von Altona um Hilfe, der 200 Husaren schickte, was den Aufruhr dämpfte, zumal sich nun auch französisches Militär und Gendarmerie sammelten und vier Kanonen in Stellung brachten.

Vor allem aber sorgte eine augenblicklich aufgestellte Bürgerwache, gebildet aus Senatoren, Kaufleuten und «Honoratiores aller Art», die um ihren Besitz bangten, für Ruhe. «Die Zielrichtung dieser Maßnahme» war «nicht gegen die französischen Machthaber, sondern gegen einen Großteil der eigenen Bevölkerung gerichtet, dessen Verhalten von den bessergestellten bürgerlichen

Familien in Hamburg als Bedrohung empfunden wurde» (Burghart Schmidt), denn es handelte sich um einen Aufstand der Unterschichten. Nach dessen Niederschlagung wurden sieben Festgenommene von den Franzosen standrechtlich erschossen. Wie viele Tote unter Zöllnern und Gendarmen zu beklagen waren, hat sich nie ermitteln lassen; es sollen zwei, nach anderen Berichten vier gewesen sein.

Lüneburg folgte am nächsten Tag dem Hamburger Beispiel mit Angriffen auf die verhaßten französischen Zöllner und die Verwaltungsgebäude; hier dauerten die Unruhen drei Tage, bis Gendarmerie und Militär die Lage wieder stabilisierten, ohne daß es Tote gegeben hatte.

Auch in Lehe (Bremerlehe) versuchte die Bevölkerung am 25. März einen Aufstand gegen die Franzosen. Hier hatten die Rebellen schon am 17. eine französische Küstenbatterie erobern können, weil die deutschen Kanoniere desertierten. Daraufhin schickte General Carra St. Cyr Truppen, die sich an der Weserbrücke ein zweistündiges Gefecht mit den Aufrührern lieferten und sie schlugen. Lehe wurde verwüstet und geplündert. Die gefangenen Einwohner mußten niederknien und *Vive l'Empereur!* rufen, was sie taten, weil sie damit ihr Leben zu retten hofften, sie wurden aber alle von den Franzosen erschossen. Der Aufstand von Lehe kostete 49 Bürger und Bauern und elf englische Soldaten das Leben; die Zahl der getöteten und verwundeten Franzosen ist nicht bekannt. Im nahe gelegenen Blexen, das sich am Aufruhr beteiligt hatte, erschossen die Franzosen am selben Tag 20 Männer.

Am 12. März hatte General Carra St. Cyr mit seinem kleinen Kontingent plötzlich Hamburg geräumt, und am 18. März besetzte ein russisches Streifkorps unter Oberst von Tettenborn die Stadt, von der Bevölkerung begeistert gefeiert: 1500 russische Soldaten, zumeist Kosaken, mit zwei Kanonen. Doch Friedrich Karl Freiherr von Tettenborn, ein Badener, zuerst in österreichischen, seit 1812 in russischen Diensten, war militärisch nur ein Operettengeneral, ein eitles Großmaul und durch und durch korrupt. Er hatte Hamburg überhaupt nur besetzen können, weil die Franzosen vorher abgezogen waren, und dann noch ängstlich eine Woche gewartet. Ein angesehener Hamburger berichtete später, «kein noch so kostbares Hauptquartier französischer Generale sei der Stadt so teuer zu stehen gekommen als dieses russische» – und das wollte etwas heißen.

Unverblümt verlangte Tettenborn «eine reelle Anerkennung seiner Verdienste um Hamburg» und ließ durch seinen Adjutanten wissen, «es sei mehr als sonderbar, es falle auf, daß man sich von seiten der Stadt bisher auf keine Weise gegen den General erkenntlich gezeigt habe». Und ungeniert sagte der Oberst, der sich hier großzügig General nennen ließ, dem Senat, an welche Summe er gedacht hatte: 9000 Louisdors. Zwar hatte man in Hamburg bisher geglaubt, die Befreiung der Stadt sei eine militärisch notwendige und patriotische Tat gewesen und kein Korruptionsgeschäft. Aber was half es? Tettenborn wurden 5000 Louisdors als kleine Aufmerksamkeit überreicht; mehr konnte die wirtschaftlich ruinierte Stadt nicht aufbringen.

Am 20. März wurde die Aufstellung der *Hanseatischen Legion* beschlossen, gebildet aus Freiwilligen der Hansestädte Hamburg, Bremen und Lübeck. Ihr erster Einsatz unter Tettenborns Führung galt der Verteidigung der strategisch wichtigen Inseln zwischen Norder- und Süderelbe, wobei die Legion von den Franzosen empfindlich geschlagen wurde und 163 Tote, Verwundete und Gefangene einbüßte. Auch die weiteren Gefechte in Norddeutschland verliefen für die militärisch unerfahrenen Kriegsfreiwilligen glücklos. Als sich die Franzosen mit starken Kräften Hamburg näherten, suchte Tettenborn in der Nacht vom 29. zum 30. Mai schleunigst das Weite und überließ die Stadt ihrem Schicksal.

Das wurde hart. Zuerst besetzten am 30. Mai die Truppen des ob seiner Brutalität gefürchteten Generals Vandamme Hamburg, dann übernahm wieder Marschall Davout sein Amt als General-

Tettenborns Kosaken auf dem Jungfernstieg in Hamburg. Stich von
Christopher Suhr. Im März 1813 räumten die Franzosen Hamburg. Kosaken
rückten nach und besetzten unter dem Jubel der Bewohner die Stadt,
die sie aber schon im Mai wieder verlassen mußten.

gouverneur. Davout, der nach dem Februar-Aufstand und dem Verhalten Hamburgs während der Wochen unter Tettenborn keinerlei
Rücksicht mehr nahm, errichtete ein hartes Zwangsregiment. Bei
all seiner Härte ist aber zu sagen, daß er ein integrer Mann war,
der sich nirgends persönlich bereicherte und Grausamkeiten ver-
mied. Seinen Dienst als Kommandant des zur Festung bestimm-
ten Hamburg versah er mit unbeugsamer Strenge, einzig seine
militärische Aufgabe vor Augen. Dem Marschall war wie seinem
Kaiser nicht an Hinrichtungen zur Vergeltung gelegen. Die von
den Franzosen steckbrieflich Gesuchten waren längst außerhalb

Marschall Louis-Nicolas Davout. Federzeichnung von Christopher Suhr. Napoleons fähigster Marschall, Sieger von Auerstedt und «Fürst von Eckmühl», verteidigte Hamburg erfolgreich bis zum Kriegsende 1814. Er war hart, aber stets korrekt, und hat sich nie persönlich bereichert.

Hamburgs in Sicherheit. Napoleon erklärte kühl: «Ich ziehe vor, die Hamburger zahlen zu lassen; das ist die beste Art, Kaufleute zu bestrafen.» Die der Stadt auferlegte Kontribution belief sich auf 48 Millionen Francs.

Inzwischen hatte sich der Krieg ausgebreitet. Nachdem die russische Armee die Oder überschritten hatte und Berlin von den Franzosen geräumt worden war, beschloß der preußische König zu handeln. Am 27./28. Februar war das preußisch-russische Bündnis unterzeichnet worden, am 11. März die öffentliche Rehabilitierung des Generals Yorck für die von ihm geschlossene Konvention von Tauroggen, und am 16. März erklärte Preußen Frankreich den Krieg.

Die Begeisterung war groß, und die Überlieferung hat uns in den schönsten Farben ausgemalt, wie von überall her die Männer zu den Waffen eilten, eine unendliche Opferbereitschaft sich zeigte, Goldschmuck, Eheringe, Wäsche, Stiefel und anderes auf den Altar des Vaterlandes gelegt wurde: «Gold gab ich für Eisen!» Theodor Körner, ein 22 Jahre alter Poet aus Dresden, reimte dazu die nötigen Lieder: «Das Volk steht auf, der Sturm bricht los!» War es wirklich so?

Die Begeisterung und die Opferbereitschaft gab es zweifellos, aber längst nicht überall. Am 11. März 1813 schrieb der Konsistorialrat Joachim Christian Gass aus Breslau an den Theologen Friedrich Schleiermacher in Berlin: «Übrigens wird Schlesien in dem, was jetzt geschieht den übrigen Provinzen den Rang nicht ablaufen; denn mit manchen Ausnahmen im einzelnen ist die Gesinnung im Ganzen doch nur flau. Die wenigsten Freiwilligen werden gewiß von hier gestellt, Hirschberg (*eine Stadt*) von 6000 Einwohnern wollte keine geben und sich mit 2000 Thalern loskaufen. Dem braven Rektor Körber wollte man abends aufpassen und ihn durchprügeln, weil er die jungen Leute zum Dienst des Vaterlandes ermuntert hatte. Wie gefällt Dir das? (...) Der brave Steffens mußte viel leiden, weil er die Studenten kräftig anregte und sich an ihre Spitze stellte. (...) Was könnte und sollte jetzt geschehen und wie langsam geht alles. Es ist unbegreiflich und unerträglich.»

Mit Steffens war der Professor der Universität Breslau, Henrik Steffens gemeint, der in seinen Vorlesungen die Studenten aufforderte, sich als Kriegsfreiwillige zu melden.

Neben der Errichtung einer Landwehr von 120 000 Mann (sie war jedoch unzureichend bewaffnet, es gab überdies kaum ausgebildete Offiziere) sollte auch ein Landsturm aufgestellt werden, im Gegensatz zur Landwehr aber ohne Uniformen, bewaffnet mit Beilen, Sensen und Heugabeln zu einer Art von Partisanenkrieg. Daraus wurde aber nichts. Die preußischen Behörden und das wohlhabende Bürgertum befürchteten nämlich das Heraufziehen einer revolutionären Pöbelherrschaft, die dem konservativ denkenden Staat am Ende abträglich werden konnte; die Beispiele im Großherzogtum Berg und in Hamburg waren abschreckend.

Schon im Sommer 1813 war von einem zu bildenden Landsturm nicht mehr die Rede.

Ergänzend zur Armee wurden Freikorps errichtet. Darunter verstand man Truppenverbände, die nur für die Dauer eines Krieges aufgestellt wurden, meist von einzelnen Persönlichkeiten, die zwar unter dem Befehl des Königs standen, doch unabhängig von der regulären Armee operierten. Ihre Aufgabe war die Aufklärung und die Störung des feindlichen Nachschubs. Mit solchen Freikorps hatten sowohl Preußen wie Österreich im Siebenjährigen Krieg gute Erfahrungen gemacht, und an diese Tradition knüpfte man nun wieder an.

Das bekannteste Freikorps war das des Majors Ludwig Adolf Wilhelm Freiherr von Lützow, am 18. Februar in Breslau als «Schwarze Schar» gegründet, weil es schwarze Uniformen trug. Es bestand nur aus Freiwilligen und zählte 2760 Infanteristen mit acht Kanonen und 1131 Kavalleristen, zumeist junge Leute, sehr begeistert, aber von geringer militärischer Erfahrung. Lützow selbst hatte die Schlacht von Auerstedt mitgemacht und war dabei verwundet worden, er hatte mitgekämpft bei der Belagerung Kolbergs 1807 an der Seite Schills, dessen Zug er 1809 begleitete und dabei schwer verwundet wurde. Die Aufstellung eines Freikorps gestattete ihm der König nur unter der Bedingung, daß ihm überwiegend keine Preußen angehören sollten; Uniformen, Waffen und Pferde sollten sie sich selber beschaffen, eine eigene Fahne war ihnen verboten. Weil einige Künstler – der Dichter Joseph von Eichendorff, die Maler Georg Friedrich Kersting und Philipp Veit – und einige Akademiker dem Korps angehörten, schwärmte der Schriftsteller Karl Immermann von den Lützowern als der «Poesie des Heeres». Aber eine neuere Untersuchung ergibt dieses Bild: Knapp 40 Prozent des Freikorps bestand aus Preußen, die anderen kamen aus den Rheinbundstaaten, und ein paar Tiroler waren auch dabei. Lützow selbst war Mecklenburger. Die meisten dieser jungen Soldaten kamen aus Handwerkerberufen; Studenten,

Akademiker und Künstler gehörten den Lützower *Jägern* an, deren Zahl 1063 betrug, aber auch bei ihnen überwogen die Handwerker um mehr als das Doppelte.

Aber es waren die Lützower *Jäger*, die dem Freikorps seinen Ruf als tollkühne und erfolgreiche Truppe verschafften, und den verdankten sie einem ihrer Offiziere, dem Dichter Theodor Körner, erst 22 Jahre alt. Niemals ist eine militärisch dermaßen ineffiziente Truppe zu solchen unverdienten Ehren gekommen wie die Lützower. Körners Lieder, dürftige Poesie mit zündenden Melodien, begeisterten die Preußen, besonders das Lied von «Lützows wilder verwegener Jagd». Doch als sich die Erfolglosigkeit dieses Freikorps herumgesprochen hatte, spottete man nur noch über «Lützows stille verlegene Jagd». Theodor Körner selbst fiel am 26. August in einem Gefecht bei Gadebusch. Damit hatten die «schwarzen Gesellen» ihr wortgewandtes Sprachrohr verloren und verschwanden bald in der verdienten Vergessenheit.

Dieses Lützowsche Freikorps, dem sich – wie 1809 bei Schill – auch ziemlich viel Lumpengesindel angeschlossen hatte, weil es in diesem Verband keinerlei militärische Disziplin zu fürchten hatte, brachte es auf einen traurigen Superlativ: Es besaß von allen militärischen preußischen Einheiten die höchste Desertionsquote.

Einer näheren Betrachtung dieses Freikorps bedürfte es nicht, wenn sich nicht in ihm eine Ideologie breitgemacht hätte, die für den Krieg von 1813 charakteristisch wurde: der fanatische Fremdenhaß. Ihn predigte vor allem der Pädagoge Friedrich Ludwig Jahn. Er hatte im Sommer 1811 auf der Hasenheide vor den Toren Berlins einen Turnplatz eingerichtet, der schon ein Jahr später von etwa 500 Teilnehmern regelmäßig frequentiert wurde, die hier Turnübungen an selbstentwickelten Geräten (Barren, Reck, Schwingbaum) sowie Kampf- und Geländespiele betrieben. Dagegen war auch nichts einzuwenden, denn die körperliche Ertüchtigung der Jugend hatten deutsche Pädagogen schon ein halbes Jahrhundert vor Jahn gefordert. Doch für den fanatischen Jahn

Friedrich Ludwig Jahn. Lithographie, um 1850. Als deutscher «Turnvater» ging der 1778 in Lanz (Prignitz) geborene Jahn in die Geschichte ein. Er errichtete 1811 den ersten «Turnplatz» und propagierte einen fanatischen Chauvinismus und Haß auf alles Französische.

(der Freiherr vom Stein empfand ihn als «fratzenhaft») resultierten allein schon aus den Übungen des Leibes die Übungen des Geistes; seine Anhänger artikulierten sich in einer krausen Turnersprache und empfanden sich in ihren Leinenkitteln und einer frugalen Ernährung aus Schwarzbrot und Wasser als die Elite deutschen Volkstums. Sie hielten es mit dem Grundsatz des Franzosen- und Judenhassers Jahn: «Je reiner ein Volk, je besser; je vermischter, je bandenmäßiger.» Jahn und sein Mitarbeiter Friedrich Friesen führten auch bei den Lützowern das große Wort, was viele abstieß. So schrieb der Kriegsfreiwillige Mebes aus Zossen am 24. März in einem Brief:

«In meiner Wohnung fand ich noch einen Bekannten vor, der meiner schon seit einer Stunde harrte und der sich große Mühe gab, mich zu disponieren, bei dem sogenannten schwarzen Korps, welches unter Major von Lützow in Schlesien errichtet wird, Dienste zu nehmen und die mir anhängenden freiwilligen Jäger zu demselben Schritt zu bewegen. (…) Er sprach viel und mit großer Salbung von Jahn, der ein einflußreiches Mitglied dieses Korps ist, und den die Turner, seine ungeschlachten Jäger, wie eine Art von Messias anstaunen. Ich will es nicht in Abrede stellen, daß die Zwecke, die Herr Jahn verfolgt, sehr löblich sind; aber die ganze Erscheinung dieses Mannes und sein naßburschikoses Auftreten hat auf mich einen solchen unangenehmen Eindruck gemacht, daß ich unbedingt einen Truppenteil meiden würde, in welchem er einen gewissen Einfluß ausübt.»

Es gehörte zu dem von Jahn und seinen Gefolgsleuten gepredigten Chauvinismus, im französischen Gegner grundsätzlich nur den Unmenschen zu sehen, dem Humanität versagt wird. Theodor Körner rief in seinem *Lied von der Rache*, einem seiner letzten Gedichte, ausdrücklich dazu auf, Kriegsgefangene totzuschlagen:

Was Völkerrecht? – Was sich der Nacht verpfändet,
Ist reife Höllensaat.

Wo ist das Recht, das nicht der Hund geschändet
Mit Mord und mit Verrat?

Sühnt Blut mit Blut! – Was Waffen trägt, schlagt nieder!
's ist alles Schurkenbrut!
Denkt unsres Schwurs, denkt der verratnen Brüder
Und sauft euch satt in Blut!

Und wenn sie winselnd auf den Knien liegen
Und zitternd Gnade schrein,
Laßt nicht des Mitleids feige Stimme siegen,
Stoßt ohn' Erbarmen drein!

Auch die deutschen Verbündeten Napoleons, die Rheinbund-Soldaten, wurden nicht vergessen, ganz unbeschadet, daß die meisten von ihnen für Napoleon marschieren mußten, auch wenn sie vielleicht lieber auf der anderen Seite gestanden hätten:

Und rühmten sie, daß Blut von deutschen Helden
In ihren Adern rinnt;
Die können nicht des Landes Söhne gelten,
Die seine Teufel sind.

Ha, welche Lust, wenn an dem Lanzenknopfe
Ein Schurkenherz zerbebt,
Und das Gehirn aus dem gespaltnen Kopfe
Am blutgen Schwerte klebt!

Welch' Ohrenschmaus, wenn wir bei Siegesrufen,
Vom Pulverdampf umqualmt,
Sie winseln hören, von der Rosse Hufen
Auf deutschem Grund zermalmt!

Gott ist mit uns! – Der Hölle Nebel weichen;
Hinauf, du Stern, hinauf!
Wir türmen dir die Hügel ihrer Leichen
Zur Pyramide auf.

Dann brennt sie an! – und streut es in die Lüfte,
Was nicht die Flamme fraß,
Damit kein Grab das deutsche Land vergifte
Mit überrhein'schem Aas!

Körner folgte damit einem ähnlich trostlosen Gereime Heinrichs
von Kleist aus dem Kriegsjahr 1809 unter dem Titel *Germania an
ihre Kinder*, das jetzt vier Jahre später als Flugblatt verbreitet wurde und worin eine Strophe lautet:

Alle Triften, alle Stätten
Färbt mit ihren Knochen weiß;
Welchen Rab' und Fuchs verschmähten,
Gebet ihn den Fischen preis;
Dämmt den Rhein mit ihren Leichen,
Laßt, gestäuft von ihrem Bein,
Schäumend um die Pfalz ihn weichen,
Und ihn dann die Grenze sein!
Eine Lustjagd, wie wenn Schützen
Auf die Spur dem Wolfe sitzen!
Schlagt ihn tot! das Weltgericht
Fragt euch nach den Gründen nicht!

Dem Gedanken folgte denn auch alsbald die Tat: In der Schlacht
von Hagelberg am 27. August ließ auch die preußische Landwehr
nicht «des Mitleids feige Stimme siegen», sondern massakrierte die
französischen und württembergischen Gefangenen mit Gewehrkolben.

Napoleon war es gelungen, in nur drei Monaten eine Armee von 400 000 Soldaten schier aus dem Boden zu stampfen. Aber in Rußland waren alle Pferde zugrunde gegangen, und so mangelte es jetzt empfindlich an Reiterei. Das bedeutete: Napoleon sah sich gezwungen, aus Spanien Kavallerie-Regimenter abzuziehen, obwohl dort die Lage für seine Truppen immer desolater wurde. Anfang 1813 war über die Hälfte der Iberischen Halbinsel in der Hand einer aus Spaniern, Portugiesen und Engländern gebildeten Armee unter der Führung von Sir Arthur Wellesley, denn die Franzosen waren dieser alliierten Armee nicht nur in der Zahl ihrer Truppen unterlegen, es mangelte ihnen noch mehr an der straffen, einheitlichen Führung ihrer Gegner, da die miteinander rivalisierenden Marschälle ihre Operationen nicht untereinander abstimmten.

In Deutschland aber schien sich der Frühjahrsfeldzug 1813 für Napoleon günstig zu entwickeln. Am 2. Mai schlug er die russisch-preußische Armee bei Lützen (Großgörschen) und am 20./21. Mai bei Bautzen. Keine Siege, auf die er hätte stolz sein können, denn der Mangel an Kavallerie verhinderte die erfolgreiche Verfolgung, und die Verluste des Siegers waren weitaus höher als die der Unterlegenen.

Dennoch wirkten die beiden Niederlagen auf die russisch-preußische Armee, die sich nicht hatte behaupten können, demoralisierend, und die Fürsten des Rheinbunds hielten dem Kaiser unverbrüchlich die Treue. «Im Laufe der vierzehn Jahre meiner Regierung», beteuerte der württembergische König am 26. Januar, «habe ich nicht die geringste Opposition, keinen Widerstand, aber sehr wohl die vollkommenste Ergebenheit und den unbedingtesten Gehorsam gefunden.» Und der bayerische König versicherte am 3. März: «Die tiefe Ruhe, die in meinem Königreich herrscht, liefert den besten Beweis für die Wirksamkeit der (Polizei-)Maßnahmen, die bisher ohne Gewalt und ohne Lärm durchgeführt wurden. Die öffentliche Meinung ist sogar im allgemeinen gut.»

Ungewöhnlich verhielt sich allerdings der König von Sachsen. Da sich sein Land zu Beginn des Krieges von 1806 frühzeitig von seinem preußischen Verbündeten losgesagt hatte, war ihm eine Besatzung erspart geblieben und sein Kurfürst mit der Königskrone belohnt worden. Sächsische Truppen hatten dann 1807 gegen Preußen, 1809 gegen Österreich und 1812 gegen Rußland gekämpft. In diesem letzten Krieg hatte es von allen Rheinbundstaaten die geringsten Verluste gehabt. König Friedrich August I. wußte, daß seinem Land bei einem russisch-preußischen Sieg die Annexion durch Preußen drohte, und strebte deshalb nach einer Verbindung mit dem Anfang 1813 noch neutralen Österreich, weg von Napoleon. Erste Sondierungsgespräche führte er in Prag, als ihn Napoleon nach dem Sieg bei Lützen nach Dresden zurückbeorderte, andernfalls er Sachsen als feindliches Land behandeln werde. Der sächsische König gehorchte, und da Sachsen jetzt zunehmend Kriegsschauplatz wurde, konnte er eine freie Entscheidung nicht mehr treffen.

Aber die Stimmung in der sächsischen Bevölkerung war gegenüber den Franzosen von kaum verhohlener Feindseligkeit. Schon beim Fürstentreffen vom 5. bis 16. Mai 1812 in Dresden, unmittelbar vor dem Rußlandfeldzug, hatten die Menschen Napoleon nicht mehr zugejubelt, sondern mit ostentativem Schweigen empfangen. Die Völker waren der nicht endenden Kriege müde und wollten Frieden, und im Juni 1813 schien er möglich, denn am 4. Juni unterzeichneten Napoleon und die Alliierten einen Waffenstillstand, der bis zum 20. Juli währen sollte, dann aber bis zum 10. August verlängert wurde, um Österreich ausreichend Zeit zu geben, als Vermittler tätig zu werden. Doch Napoleon fand die österreichischen Forderungen weit überzogen und lehnte sie ab. Daraufhin erklärte Österreich, das genau dies beabsichtigt hatte, am 12. August Frankreich den Krieg, und so schwand wiederum jegliche Aussicht auf Frieden.

Beide Seiten hatten die Waffenruhe zur Aufrüstung genutzt und sie auch strikt eingehalten. Mit einer Ausnahme: Das Lützowsche Freikorps befand sich bei Beginn des Waffenstillstands in Plauen und erfuhr von der Unterzeichnung am 9. Juni. Es wäre genug Zeit gewesen, von Plauen aus preußischen Boden zu erreichen, aber Lützow blieb nicht nur, sondern marschierte in Sachsen weiter und erreichte am 17. das Dorf Kitzen in der Nähe Leipzigs.

Hier wurde das Freikorps von Franzosen und Württembergern angegriffen und binnen einer Viertelstunde völlig zersprengt. Die Infanterie der «Schwarzen Schar», überwiegend aus desertierten Rheinbund-Soldaten bestehend, flüchtete sofort; die Kavallerie wurde niedergemacht. Lützow und Theodor Körner konnten sich schwerverwundet retten. Von den Lützower Jägern wurden 305 getötet oder verwundet und 200 gefangengenommen. Da Napoleon die Lützower nicht als reguläres Militär, sondern als Straßenräuber ansah, deportierte man die Gefangenen als Sträflinge nach Südfrankreich. Was danach vom Freikorps noch übriggeblieben war, ließ der preußische König in die Nordarmee unter dem Befehl des schwedischen Kronprinzen (und früheren französischen Marschalls) Bernadotte eingliedern, was das Ende der Lützower bedeutete.

Ob es klug war von Napoleon, sich überhaupt auf diesen Waffenstillstand einzulassen, oder ein schwerwiegender Fehler, ist immer wieder diskutiert worden, allerdings aus der Sicht der Nachgeborenen, denen der weitere Verlauf der Ereignisse vor Augen stand. Warum hatte er darauf verzichtet, den Russen und Preußen noch eine dritte Niederlage beizubringen, die ihm ganz Preußen ausgeliefert hätte? Doch dem standen zwei gewichtige Gründe entgegen. Napoleons Deutschland-Armee bestand nach den ungeheuren Verlusten von altgedienten Soldaten in Rußland vorwiegend aus jungen Einberufenen, die sich nach den fast pausenlosen Kämpfen im April und Mai am Rande der völligen Erschöpfung befanden, zumal es immer wieder an ausreichender Ernährung mangelte. In den französischen Lazaretten lagen inzwischen 30000 Kranke. Napoleon brauchte dringend Reserven (allein 220000 befanden sich in Frankreich) und die Armee unbedingt eine Erholung. Vor allem aber: Österreichs zweifelhafte Haltung schien es zu fordern, ihm mit starken Kräften zu drohen. So sollte eine Armee von Italien her sich Österreichs Grenzen nähern, eine zweite von Sachsen kommend und eine dritte in Bayern gesammelt werden. Das brauchte Zeit und Reserven und immer wieder Nachschub an Waffen, Munition, Ausrüstung und Verpflegung, ganz zu schweigen von den Pferden, an denen es der Kavallerie nach wie vor empfindlich mangelte.

Die Russen und Preußen waren aber ähnlich am Ende ihrer Kräfte. Die Russen hatten in Deutschland nur 43 000 Soldaten (davon 6000 Kosaken) stehen, da sie viele Regimenter zur Belagerung der von den Franzosen gehaltenen Festungen und zur Beobachtung Polens hatten abkommandieren müssen. Das zeigt, welche ungeheuren Verluste ihre Armee 1812 hatte hinnehmen müssen. Am liebsten hätten sich die Russen ganz hinter die Weichsel zurückgezogen, um dort die Armee neu zu organisieren. Das freilich hätte dann das Ende des allein gelassenen Preußen bedeutet.

Der Waffenstillstand förderte nun ganz unerwartet diese Reorganisation und führte auch zur Verstärkung der preußischen Armee. Mit dem Eintritt Österreichs und (bereits am 23. März 1813) Schwedens in den Krieg verfügten die Alliierten (einschließlich englisch-deutscher Einheiten) im August 1813 über 512 000 Soldaten und 1381 Geschütze; demgegenüber konnte Napoleon nur 443 000 Soldaten mit 1284 Geschützen in Deutschland aufbieten; weitere 180 000 Mann blieben in Spanien gebunden. Mochte auch Napoleon später im Exil auf St. Helena diesen Waffenstillstand als seinen größten Fehler bezeichnen: im Juni 1813 war ihm nichts anderes übriggeblieben, nur hatte er geglaubt, Österreich durch einen Aufmarsch an seinen Grenzen vom Kriegseintritt fernhalten zu können, was sich als Irrtum erwies. Und so begann der Krieg erneut.

Aus den Briefen französischer Besatzungssoldaten geht hervor, wie sehr auch sie endlich diesen Krieg beendet wissen wollten und wie fremd sie sich in Deutschland fühlten. Pierre Burnelle vom 95. Linien-Infanterie-Regiment schreibt Anfang Juni 1813 aus Stade: «Es geht uns hier sehr gut. Die Bürger müssen uns verpflegen. Wir haben Städte und Dörfer geplündert, weil die Einwohner sich empörten. Wir essen bei den Bürgern, aber wir wagen nicht da zu schlafen, aus Angst, sie könnten uns umbringen. Wir nächtigen in den Scheunen, wo die ganze Kompanie versammelt ist.»

Denis Lambert vom 85. Linien-Infanterie-Regiment berichtet am 2. Juni aus Hamburg: «Am Ostertag um 2 Uhr morgens erlitten wir gegen die Kosaken eine Niederlage, zwei Meilen vor Bremen, in einem Dorf, dessen Bauern wohl mit jenen zusammen gegen uns gefeuert haben. Aber sie wußten gut, wozu. Den Mittwoch darauf zündeten wir zur Vergeltung das ganze Dorf an, um 3 Uhr morgens, alle Bewohner, soweit wir sie erwischten, machten wir zu Gefangenen. Ich habe mit Freuden davon profitiert, das heißt, ich kam zu Geld und freue mich immerzu daran.»

Soldat Cereceaux vom 19. Linien-Infanterie-Regiment genießt den Waffenstillstand, bei dem es sogar zu freundschaftlichem Umgang mit den Russen kommt: «Für 40 Tage ist Waffenstillstand, während der Friede von einem Tag auf den anderen erwartet wird. Wir trinken unseren Schnaps mit den Russen und schlafen auch mit ihnen gemeinsam. (…) Zur Zeit geht es uns gut: nach der Mühe kommt das Glück. Ich gebe die Hoffnung nicht auf.»

Voltigeur Laurent-Joseph Lêveque schreibt aus der Gegend um Spandau am 24. Juni: «Ich friere immer in dem Land, in dem wir jetzt sind, aber es ist trotzdem ein gutes Land.»

Aus Breslau läßt Soldat Arnold-Joseph Nicolai am 28. Juni seine Angehörigen wissen: «Man redet von einem Frieden mit Rußland. Meine liebste Mutter, macht Euch keine Sorgen. Es gefällt mir, Gott sei Dank, sehr gut. Allerdings haben wir Not gelitten in den verwüsteten Ländern, durch die wir kamen. Eine Stadt, die wir passierten, war ganz und gar zerstört. Franzosen lagen da im Spital, und die Bauern haben sie getötet. Als dann die Franzosen die Russen zurückgeschlagen hatten, legten sie Feuer, nicht ein Haus blieb heil. Es war Bautzen (*wahrscheinlich Bischofswerda am 12. Mai*). Dreißig Meilen weit sind alle Dörfer abgebrannt. Wir mußten im russischen Feldlager nächtigen. Seit ich von zu Hause fort bin, habe ich noch kein Geld bekommen, aber nach dem, was man so hört, hoffe ich, daß wir bald welches zu sehen kriegen. Mangel habe ich, Gott sei Dank, noch nicht gelitten. Ich ziehe mit den Kühen auf die Weide. Ich melke sie und verkaufe die Milch den Bauern; so ist immer etwas Geld da für die kleinen Annehmlichkeiten.»

Über Mangel klagt Unteroffizier Mathieu Parfondry vom 85. Linien-Infanterie-Regiment in einem Brief aus Magdeburg vom 17. Juli: «Während mehrerer Tage, die wir im Lager blieben, hatten wir nichts zu essen, außer einem Glas Schnaps, das der Kaiser uns geben ließ, nachdem wir vor ihm Revue passiert hatten. Wir mußten Wurzeln essen, und nicht einmal davon gab es genug. (…) Ich leide noch immer Not. Ich habe nicht ein einziges Paar Schuhe, habe sie alle abgelaufen. Wie ist es möglich, in einem so üblen Lande zu leben?»

Nun war also auch Österreich in den Krieg eingetreten. In einer zweitägigen Schlacht um Dresden am 29./30. August gelang es Napoleon, einer österreichisch-russisch-preußischen Armee eine schwere Niederlage beizubringen. Der damals in Dresden lebende Dichter und Komponist E. T. A. Hoffmann hielt seine Erlebnisse im Tagebuch fest:

«26. – Frühmorgens 7 Uhr wurde ich durch den Donner der Kanonen geweckt; ich eilte sogleich auf den Boden des Nebenhauses und sah, wie die Franzosen in geringer Entfernung vor den Schanzen mehrere Batterien aufgestellt hatten, die mit feindlichen Batterien, welche am Fuße der Berge standen, auf das heftigste engagiert waren. Mit Hilfe eines sehr guten Glases konnte ich deutlich bemerken, daß sehr starke russische und österreichische Kolonnen (an der weißen Uniform sehr kenntlich) sich von den Bergen herab bewegten. Eine Batterie nach der andern rückte näher, die Franzosen retirierten bis in die Schanzen, und nun wurde sogar von den Stadtwällen aus grobem Geschütz gefeuert; der Kanonendonner wurde so heftig, daß die Erde bebte und die Fenster zitterten. – Die Russen hatten den Großen Garten erstürmt sowie die Preußen die Schanzen vor der Friedrichsstadt – ersteres konnte ich sehen. Die Nachricht kam, daß der Kaiser eintreffen würde, ich eilte daher auf die Terrasse des Brühlschen Gartens an der großen Brücke. Um 11 Uhr kam der Kaiser, auf einem kleinen falben Pferde über die Brücke schnell geritten – es war eine dumpfe Stille im Volk –, er warf den Kopf heftig hin und her und hatte ein gewisses Wesen, was ich noch nie an ihm bemerkte – er ritt bis vors Schloß, stieg aber nur wenige Sekunden ab und ritt wieder an die Elbbrücke, wo er, umgeben von mehreren Marschällen, stillhielt. – Die Adjutanten sprengten ab und zu und holten Ordres, die er allemal in kurzen Worten, aber sehr laut erteilte – er nahm sehr häufig Tabak und schaute noch häufiger durch ein kleines Taschenperspektiv die Elbe hinab. Die Garden kamen im Doppelschritt über die Brücke und eilten, nachdem sie sehr kurze Zeit auf dem Platz vor dem Kaiser gehalten, zu den Toren heraus. Ich mußte fort, weil der Brühlsche Garten besetzt wurde, und ging wieder auf mein Observatorium. Zwischen 4 und 5 Uhr donnerten die Kanonen am heftigsten – Schlag auf Schlag –, man konnte die Kugeln sausen hören, ich bemerkte es zuerst, man wollte mir es aber nicht glauben, gleich darauf stürzte aber in einer Entfernung von höchstens 25 Schritt eine Feuermauer von einer Kugel getroffen ein, und nun war es wohl klar, daß Geschütz auf die Stadt gerichtet worden. – Wir gingen hinab, da unser Aufenthalt oben jetzt lebensgefährlich wurde. Eben wollte ich in meine Haustüre treten, als zischend und prasselnd über meinen Kopf eine Granate wegfuhr und nur 15 Schritte weiter vor der Wohnung des Generals Gouvion St. Cyr zwischen vier gefüllte Pulverwagen, die eben zur Abfahrt bereitstanden, niederfiel und sprang, so daß die Pferde sich bäumend Reißaus nahmen. – Wenigstens dreißig Personen standen daneben auf der Gasse, und außerdem, daß die Pulverwagen verschont blieben, deren Explosion das ganze Stadtviertel vernichtet hätten, wurde kein Mensch, kein Pferd beschädigt; es ist unbegreiflich, wo die Stücke der Granate geblieben sind, da in unserm Hause nur ein ganz unbeträchtliches gefunden wurde, welches die Fensterladen des untern Stocks zerschlagen (*hatte*) und in ein unbewohntes Zimmer gefallen war. Wenige Minuten darauf kam eine zweite Granate und riß ein Stück vom Dache des gegenüberstehenden Cagiorgischen Hauses weg und drückte drei Fenster der Mezzane zusammen, daß das Holzwerk und die Ziegelsteine prasselnd auf die Gasse stürzten – bald darauf fiel eine dritte in der Nebengasse in ein Haus, und es war mir klar, daß eine Batterie gerade auf unser Stadtviertel spielte. – Alle Bewohner des Hauses – Frauen – Männer – Kinder – versammelten sich auf der gewölbten steinernen Treppe des ersten Stocks, die aus der Richtung der Fenster lag! – Da gab es bei jeder Explosion der jetzt häufiger, doch in größerer Entfernung hereinfallenden Granaten ein Jammern und Wehklagen! – Nicht einmal ein Tropfen Wein oder Rum zur Herzstärkung – ein verdammter ängstlicher Aufenthalt –, ich schlich leise zur Hintertür hinaus und durch Hintergäßchen zum Schauspieler Keller, der auf dem Neumarkt wohnt – wir sahen ganz gemütlich mit einem Glase Wein in der Hand zum Fenster hinaus, als eine Granate mitten auf dem Markte niederfiel und platzte – in demselben Augenblick fiel ein westfälischer Soldat, der eben Wasser pumpen wollte, mit zerschmettertem Kopfe tot nieder – und ziemlich weit davon ein anständig gekleideter Bürger. – Dieser schien sich aufraffen zu wollen – aber der Leib war ihm aufgerissen, die Gedärme hingen heraus, er fiel tot nieder (zu bemerken: fünf Minuten später ritt der Kaiser über den Neumarkt, gerade, wo der Bürger getroffen, nach dem Pirnaer Tor), noch drei Menschen wurden an der Frauenkirche von derselben Granate hart verwundet. – Der Schauspieler Keller ließ sein Glas fallen – ich trank das meinige aus und rief: ‹Was ist das Leben! nicht das bißchen glühend Eisen ertragen zu können, schwach ist die menschliche Natur!› – Gott erhalte mir die Ruhe und den Mut in Lebensgefahr, so übersteht sich alles besser!»

Ihre erste schwere Niederlage nach dem Waffenstillstand und die schwerste des Jahres 1813 überhaupt bezahlten die Alliierten mit 14 000 Toten und Verwundeten; den Franzosen fielen 14 000 Gefangene, 26 Geschütze und 30 Munitionswagen in die Hände. Sie selber büßten 10 000 Tote und Verwundete ein. Die geschlagene Armee floh in die Richtung der Gebirgspässe nach Böhmen, zum Teil in völliger Auflösung und im strömenden Regen, der am 30. eingesetzt hatte. Scharenweise ergaben sich die Fliehenden ihren französischen Verfolgern, zum Teil ohne Schuhe und vor allem ohne Verpflegung. Frische, ausgeruhte französische Truppen unter General Vandamme hatten die energische Verfolgung aufgenommen, und alles sah nach einer völligen Vernichtung der alliierten Hauptarmee aus. Das Ende des Krieges schien plötzlich greifbar nahe, sein Sieger hieße Napoleon.

Aber Vandammes Korps erlitt eine schwere Niederlage, 10 000 seiner Soldaten mußten sich ergeben, er selber gehörte zu den Gefangenen. Dieser Niederlage (bei Kulm) waren drei weitere vorausgegangen: Am 23. August wurde Marschall Oudinot bei Großbeeren geschlagen; am 26. August siegte Blücher über Marschall Macdonald an der Katzbach in Schlesien; am 27. August verlor General Girard die Schlacht von Hagelberg. Den schwersten Verlust aber erlitt Marschall Ney am 6. September in der Schlacht bei Dennewitz mit 22 000 Toten, Verwundeten und Gefangenen. Die den Marschällen Oudinot und Ney von Napoleon befohlene Rückeroberung Berlins war damit gänzlich illusorisch geworden. Am 8. September schließlich sagte sich Bayern vom Rheinbund los; dadurch konnte Österreich die an der bayerischen Grenze aufmarschierten Truppen abziehen und gegen Napoleon einsetzen.

Der Krieg verwüstete Landstrich um Landstrich. Was nicht zerstört wurde, fiel der Plünderung anheim, denn einige hunderttausend Soldaten aller beteiligten Nationen wollten ernährt werden. Akuter Mangel an Lebensmitteln betraf nicht nur die Franzosen, auch die Preußen hatten darunter zu leiden. Die völlig mangelhaft ausgerüsteten Landwehr-Regimenter mußten überwiegend barfuß marschieren; ihre Ausfälle durch Unterernährung und Krankheit nahmen geradezu beängstigende Ausmaße an. Und wo ein Heer abzog, ließ es eine Wüstenei zurück.

In der Nähe Dresdens hatte Christian Gotthelf Zeis, Registrator bei der Landesregierung in Dresden, 1808 die Güter Hermsdorf und Langenhennersdorf erworben, deren Altlasten aber noch nicht getilgt waren. Fünf Jahre später wurde er Augenzeuge ihrer völligen Zerstörung. Am 28. August erlebte Zeis, der sich zeitweise mit seiner Familie versteckt hielt, die Okkupation seines Besitzes durch General Vandamme und seinen Stab. Nach dem Abzug waren etwa 50 Kranke und Verwundete zurückgeblieben. Ein einziger Tag hatte genügt, ihm diesen Anblick zu bescheren:

«Da war, ein kleines verwundertes Schwein ausgenommen, kein Stück Vieh, weder groß noch klein, mehr zu erblicken, und sonach ein Viehstand von 40 Kühen, 20 Ochsen eine verhältnismäßige Anzahl von jungem Vieh, sämtliche Schweine und Federvieh – kurz alles war verloren, und auch die Scheunen waren geleert. Die reiche Ernte aber auf 300 Scheffel Feld, die in der Richtung nach Böhmen lagen, war zertreten oder zu den Hütten in den Biwaks verbraucht. Das Wohnhaus gewährte den Anblick der gräßlichsten Zerstörung. Die Möbel waren zerhackt, die Bücher zerrissen, selbst die Saiten auf den musikalischen Instrumenten zerhauen und Kisten und Kasten geleert. In Küche und Keller war nirgends ein Geschirr mehr vorhanden. Die Federn waren aus den Betten gestübt, die Überzüge waren mitgenommen. Das Hofgesinde hatte die Flucht ergriffen, und eine öde dumpfe Stille, die bloß durch die gespenstergleichen Blessierten und Maroden, die im Hause umherschlichen, unterbrochen wurde, beherrschte das Ganze.»

Am 8. September kamen die Russen: «Alle Öfen wurden zerschmissen, die Betten zerschnitten, das Vieh geraubt (*hier im Gut Langenhennersdorf*) und Brot und andere Viktualien gewaltsam mitgenommen.» Tags darauf kehrten die Franzosen zurück, und Zeis hatte Glück: Es waren Offiziere, die früher einmal auf seinem Gut einquartiert gewesen waren. «Diese Offiziere wollten übrigens ihren Augen kaum trauen, als sie unseren vormals so lieblich gefundenen Aufenthalt in eine solche Wüstenei umgeschaffen sahen. Sie hatten in der Zwischenzeit, wo wir sie nicht gesehen, der Affäre bei Kulm beigewohnt und auch ihrerseits alles verloren. (...) Als sie am Abend bemerkten, daß uns nichts wie trockenes Brot übriggeblieben war, teilten sie ihren kleinen Vorrat an Semmel mit uns; auch mußten wir ihnen aus ihren mit Arrak gefüllten Korbfläschchen Bescheid tun. Dies edle Benehmen bestärkte uns in dem Glauben, daß es unter allen Nationen gute Menschen gibt. Dagegen hatten wir aufs neue unsere Not mit den Marodeurs, die aus dem sofort wiederum bei Gießhübel aufgestellten französischen Lager in ganzen Scharen zu uns herüberzogen und immer zuerst die Mühlen, die Quellen unserer Existenz nach beendigter Ernte, ausplünderten. Unsere bis zur Verzweiflung gebrachten Untertanen, die die Offiziers selbst dazu aufgemuntert, griffen jedoch selbst zur Wehr und bedauerten nachmals, es nicht längst getan zu haben. Mehr wie fünf bis sechs solcher Banden wurden an diesen und den folgenden Tagen durch Steinhagel und Mistgabeln zerstreut, wobei fünf Franzosen totgeschlagen wurden und einer unserer Untertanen blessiert ward.»

Am 15. September verließ Zeis mit seiner Familie den verwüsteten Besitz und versuchte, von seinem Gut Langenhennersdorf «mit französischer Erlaubnis» zwei mit Nahrungsmitteln beladene Wagen, vier Ochsen und zwei Kühe in Sicherheit zu bringen. Doch vorher nahm er auf einer Anhöhe mit einem letzten Blick Abschied von dem, was einmal sein gewesen war:

«Der Boden, auf dem ich stand, war mir fremd, obschon er der meinige war. Man bedenke nämlich, daß der noch gestern auf dieser Bergspitze gestandene Wald schon heute zum Verhau geworden war und daß, als ich so versteinert dastand und mich umsah, der Kaiser Napoleon neben mir stand in einer Entfernung von kaum 20 Schritten, wo er in seinem grauen Überrock, die Reitgerte in der Hand, ebenso ins Tal hinabschaute wie ich. Ihm zur Seite stand sein Pferd, ein Falbe, von einem Stallmeister gehalten. In der Richtung nach Böhmen hallte unaufhörlich Kanonendonner. Es ließ dies vermuten, daß etwas Großes soeben im Werke war. Der Kaiser ward nur von drei Mann abgesessener Gardehusaren (*Garde-Jäger*) bewacht, die ungefähr 150 Schritte voneinander entfernt standen und die auf meine Nähe so wenig wie der Kaiser selbst achteten. Der Augenblick war einzig. Ganz in seiner Nähe waren die Marschälle Berthier und der Herzog von Vicenza, Caulaincourt, und etwas entfernter befanden sich der Generale mehrere, die sich im Grase gelagert hatten. Nach ziemlich geraumer Zeit, während ich Muße genug hatte, mir alles genau zu betrachten, kam endlich der Herzog von Vicenza auf mich zu und fragte mich in deutscher Sprache, wer ich sei! Ich nannte mich als Besitzer von Langenhennersdorf, eröffnete ihm den Zweck meiner Sendung und zeigte meinen Paß vor. Er nahm ihn, las ihn, sprach dann einige Worte mit dem Kaiser, und ich sah, daß hierauf der Marschall Berthier den Auftrag bekam, den Paß zu unterzeichnen, was auf dem Rükken eines Adjutanten auch geschah. Hierauf brachte mir den Paß ein anderer General, es war General Nascoty, mit Weisung zurück, daß ich meinen Zweck ungehindert verfolgen könne. Diese Gunst des Zufalls brachte mir in der Folge großen Nutzen.»

Mitte Oktober konzentrierte sich der Aufmarsch aller Armeen auf Leipzig, wo vom 16. bis 19. Oktober eine riesige Schlacht stattfand. Der in Leipzig fast eingekreiste Napoleon konnte sie nicht gewinnen, denn die Übermacht seiner Gegner war viel zu groß, und die abgeschnittene französische Armee litt schließlich unter Munitionsmangel, während den Alliierten unablässig frische

Truppen und Nachschub aller Art zugeführt wurden. Während der Kämpfe gingen sächsische und württembergische Regimenter geschlossen zu den Alliierten über. Im letzten Augenblick konnte sich Napoleon mit den Resten seiner Armee der drohenden Einschließung entziehen; seine Macht war endgültig gebrochen. Die «Völkerschlacht», wie man sie schon bald genannt hat, forderte außerordentliche Verluste: 53 774 Soldaten der Alliierten wurden getötet (22 605 Russen, 16 033 Preußen, 14 958 Österreicher, 178 Schweden). Die Franzosen hatten 30 000 Tote zu beklagen, 38 000 Verwundete und Kranke und verloren 37 000 Gefangene.

Völlig unzureichend war die Versorgung der über 70 000 Verwundeten, für die es kaum Ärzte, Pflegepersonal, Nahrung und Unterkünfte gab. Die meisten mußten ungeschützt im Freien bleiben, und es dauerte über eine Woche, bis man die letzten geborgen hatte, von denen viele an Blutverlust, Hunger und Kälte gestorben waren. Vor den Spitälern und Kirchen türmten sich die Leichen, weil sich niemand um sie kümmerte. Warum verlegte man nicht wenigstens einen Teil von ihnen in Privatquartiere wie eine Einquartierung? Johann Christian Reil, einer der bedeutendsten Ärzte seiner Zeit, Professor der Medizin an der Universität Berlin, war fassungslos, als er das Elend der Verwundeten in Leipzig sah, und beschrieb in einem erschütternden Brief an den Freiherrn vom Stein die empörenden Umstände, denen auch die preußischen Verwundeten ausgesetzt waren, «die für ihren König und die Ehre der deutschen Nation geblutet haben». Und er endete seinen Brief mit den Worten: «Ich appelliere an Ew. Exzellenz Humanität, an Ihre Liebe zu meinem König und seinem Volk, helfen Sie unseren Braven, helfen Sie bald, an jeder versäumten Minute klebt eine Blutschuld. Legen Sie ein Schock kranker Baschkiren in die Betten der Bankiersfrauen, und geben Sie in jedes Krankenzimmer einen Kosaken mit, der für Aufrechterhaltung der Ordnung verantwortlich ist. Diese Maßregel, die gewiß Lust und Liebe zum Dinge macht, scheint mehr hart zu sein, als sie es wirklich ist.

Der Kranke muß ins Bett und die Gesunden zu seiner Wartung vor demselben kommen.» Vier Wochen später starb Reil am Typhus, Opfer seiner Fürsorge für die Verwundeten der Völkerschlacht.

Am 23. Oktober rückten die siegreichen Alliierten in Weimar ein. Wie sieben Jahre zuvor Goethes geräumiges Haus französische Marschälle hatte aufnehmen müssen, so sollte der Dichter jetzt den österreichischen Feldzeugmeister Hieronymus Graf von Colloredo samt seinem Gefolge beherbergen. Goethe empfing den Gast mit der höchsten Auszeichnung am Revers, die ihm je verliehen worden war, mit dem ihm von Napoleon in Erfurt verliehenen Kreuz der Ehrenlegion. Wütend rief Colloredo: «Pfui Teufel, wie kann man so etwas tragen!» Die Stimmung zwischen Gastgeber und Gast war damit ziemlich frostig während der drei Tage, die Colloredo das Haus am Frauenplan frequentierte und sich täglich auf Goethes Kosten 24 Personen zur reichbesetzten Tafel lud, was 200 bis 300 Taler kostete, wie Wilhelm von Humboldt, ein Freund feinsinnigen Klatsches, seiner Frau berichtete. Goethe heftete den gleichfalls in Erfurt empfangenen russischen Annen-Orden an seinen Frack, der nach Colloredos Abreise gleich wieder durch die Ehrenlegion ersetzt wurde, denn, so Goethe zu Humboldt verärgert, «man könne doch einen Orden, durch den einen ein Kaiser ausgezeichnet hatte, nicht ablegen, weil er eine Schlacht verloren habe». Dieser Vorfall verbreitete sich in wenigen Wochen in ganz Deutschland. Rahel Levin in Berlin, die auf Goethe nichts kommen ließ und sich über Colloredos Verhalten entrüstete, war empört über «Deutschlands Pöbel».

Währenddessen schleppte sich Napoleons geschlagene und demoralisierte Armee, keine 80 000 Soldaten mehr, dem Rhein entgegen. Bei Hanau erwartete sie der bayerische General Graf Wrede mit einer bayerisch-österreichischen Armee. Offenbar glaubte er, der seine Karriere Napoleon zu danken hatte, mit einem Sieg über den Kaiser ewigen Ruhm zu erwerben, doch selbst die erschöpften Trümmer der einstigen *Grande Armée*, immer noch gestärkt durch die verbliebenen Regimenter der Garde, bereiteten Wrede am 29. und 30. Oktober eine schwere Niederlage; Wrede selbst wurde dabei zum Krüppel geschossen. Es war Napoleons letzter Sieg auf deutschem Boden. Vom 2. bis 6. Dezember blieb er noch in Mainz, dann verließ er am 7. Dezember 1813 um 22 Uhr Deutschland für immer.

Der Rheinbund löste sich auf; als letzter Staat kündigte das Großherzogtum Baden am 17. November das 1806 geschlossene Bündnis. Doch vorher gab es noch ein Satyrspiel auf der politischen Bühne. Bis Anfang November hatte das kleine Fürstentum Lippe am Rheinbund festgehalten; jetzt aber, Preußen und Russen an den Grenzen, mußte sich Fürstin Pauline zugunsten der Alliierten entscheiden, wenn sie die Selbständigkeit ihres kleinen Landes retten wollte. Sie bewunderte Napoleon, und ihr geringes Kontingent hatte, wie erwähnt, sich bei Kowno fast für die Franzosen geopfert und danach mitgeholfen, die Festung Danzig zu verteidigen. Als Pauline im Sommer 1807 in Lemgo, der bedeutendsten Stadt des Fürstentums, die Parade ihres gerade aufgestellten Bataillons abgenommen hatte, war sie in «einer weißen mit grünem Kragen und Aufschlägen versehenen Uniform, unter welcher ein weißer Rock herabfloß» erschienen, auf dem Kopf einen «schwarzsamtenen Corsenhuth», was bei ihren Untertanen auf starkes Befremden stieß.

Nun war am 3. November 1813 in ihrer Residenz ein deutscher Freiherr in russischen Diensten vorstellig geworden, anscheinend in etwas undurchsichtiger politischer Mission, der sich gegenüber der Fürstin ungebührlich benahm und offenbar auch Napoleon schmähte. Das war zuviel! Die energische Pauline erklärte ihrer Dienerschaft, der ungebetene Besucher sei offenbar verrückt geworden, und befahl, ihn in die Landesirrenanstalt einzuliefern und dort sicher zu verwahren. Drei Tage später befreite ihn dort eine preußische Patrouille. Dieser Vorfall erregte einiges Aufsehen und trug der Fürstin, die am 5. November Rheinbund und Kon-

Fürstin Pauline zur Lippe. Stich nach einer Zeichnung von Johann Christoph Rincklake, 1801. Sie führte ihren kleinen Staat in den Rheinbund und verehrte Napoleon. Ihr bedeutendes sozialpolitisches Werk machte sie zur Wohltäterin ihres Landes, das sie 18 Jahre regierte.

PAULINA
Fürstin Regentin zur Lippe
geborne Prinzessin zu Anhalt

tinentalsperre aufkündigte, harte Vorwürfe ein, wenn man sich auch hinter vorgehaltener Hand erheiterte. Der preußische Oberst von der Marwitz, dem die Geschichte im Februar 1814 in Lemgo erzählt wurde, schrieb belustigt an seine Frau: «Die Fürstin-Regentin ist eine Kanaille, sie hat Napoleon jederzeit auf das treueste gedient. (...) Sonst ist aber das Land mit der Regierung zufrieden.»

Verglichen mit den Heimsuchungen, die der Winter 1813/14 dem Land Schleswig-Holstein brachte, war das Fürstentum bei allen ihm auferlegten Lasten noch gnädig davongekommen. Dänemark, dessen König Friedrich VI. zugleich Herzog von Schleswig und Holstein war, hatte seit seiner Kriegserklärung an England 1807 versucht, sich mit einer vorsichtigen Schaukelpolitik durchzulavieren. Damit aber war es nun vorbei, als der schwedische

Kronprinz Karl Johann (der frühere Marschall Bernadotte) als Preis für den Kriegseintritt Schwedens auf der Seite der Alliierten den Besitz Norwegens verlangte. Dessen Annexion sollte den Verlust Finnlands an die Russen 1808/09 kompensieren. Aber Norwegen befand sich seit dem 14. Jahrhundert in einer Union mit Dänemark, und Dänemark war fest entschlossen, diese Union weiterhin zu behaupten, und schlug das Angebot der Alliierten aus, sich den Verlust Norwegens mit dem Erwerb von Mecklenburg, Pommern und den norddeutschen Hansestädten vergüten zu lassen. Da Schweden von Rußland und Preußen nachhaltig unterstützt wurde, reagierte König Friedrich VI. mit der Kriegserklärung an beide Staaten am 22. Oktober. Doch damit sollte nun sein Land selbst zum Schlachtfeld werden. Gegen die von Bernadotte geführte Nordarmee aus Schweden, Russen, Preußen, Hanseaten und einer britisch-deutschen Division, insgesamt 52 000 Soldaten, von denen 18 000 zur Belagerung des von Marschall Davout verteidigten Hamburg eingesetzt werden mußten, hatten die 12 000 Soldaten Dänemarks keine Chancen, zumal eine Unterstützung durch die Franzosen nicht möglich war. Am 9. Januar 1814 mußte Dänemark kapitulieren, und am 14. Januar wurde schon der Friedensvertrag unterzeichnet. Zwar begann danach sofort der Abzug aller feindlichen Truppen, doch die letzten Russen verließen erst im Mai 1815 Südholstein.

Zurück blieb ein verwüstetes, ausgeplündertes Land. Entsetzlich hatten die Kosaken des inzwischen zum General beförderten Tettenborn gehaust, aber auch die Hanseatische Legion, militärisch wertlos, machte sich einen üblen Namen. Empört schrieb der in Kopenhagen geborene, seit 1806 im preußischen Staatsdienst stehende Barthold Georg Niebuhr an den von den Franzosen geächteten Hamburger Buchhändler und Verleger Friedrich Perthes:

«Mein armes, armes Holstein! Könnten Sie nur zurückeilen und meine Angehörigen schützen! Es scheint, daß man ein Land, wo alle Herzen mit Deutschland einig sind, mutwillig in eine Wü-

Kranke, sterbende und tote Franzosen in Mainz im November 1813. Zeichnung von Johann Jacob Hoch. Unter der geschlagenen französischen Armee breitete sich in Mainz eine Fleckfieber-Epidemie aus, die bis zum Frühjahr 1814 über 20 000 Soldaten und 2485 Mainzern das Leben kostete.

ste verwandeln will. Das Blut kocht mir über diese Scheußlichkeit – welche die echten Alliierten und Engländer empört –, über diesen herbeigeführten Zug nach dem Norden, von dem nur Franzosen Vorteil ziehen. Daß die Kosaken hausen werden – das verstand sich; aber Sie erwarten es auch von den *Hanseaten*, die sich, wie alle andren neuen Formationen, würden *erholen* wollen? Was *echtpreußisch* unter den Lützowern ist, wird sich nicht durch Greuel und Sünde erholen wollen.»

Doch die Lützower benahmen sich keineswegs besser, sondern räuberten wie die anderen, besonders in Wandsbek, Quickborn und Bramstedt. Ärger aber trieben es – neben den Lüneburger Husaren des Oberstleutnants von Estorff – die Hanseaten. Auch Friedrich Perthes klagte:

«Schwer liegt mir unsere Legion auf dem Herzen; sie ist das Kapital an Gut und Blut, welches die Städte (*Hamburg, Lübeck, Bremen*) ausgetan haben. Herrliche liebe junge Leute von frischem Leben und verwegener Kühnheit machen vier Fünfteile derselben aus; aber sie sind hilflos in die Welt gestoßen und sind Entbehrungen und Verführungen aller Art wie keine anderen Truppen preisgegeben, und niemand nimmt sich ihrer an. Sie selbst können um der militärischen Subordination willen nicht sprechen, und doch ist es nötig, daß für sie gesprochen und gehandelt werde; denn verwahrlost und mißhandelt ist die Legion von Anfang an. Unreines böses Gut haben unsere Kosakenfreunde ihr gleich nach der Errichtung einverleibt, und die Feigheit und Gleichgültigkeit unseres Senates hat es nicht verhindert. Unordnung und Schandtaten werden von solchen Banditen, die man auszustoßen nicht die Entschlossenheit hat, verübt; unser hanseatischer Name wird durch sie geschändet, Ehre und Sittlichkeit der Kinder unserer Mitbürger, unserer Freunde und Verwandten ist ihnen dahingegeben.»

Als Dänemark kapitulierte, fand der Krieg schon auf französischem Boden statt. Doch Napoleon konnte nicht mehr gewinnen. Nach der verheerenden Niederlage der Franzosen in der Schlacht von Vittoria (21. Juni 1813) drang die vielfach überlegene britisch-spanisch-portugiesische Armee unaufhaltsam in den Norden Spaniens vor, überquerte die Pyrenäen und schlug die Franzosen in mehreren Schlachten in Südfrankreich. Von diesen Einheiten konnten keine mehr an Napoleon zu dessen Unterstützung abgegeben werden.

Über 100 000 französische Soldaten stellten die Besatzungen der Festungen in Deutschland und in Polen. Zwar banden sie beachtliche russisch-preußische Belagerungsarmeen, fehlten aber andererseits jetzt in Frankreich. Zudem kapitulierte nun eine Festung nach der anderen: im November Dresden und Danzig, im Dezember Stettin, Zamosk, Modlin, Torgau und im Januar Wittenberg.

Am 31. März 1814 zogen die Alliierten in Paris ein, am 6. April unterzeichnete Napoleon die Abdankung. Doch eine Festung kämpfte dessenungeachtet weiter: Hamburg, verteidigt von Napoleons tüchtigstem Marschall Davout. Am 18. März 1813 hatte sich der von einer russischen Armee gebildete Belagerungsring um die Stadt geschlossen, und Davout war einzig beseelt von dem Gedanken, diese Stadt seinem Kaiser zu halten und unter gar keinen Umständen zu kapitulieren. Die Stadt hatte zu Beginn des 19. Jahrhunderts ihre alten Befestigungsanlagen geschleift und in einen Grüngürtel verwandelt; Davout ließ die Fortifikation so gut es eben ging wiederherstellen und zwang die Hamburger Bürger, auch die der Oberschicht, täglich Schanzarbeiten zu leisten. Alle Landhäuser und Gärten außerhalb der befestigten Wälle wurden ausnahmslos niedergebrannt, um zu verhindern, daß sich in ihrem Schutz die Belagerungstruppen gegen die französischen Stellungen vorschoben. Und schon im Sommer 1813 hatte der eiserne Marschall bekanntgegeben, daß alle Hamburger, die sich nicht auf ein halbes Jahr würden verproviantieren können, die Stadt zu verlassen hätten. Davout rechnete mit einer langen Belagerung und hätte eine hungernde Bevölkerung nicht ernähren können.

Um diesen Befehl hatte sich natürlich niemand in Hamburg geschert, und das Entsetzen war groß, als die Franzosen im Dezember die vorhandenen Nahrungsmittel Haus für Haus registrierten und alle, die ohne die vorgeschriebenen Mindestmengen waren, zu Weihnachten 1813 aus der Stadt trieben, etwa 20 000 Menschen. Dem strengen Frost und dem schlechten Gesundheitszustand der seit Monaten mangelhaft Ernährten sind 1138 Männer, Frauen und Kinder erlegen; einen großen Teil der Vertriebenen konnte Altona aufnehmen. Zur gleichen Zeit verstärkten die Russen ihr Belagerungskorps auf etwa 50 000 Soldaten, ohne ihre Situation verbessern zu können. Fast alle Angriffe konnten die Franzosen zurückschlagen.

Die Austreibung der Armen aus Hamburg war eine militärische Notwendigkeit, so grausam sie auch für die Betroffenen sein mochte. Davout handelte so, wie jeder Festungskommandant

Die Schanzarbeiten am Walle neben dem Brookthor mit Aussicht auf die Elbbrücke

Hamburger Bürger bei Schanzarbeiten. Lithographie von Peter Suhr. Marschall Davout ließ das von den Franzosen wiederbesetzte Hamburg im Herbst 1813 zur Festung ausbauen. Alle Bürger, auch die der Oberschicht, mußten sich an den Erdarbeiten beteiligen.

gleich welcher Nation auch gehandelt hätte und handeln mußte. Die in der Stadt verbliebene Bevölkerung mußte zwar mit recht frugaler Kost vorliebnehmen, verhungert aber ist keiner. Schauerlich waren die Verhältnisse in den französischen Lazaretten, in denen Ruhr und Typhus wüteten. Es mangelte an geeigneten Unterkünften, es fehlte empfindlich an Ärzten und Pflegepersonal. Täglich starben bis zu hundert Soldaten; am Ende belief sich die Zahl der Toten auf 10 700, davon erlagen 8200 dem Typhus und der Ruhr.

Erst am 31. Mai 1814 verließen die letzten – marschfähigen – Franzosen (24 478 Soldaten) Hamburg; sie mußten 5400 Erkrankte und Verwundete zurücklassen. Während der Kämpfe um Hamburg waren etwa 7000 französische Soldaten gefallen oder in Gefangenschaft geraten. Auf die Nachricht von der Abdankung Napoleons am 6. April hatte Davout nicht reagiert; er hielt diese Meldung für eine Kriegslist der Russen und lehnte eine Kapitulation ab. Es bedurfte erst eines Kuriers aus Paris (übrigens eines Verwandten des Marschalls), der die Meldung bestätigte und ein Schreiben des neuen französischen Königs, Ludwig XVIII., überbrachte, worin dem Marschall der Machtwechsel mitgeteilt und ihm die Kapitulation befohlen wurde. Daraufhin hatte der Herzog von Auerstedt und Fürst von Eckmühl die Trikolore eingeholt und die weiße Lilienflagge der Bourbonen am Kirchturm von St. Michaelis hissen und seine Soldaten den Treueid auf König Ludwig leisten lassen.

Die St. Petri Kirche in Hamburg als Pferdestall 1814

St. Petri in Hamburg als Pferdestall. Lithographie von Peter Suhr. Während der Belagerung Hamburgs durch ein russisches Korps wurden alle Hamburger Kirchen (bis auf eine) als Depots und Pferdeställe genutzt.

Zugleich war ein neuer französischer Kommandant in Hamburg eingetroffen, Davout mußte die Heimreise antreten. Unter militärischem Gesichtspunkt bewertet, hatte er eine Meisterleistung vollbracht, der wirtschaftlich nahezu ruinierten Stadt Hamburg allerdings eine der größten Katastrophen ihrer tausendjährigen Geschichte beschert.

Als Hamburg geräumt wurde, befand sich Napoleon bereits auf Elba; die Alliierten hatten ihm die Insel als Aufenthaltsort zugewiesen. Er lebte dort nicht als Gefangener, sondern als souveräner Fürst, durfte freilich nicht die Insel verlassen. Daß er es dennoch tat, veranlaßten die auf Elba eintreffenden Nachrichten. Die Unzufriedenheit der Franzosen mit ihrer neuen Regierung wuchs von Tag zu Tag. Der alte französische Adel wollte seinen in der Revolution enteigneten Besitz zurück und die Privilegien möglichst noch dazu, vorrevolutionäre Verhältnisse sollten restauriert werden und die Erinnerung an Napoleon ausgelöscht. Die Armee war drastisch verkleinert worden, die verbliebenen Offiziere bekamen nur noch den halben Sold, den Regimentern wurden aristokratische Kommandeure gegeben, von denen kaum einer an den Feldzügen Napoleons teilgenommen hatte. Die Alliierten, die in Wien konferierten, waren zerstritten.

Rußland wollte sich ganz Polen einverleiben, Preußen ganz Sachsen als Belohnung. Österreich wiederum wollte seine Nachbarn nicht so gestärkt wissen, und England schien eine Machtvergrößerung Rußlands inakzeptabel. Und da keiner nachgeben wollte und die Drohgebärden zunahmen, schlossen Österreich und England am 3. Januar 1815 einen geheimen Bündnisvertrag für den Fall eines militärischen Konflikts. Napoleon, über alle Vorgänge informiert, wußte auch, daß – auf Vorschlag seines ehemaligen Außenministers Talleyrand, der dieses Amt jetzt wieder versah – an seine Internierung auf den Azoren gedacht war.

So verließ er heimlich Elba und landete am 1. März in Golfe-Juan bei Cannes. Ohne einen Tropfen Blut zu vergießen, zog er bereits am 20. März in Paris ein, denn alle ihm entgegengeschickten Truppen dachten nicht daran, auf ihren Kaiser zu schießen, sondern liefen jubelnd zu ihm über. Aber es half dem Heimkehrer nichts, der Welt seine friedlichen Absichten zu beteuern. Die Alliierten vergaßen augenblicklich ihre Konflikte und marschierten in Frankreich ein. Bei Waterloo, einem Dorf südlich von Brüssel, wurde Napoleon am 18. Juni 1815 von einer britisch-preußischen Übermacht mit dreifacher Artillerieüberlegenheit vernichtend geschlagen und auf die Atlantikinsel St. Helena verbannt, jetzt aber nicht mehr als Souverän, sondern als Gefangener auf Lebenszeit.

Der erste mit Frankreich geschlossene Friedensvertrag von 1814 enthielt keine Bestimmungen über die Rückgabe der geraubten Kunstschätze. Schadows Quadriga vom Brandenburger Tor kehrte heim; man fand sie noch in der ursprünglichen Verpackung von 1806 eingelagert. Preußische und braunschweigische Kunstkommissare suchten einige der geraubten Kunstwerke zusammen, doch der größte Teil blieb nach wie vor in Frankreich. Da der Louvre – genannt *Musée Napoléon* – die vielen eintreffenden Schätze nicht alle hatte aufnehmen können, war Denon schon 1801 darangegangen, Kunstwerke auf Ministerien, Schlösser und Provinzmuseen sowie Kirchen im Land zu verteilen, zu seinem Glück, wie sich zeigte.

Denn nach dem 2. Pariser Frieden 1815 verlangten die Alliierten die vollständige Rückgabe des Geraubten, auch wenn der französische König plötzlich behauptete, bei den Kunstsammlungen des Louvre – jetzt *Musée Royal* – und der Tuilerien handele es sich um seinen Privatbesitz. Aber das half ihm und Denon, den Ludwig ebenfalls sehr schätzte, gar nichts: Das wunderbare Kunstwerk *Musée Napoléon* löste sich auf.

Dennoch fand vieles nicht mehr zurück zu seinen ursprünglichen Besitzern. So wurden aus dem Nachlaß der am 29. Mai 1814 verstorbenen Exkaiserin Joséphine von ihren Erben alle aus

Kassel stammenden Gemälde (darunter Meisterwerke von Claude Lorrain, Rembrandt, Raffael etc.) an den Zaren verkauft. Anderes war so gut in der Provinz versteckt worden (Denon hatte schon 1814 diesbezüglich Vorsorge getroffen), daß man auf die Mühe des Suchens und Abtransportierens lieber verzichtete. Und was in die Privatsammlungen französischer Generale und Marschälle gewandert war, ließ sich ohnehin nicht ermitteln. Da es von den Kunstwerken keine Reproduktionen gab, blieb es eine unlösbare Aufgabe, nach einem Bildtitel ein Kunstwerk einwandfrei zu identifizieren.

Selbstverständlich dachte Zar Alexander nicht entfernt daran, die von ihm gekauften Kasseler Gemälde an den heimgekehrten Kurfürsten von Hessen zurückzugeben. Besonders engagiert beim Einsammeln der Beutekunst in Paris zeigte sich Sir Arthur Wellesley, der seit 1814 den Titel eines Herzogs von Wellington führte. Nach der von ihm gewonnenen Schlacht bei Vittoria war die gesamte Kunstbeute von König Joseph Bonaparte in seine Hände gefallen: 250 Gemälde und mehrere Koffer mit Handzeichnungen und Druckgraphik. Wellington schickte alles nach England, erklärte sich aber nach Kriegsende bereit, die durchweg aus spanischem Besitz stammenden Werke zurückzugeben. Doch welch Glück: König Ferdinand VII. schenkte sie ihm als Dank für die Befreiung Spaniens.

«Das Museum sieht jetzt fürchterlich aus; es sind nicht mehr die Hälfte der Bilder dort, seitdem die Niederländische Schule nach Hause gegangen, und Oesterreich und Spanien seine Gäste zurückgenommen hat», schrieb Prinz Wilhelm von Preußen (der spätere Kaiser Wilhelm I.) am 28. September 1815 aus Paris. «Nun kann man recht sehen, wie sie gestohlen haben; es kommt einem jetzt vor, als wäre es eine Kunst-Ausstellung von Europa gewesen, die freilich sehr interessant zu sehen gewesen ist.»

Genau das war es: Eine Kunstausstellung von Europa, zu der während Napoleons Herrschaft die Menschen von überall her gereist waren, sie zu sehen, wobei sich niemand sonderlich Gedanken gemacht hatte, auf welche Weise dieses ganz einmalige *Musée Napoléon* entstanden war. Diese Meisterwerke, so Denon 1814, seien in Frankreich besser beheimatet gewesen als anderswo. Das war auch nicht ganz falsch, denn Denon war es, der sie für jeden zugänglich gemacht hatte, während sie – ausgenommen in den Kirchen – in den Kunstsammlungen der Fürsten dem großen Publikum verschlossen gewesen waren.

Erst ihr Raub, die Präsentation und dann die Heimkehr der Kunstwerke regten die Deutschen an, nun ihrerseits öffentliche Museen zu schaffen: 1830 wurden kurz hintereinander zwei der bedeutendsten Sammlungen der Öffentlichkeit übergeben – das Alte Museum von Karl Friedrich Schinkel in Berlin und die Alte Pinakothek von Leo von Klenze in München. Ob es Denon am Ende nicht doch gefreut hätte, das mitzuerleben? Wir wissen es nicht, denn der große Kunstkenner war 1825 in Paris gestorben, 78 Jahre alt.

Zehntes Kapitel

Was bleibt?
Der Napoleon-Mythos

In der Verbannung auf St. Helena bekam Napoleon genügend Muße, seine Vergangenheit zu bedenken und zu bewerten. Er hat diese Jahre des Exils gut genutzt, denn hier entwarf der Kaiser seinen eigenen Mythos, hier schuf er das Bild, das sich die Nachwelt von ihm machen sollte. Er diktierte seine Erinnerungen, vor allem aber sammelte er den kleinen Kreis der Getreuen um sich, denen er von sich und seinen Plänen erzählen konnte. Dazu gehörte der Kammerherr Emanuel Auguste Dieudonné Comte de Las Cases, des Kaisers getreuer Eckermann, der alle Gespräche mit dem Gestürzten genau aufzeichnete, so auch jenes vom 11. November 1816, als die Rede auf die Deutschen kam.

«Mir war es nur gelungen», sagte Napoleon, «das ungeheuerliche Gefüge zu vereinfachen; nicht als wären die Deutschen unvorbereitet für ihre Konzentrierung, das waren sie vielleicht zu sehr, sie hätten blindlings auf uns einstürmen können, ehe sie uns verstanden hätten. Wie kam es in aller Welt, daß kein einziger deutscher Fürst die Stimmung der Deutschen zu beurteilen und für sich zu verwerten verstand! Hätte mich der Himmel als deutschen Fürsten in die Welt gesetzt, ich wäre inmitten der vielen Zeitkrisen unfehlbar dahin gekommen, über dreißig Millionen vereinigter Deutscher zu herrschen und, soviel ich dieses Volk kenne, würde es, sobald es mich einmal gewählt hatte, mich auch nie im Stich gelassen haben – ich wäre nicht hier!»

Hatte sich der Kaiser hier Illusionen gemacht? Als diese Sätze gesprochen wurden, war Napoleon der meistgehaßte Mensch in Deutschland, in Karikaturen, Schmähgedichten und unzähligen Pamphleten verflucht als ein dem Abgrund entstiegenes Ungeheuer, eine Ausgeburt der Hölle, ein Wesen von absoluter Verworfenheit. Doch von diesen Verwünschungen war kaum etwas übriggeblieben, als der Verhaßte am 5. Mai 1821 auf St. Helena starb. Die Nachricht erreichte Europa Anfang Juli. Der erste Nachruf erschien in der Londoner *Times* am 5. Juli 1821, andere englische und französische Blätter folgten. In Deutschland beschränkten sich die meisten Zeitungen vorsichtig auf die Meldung des Todes oder sie druckten, unter Nennung der Quelle, aus den Journalen des Auslands nach. Nur zwei besaßen den Mut, eine eigene Meinung zu äußern.

In der *Mainzer Zeitung* vom 12. Juli 1821 schrieb Friedrich Lehne, einst Mitglied im Mainzer Jakobinerclub: «Der Mann, der mit einem in der Geschichte beispiellosen Glanze aus einem Jahrhunderte in das andere trat, der Mann, der durch eigene Kraft, durch eigne Klugheit sich nicht nur an die Spitze seiner Nation, sondern an die Spitze eines halben Weltteils schwang, nachdem er in drei Weltteilen gekämpft und lange gesiegt hatte … stirbt in der Einöde. (…) Wäre dieser Mann vor zehn Jahren gestorben, wie würden die Totenglocken durch halb Europa gesummt, wie würden alle Höfe die Trauer angelegt, wie würde ein anderer Fontanes sein Rednertalent haben glänzen lassen, wie würden alle Kirchen Frankreichs schwarz verziert worden sein; welche Oden, welche Elegien würden wir gelesen haben. Nun gingen hinter seinem Sarge einige seiner Unglücksgefährten, vielleicht einige englische Offiziere, heimlich froh, der Sorgfalt seiner Bewachung überhoben zu sein, aber doch ergriffen von dem Schauspiele der

Wandelbarkeit des Glücks. Anstatt eines kostbaren Mausoleums ist die Klippe, auf der er starb, sein Monument, schreckbar und groß wie sein Schicksal.»

Und in der in Gotha erscheinenden *National-Zeitung der Deutschen* vom 18. Juli 1821 konstatiert der Journalist Rudolph Zacharias Becker: «Ihn verkleinern, die Kraft und Gewalt seines Geistes ableugnen wollen, wäre elend und kleinlich.» Und Becker fragt: «Wie viel erbärmlicher würde nicht nach Jahrhunderten, wenn die Geschichte seine Thaten ruhiger wägen wird, als wir es können, seine Mitwelt ihm gegenüberstehen, wenn seiner Geisteskraft und seiner Thatenmacht nicht gerechte Anerkennung zu teil würde?» Becker, der Herausgeber des Blattes, hatte unter der Anklage einer Verschwörung 17 Monate in französischer Haft in Magdeburg zubringen müssen, ehe er von Napoleon persönlich freigesprochen wurde.

Es gab auch die poetischen Nachrufe, etwa Alessandro Manzonis große Ode *Il Cinque Maggio* (Der fünfte Mai), die Goethe ins Deutsche übertrug und im Januar 1823 veröffentlichte. Die Napoleon-Oden von Franz Grillparzer (1821) und August von Platen (1825) blieben freilich ungedruckt, aus gutem Grund. Undenkbar, daß man 1821 diese Strophe Grillparzers hätte veröffentlichen können:

Denn seit du fort, fließt nun nicht mehr das Blut,
In dem vor dir schon alle Felder rannen?
Ward Lohn den wider dich vereinten Mannen?
Ist heilig das von dir bedrohte Gut?
Ward Tyrannei entfernt mit dem Tyrannen?
Ist auf der freien Erde, seit du fort,
Nun wieder frei Gedanke, Meinung, Wort?

August von Platens 28 Strophen sprechen nur noch von Verherrlichung:

O sprich, von wem verblendet, von wem betäubt
Verstand so schlecht dein glühendes Herz die Welt?
Du wolltest, ja, du wolltest Freiheit
Deiner eroberten Erde schenken!

Es dauerte viele Jahrzehnte, bis die Öffentlichkeit diese Gedichte
zu lesen bekam. Da mußte Heinrich Heines *Ideen. Das Buch Le
Grand*, 1827 in Hamburg verlegt, wie ein Paukenschlag wirken.
Eine so völlig unverblümt ausgesprochene Verherrlichung Napo-
leons hatte es, nachdem der Kaiser die politische Bühne verlassen
mußte, in Deutschland bisher nicht gegeben. Und welch eine
Sprache! Sie scheut sich nicht, fast blasphemisch das christliche
Glaubensbekenntnis zu parodieren:

«Und Sankt Helena ist das heilige Grab, wohin die Völker des
Orients und Okzidents wallfahrten in buntbewimpelten Schiffen,
und ihr Herz stärken durch große Erinnerung an die Taten des
weltlichen Heilands, der gelitten unter Hudson Lowe, wie es geschrieben steht in den Evangelien Las Cases, O'Meara und Antom-
marchi.»

Mit diesen «Evangelien» waren die Erinnerungsbücher jener
drei gemeint, die Napoleons Verbannung auf der Atlantikinsel
geteilt hatten und die 1827 bereits in deutscher Übersetzung vor-
lagen. «Ich hörte, daß man hier sehr ungehalten gegen mich sey,
mich todtschlagen wolle u.s.w.», schrieb Heine auf Norderney vier
Monate nach Erscheinen seines provokanten Buches.

Doch mit seiner ungezügelten Napoleon-Verehrung bildete
dieses Buch den Auftakt zu einer Reihe von Dichtungen, die den
Kaiser enthusiastisch feierten. Der Württemberger Wilhelm Hauff
veröffentlichte die Erzählung *Das Bild des Kaisers* (1827), der Österreicher Christian Freiherr von Zedlitz den Gedichtzyklus *Toten-
kränze* (1827), der Preuße Adelbert von Chamisso die dramatische
Szene *Der Tod Napoleons* (1827), in Stralsund gab Gottlieb Mohnike
1829 mit *Napoleon, Stimmen aus dem Norden und Süden* eine Samm-

lung von Napoleon-Gedichten nichtdeutscher Autoren heraus. Ein Jahr später schrieb Christian Dietrich Grabbe das erste Napoleon gewidmete Schauspiel *Napoleon oder die hundert Tage*. Mit *Die nächtliche Heerschau* veröffentlichte Christian von Zedlitz 1832 eines der populärsten Napoleon-Gedichte deutscher Sprache: Der tote Kaiser hält mit seinen für ihn gefallenen Soldaten eine Geisterparade ab, und mit seinen *Kaiser-Liedern* verherrlichte 1835 – zwanzig Jahre nach Waterloo – erstmals ein ganzer Gedichtband Napoleon; ihr Verfasser war Franz von Gaudy, ein ehemaliger preußischer Garde-Offizier. Heine hatte es richtig erkannt, wenn er von Napoleon sagte: «Seine ungeheure Geschichte wird ein Mythos.» Wie war das möglich?

Der deutsche Napoleon-Kult speiste sich aus verschiedenen Wurzeln. Die «Befreiungskriege» gegen die Franzosen – von Heine, Ludwig Börne, Hoffmann von Fallersleben mit dem spöttischen Epitheton «die sogenannten» versehen – hatten unter den jungen Kriegsteilnehmern Hoffnungen geweckt, die nicht erfüllt worden waren. Die Fürsten hatten ihren Untertanen Verfassungen versprochen, wenn erst einmal Napoleon besiegt sein würde. Doch nur der Großherzog Carl August von Sachsen-Weimar hielt dieses Versprechen. Statt dessen setzte 1817 die «Demagogenverfolgung» ein, die alle bedrohte, die von freiheitlichen Zuständen oder einem geeinten Deutschland träumten; sogar «Turnvater» Jahn wurde eingesperrt, und der Franzosenfresser Ernst Moritz Arndt, Professor in Bonn, verlor seinen Lehrstuhl. Die Presse wurde dermaßen geknebelt, daß der Historiker Heinrich Luden, Herausgeber der Zeitschrift *Nemesis*, am 3. Februar 1818 an den Publizisten Friedrich Justi Bertuch in Weimar schreiben konnte: «Wir könnten dabei sagen, daß man unter Napoleon denn doch besser daran gewesen sei.»

Auf dem Wartburg-Fest vom 18. Oktober 1817, am vierten Jahrestag der Leipziger Schlacht, sprach ein Student, Teilnehmer des Kriegs von 1813/14, jene Worte, die sich in den kommenden Jah-

Die nächtliche Heerschau. Lithographie von Denis Raffet. Die gleichnamige Ballade des österreichischen Dichters Christian von Zedlitz (1832) gehörte zu den populärsten Napoleon-Gedichten des 19. Jahrhunderts, wurde in mehrere Sprachen übersetzt und von Carl Loewe vertont.

ren erst recht bewahrheiten sollten: «Vier lange Jahre sind seit jener Schlacht verflossen. Das deutsche Volk hat schöne Hoffnungen gefaßt, sie sind alle vereitelt; alles ist anders gekommen, als wir erwartet haben.»

Allmählich begriffen die Deutschen, daß ihnen unter der französischen Besatzung tatsächlich mehr Freiheiten gewährt worden waren als jetzt, nach dem Sieg, von ihren deutschen Fürsten. Die auf dem Wiener Kongreß gestiftete «Heilige Allianz» von Österreich, Preußen und Rußland hatte sich zum Ziel gesetzt, alle freiheitlichen, liberalen Regungen energisch zu unterdrücken und zu verfolgen; die von Österreichs Staatskanzler Fürst Metternich betriebene Restauration erstickte jedes noch so zarte Pflänzchen

Freiheit und füllte die Gefängnisse. Die progressive Gesetzgebung Napoleons wurde abgeschafft, allen restaurativen Kräften – vor allem Adel und Kirche – Macht zurückgegeben, die Ideen der Französischen Revolution, die von jedem französischen Besatzungssoldaten verbreitet worden waren, wurden unterdrückt. Und selbstverständlich wurde die Gleichberechtigung der Juden rückgängig gemacht und den Juden vorgeworfen, als Nutznießer dieser Emanzipation hätten sie sich den Franzosen als Kollaborateure angedient. Aber nicht nur, daß jüdische Bankiers und Kaufleute beträchtliche Summen spendeten, um Kriegsfreiwillige auszurüsten, allein von den jüdischen Kriegsfreiwilligen Preußens wurden 72 mit dem Eisernen Kreuz für ihre Tapferkeit ausgezeichnet und 14 zu Offizieren befördert.

Und schließlich: Der verbannte Napoleon, der auf einer kleinen Insel im Atlantik vegetierte, schikaniert von dem britischen Gouverneur Hudson Lowe, gequält von Krankheiten, erweckte plötzlich bei den Deutschen Mitleid. Die Literatur über Napoleon in Gestalt von Biographien und den Memoiren seiner Militärs veränderte das Napoleon-Bild nachhaltig, zumal man nun immer mehr über Napoleons Absichten und Pläne für Europa erfuhr. Wer so unter der Okkupation gelitten hatte wie Preußen, Hamburg und Norddeutschland, wird dafür weniger empfänglich gewesen sein, aber in Süddeutschland, wo man nicht besetzt gewesen war (oder nur ganz kurz), sah man die Vergangenheit milder, und in den linksrheinischen Gebieten sowieso, denn hier waren die Deutschen seit 1801 französische Staatsbürger gewesen und konnten sich nur schwer an die nach 1815 veränderten Verhältnisse gewöhnen, erst recht in jenen Regionen, die Preußen annektiert hatte. Die hatten sogleich verfügt, daß alle Männer im wehrpflichtigen Alter ihren Wehrdienst in der preußischen Armee abzuleisten hätten, obwohl die meisten ihre Ausbildung in der französischen Armee erhalten und während der Feldzüge mitgekämpft hatten.

Carl Schehl, dessen wunderbare Errettung durch sein Klarinettenspiel schon geschildert wurde, erzählt in seinen Erinnerungen, wie man ihn, trotz seiner 1812 in Rußland erlittenen Erfrierungen, die ihm das Gehen sauer werden ließen, dennoch für tauglich musterte (angeredet wurde er mit «Er») und anschließend schikanierte: «Schimpfworte, die ich nie gehört hatte, und auf deren Erfindung die Herren Ober- und Unteroffiziere eine besondere Sorgfalt zu verwenden schienen, wurden mir täglich trotz meiner strengen Pünktlichkeit im Dienste und meiner übermenschlichen Anstrengungen beim Erlernen der verschiedenen schweren Exerzitien an den Kopf geworfen, meistenteils aber nannten sie mich einen verfluchten französischen Bauernlümmel, weil sie wußten, daß ich dem großen Kaiser gedient hatte.»

Ein französischer Offizier, der sich in Napoleons Armee zu solchen Verbalinjurien hätte hinreißen lassen, wäre augenblicklich degradiert worden, und Carl Schehl war längst nicht der einzige Deutsche, der über den Wert seiner «Befreiung» durch die Preußen nachzudenken begann.

Dies war einer der Gründe, warum sich im Rheinland eine besondere Pflege der Napoleon-Verehrung entwickelte: Vereine wurden gegründet, in denen sich die (deutschen) Veteranen der *Grande Armée* zusammenschlossen, die einst für Napoleon gekämpft hatten. Für sie wurde 1837 auch eigens ein *Liederbuch für die Veteranen der großen Napoleonsarmee von 1803 bis 1814* gedruckt, nachdem der erste deutsche Veteranen-Verein 1833 in Mainz gegründet worden war, der 230 Mitglieder zählte. Bis 1845 folgten ihm im Rheinland etwa 35 weitere Vereine mit fast 2000 Mitgliedern. Man traf sich an Napoleons Geburtstag (15. August) und Todestag (5. Mai), schwelgte in Erinnerungen an den Kaiser und sang Lieder zu seinem Ruhm, in denen es etwa hieß:

Aber nichts gleicht dem Entzücken,
Wenn sich unsern heitern Blicken

Stellt das Bild des *Kaisers* dar, –
Der zu Sieg und Ruhm uns führte,
Frankreichs Thron so herrlich zierte,
Uns – ein treuer Vater war! –

Darum wollen *Ihm* zu Ehren
Jetzt ein volles Glas wir leeren;
Ruht *Er* gleich im Grabe schon! –
Heil dem Tag, der Ihn geboren!
Treue Liebe sei geschworen
Ihm, dem Held Napoleon!!!

Neben solcher Traditionspflege war es Aufgabe dieser Vereine,
den Mitgliedern und ihren Angehörigen beizustehen, wenn sie
krank oder notleidend geworden waren, und für ein ehrbares
Begräbnis zu sorgen.

Nachdem sich Louis Napoleon, der Neffe Napoleons, als Napo-
leon III. zum Kaiser Frankreichs gekrönt hatte, stiftete er 1857 die
St.-Helena-Medaille, die allen noch lebenden Veteranen der *Grande
Armée* verliehen wurde. Etwa 107 000 lebten noch, und in Deutsch-
land erhielt als erster der in Nürnberg wohnende bayerische
Hauptmann Achilles die Bronzemedaille am grün-roten Band.

Im preußisch annektierten Rheinland wurde der «freche Sil-
berling», wie der Dichter Leopold Schefer schimpfte, sofort verboten; die Medaille durfte nicht getragen, ja eigentlich nicht einmal
angenommen werden, weswegen sich die deutschen Veteranen
die begehrte Auszeichnung heimlich besorgen mußten. Das Großherzogtum Hessen hingegen erlaubte ohne Einschränkung das
Tragen der Auszeichnung in der Öffentlichkeit. In Bayern durfte
man die Medaille zwar grundsätzlich anlegen, doch mit der Einschränkung, dies gelte nicht «für bayerische öffentliche Diener».
Zum 100. Geburtstag Napoleons 1869 tat sein Neffe in Paris noch
mehr: Er versprach allen ehemaligen Soldaten, die zwei Feldzüge

mitgemacht, eine schwere Verwundung erlitten oder sich durch besondere Tapferkeit (*action d'éclat*) ausgezeichnet hatten, eine jährliche Pension von 250 Francs. Diese Pension erhielten 1870 immerhin noch 43 512 Veteranen; wie viele Deutsche darunter waren, ist nicht bekannt. Im Mainzer Verein starb der letzte der alten Krieger 1883, im Krefelder Verein 1884. Der letzte der Pensionäre, der Franzose Victor Baillot, Teilnehmer an der Schlacht von Waterloo, starb am 3. Februar 1898 in seinem Heimatdorf.

Die Napoleon-Begeisterung in Deutschland erhielt neue Nahrung, als im Dezember 1840 der Leichnam des Kaisers, den man von St. Helena geholt hatte, im Invalidendom zu Paris beigesetzt wurde. Unter den Zuschauern des bombastischen Zeremoniells stand auch Heinrich Heine:

Hab selber sein Leichenbegängnis gesehn,
Ich sah den goldenen Wagen
Und die goldenen Siegesgöttinnen drauf,
Die den goldenen Sarg getragen.

Den Elysäischen Feldern entlang,
Durch des Triumphes Bogen,
Wohl durch den Nebel, wohl über den Schnee,
Kam langsam der Zug gezogen.

Mißtönend schauerlich war die Musik.
Die Musikanten starrten
Vor Kälte. Wehmütig grüßten mich
Die Adler der Standarten.

Die Menschen schauten so geisterhaft
In alter Erinnrung verloren –
Der imperiale Märchentraum
War wieder heraufbeschworen.

Napoleon entsteigt seinem Grab. Graphik von Jean-Pierre-Marie Jazet nach einem Gemälde von Horace Vernet, 1840. Der tote Kaiser, dessen Leichnam 1840 von St. Helena nach Paris überführt wurde, erscheint hier christus-gleich in einer Aura als Auferstehender.

Ich weinte an jenem Tag. Mir sind
Die Tränen ins Auge gekommen,
Als ich den verschollenen Liebesruf,
Das Vive l'Empereur! vernommen.

Nicht nur Heine, auch Friedrich Engels widmete dem Ereignis einige Verse, die er im November 1840 unter dem Titel *Sanct Helena. Fragment* im *Telegraph für Deutschland* veröffentlichte. Hier wird Napoleon, ein damals dutzendfach gebrauchtes Bild, mit Prometheus verglichen, geschmiedet an den Fels von St. Helena, für den Engels kein anderer Vergleich als der des «schwarzen Priesterkleid(es)» einfällt; die Kapitalismuskritik stand ihm doch wohl ein wenig näher als das Versemachen.

Kaum war Napoleons Leichnam im Invalidendom beigesetzt worden (unter den Klängen von Mozarts *Requiem*), da bekamen die Deutschen schon ein in Leipzig gedrucktes Buch in die Hand gedrückt – *Die Todtenfeier des Kaisers Napoleon* –, worin der anonyme Verfasser ausführlich in Wort und Bild über die Umstände der Exhumierung, Überführung und Beisetzung informierte. Als Frontispiz beigegeben war ein Bild, das damals auch als separater Stahlstich auf dem deutschen Markt seine Käufer fand: Es zeigt Napoleon in der Ikonographie des auferstehenden Christus; von einer Aura umflossen entsteigt der Kaiser in Uniform, die Grabplatte mit seiner Rechten wegdrückend, seiner Gruft. Unter dieser Darstellung – die Vorlage lieferte ein Gemälde von Horace Vernet – stand jener damals oft zitierte Satz aus Napoleons Testament: «Ich wünsche, daß meine Asche an den Ufern der Seine ruhe, in Mitte des französischen Volkes, das ich so innig geliebt habe.»

Und wieder regten sich die Federn der Poeten. In Braunschweig erschien 1842 das von Eduard Brinckmeier herausgegebene *Napoleons-Album*, eine 316 Seiten starke Anthologie mit Napoleon-Gedichten deutscher und – übersetzt – französischer Autoren. Der produktive württembergische Schriftsteller Ernst Ortlepp veröffentlichte 1843 in Ulm seine *Napoleonslieder*, und schließlich gab 1856 der Bautzener Rechtsanwalt Otto Weber den Napoleon III. gewidmeten Lyrikband *Blätter vom Stamm Napoleon* zum Druck. Es war der letzte, ausschließlich Napoleon gewidmete Gedichtband in Deutschland, auch wenn noch später Gedichte auf den Kaiser (so u. a. von Georg Heym und Gertrud Kolmar) immer wieder geschrieben wurden. Die außerordentliche Popularität von Heines 1819 verfaßtem Gedicht *Die Grenadiere* («Mein Kaiser, mein Kaiser gefangen!»), von Robert Schumann so unvergleichlich in Musik gesetzt, hat keines dieser unzähligen Napoleon-Poeme auch nur annähernd erreichen können.

Aber es gab nicht nur die emsigen Dichter, sondern auch die fleißigen Manufakturen. Gebrauchsgegenstände mit Napoleon-Dekor wurden in Deutschland Mode, am meisten in Süddeutschland. Man konnte seine Briefe mit einem Petschaft siegeln, das Napoleons Bildnis zeigte. Pfeifenköpfe, Schnupftabaksdosen, Ofenplatten, Faßböden – sie alle zeigten den marmornen Caesarenkopf, und diesen Kopf, von dem Heine so schwärmte, bekam man natürlich auch als Büste für den Hausgebrauch in jeder Größe und Ausführung.

Und dann die Fülle der Druckgraphik! Vieles wurde aus Frankreich importiert, wo sich unmittelbar an der Grenze zu Deutschland eine ganze Souvenir-Industrie angesiedelt hatte. Aus dem Elsaß kamen Tapeten mit napoleonischen Motiven und die überaus beliebten kolorierten Holzschnitte aus Epinal mit Szenen aus dem Leben Napoleons. Die gab es auch zu sehen auf Fayence-Tellern, die eine Manufaktur in Sarreguemines (Saargemünd) lieferte, deren Erfolg andere französische und belgische Unternehmen zu Imitationen anregte.

Alle diese Napoleon-Devotionalien hatten ihren Markt in Süddeutschland und im Rheinland; in Preußen und in Norddeutschland wären sie ziemlich chancenlos geblieben. Nach dem von den erstmals gemeinsam militärisch agierenden deutschen Staaten siegreich geführten Krieg gegen Frankreich 1870/71 war das Interesse an Napoleon in Deutschland nahezu erloschen und ist auch später nie wiederbelebt worden. Gegen Ende des Jahrhunderts starben die letzten Deutschen, die «den Kaiser, diese Weltseele!» (G. W. Hegel) noch selber gesehen hatten.

Dennoch hat es in der Kultur Deutschlands einen Nachhall gegeben, der von tieferer Wirkung war als die vielen gutgemeinten und schlechtgereimten Gedichte, die bescheidenen Theaterstücke und die mäßigen Romane und Erzählungen, die sich Napoleon zum Thema wählten. Es ist die deutsche Romantik gewesen, die nachhaltig auf Napoleons Wirken reagierte, wenn auch indirekt.

Daß sich die Romantik auf das Mittelalter besann, freilich auf ein ideales Mittelalter, das es so nie gegeben hatte, lag an den Zeitumständen. Die Französische Revolution und die mit ihr verbundenen Kriege hatten die Gesellschaft bis tief in ihre Fundamente erschüttert und bisher nie bezweifelte Werte in Frage gestellt. Die Sehnsucht nach einem allumfassenden Reich des Friedens und der Völkergemeinschaft wuchs, zugleich das Bedürfnis nach verbindlichen Werten, die dem Menschen einen geistigen Halt geben konnten. Für Novalis war die Französische Revolution die natürliche Konsequenz eines rationalistischen Zeitalters der Aufklärung, dem er vorwarf, «die unendliche schöpferische Musik des Weltalls zum einförmigen Klappern einer ungeheuren Mühle» entstellt zu haben.

Einer eher philologischen Beschäftigung mit dem Mittelalter, einer Auseinandersetzung mit gotischen Formelementen, setzten die Romantiker nun ihr Mittelalterbild als eigene schöpferische und heilkräftige Konzeption entgegen, wobei sie besonders die Kraft der Gemeinschaft und die Fruchtbarkeit künstlerischer Schöpfung hervorhoben. Der herrschende Klassizismus berief sich auf die griechisch-römische Antike, die europäische Zivilisation war französisch geprägt; ihnen stellte die Romantik, die sich auf ihre deutsche Vergangenheit berief, ein nationales Leitbild entgegen, das zunächst noch völlig frei von nationalistischer Verengung war.

Dem waren die politischen Verhältnisse günstig. Denn mehr und mehr wuchs die Vorherrschaft Napoleons in Mitteleuropa, der kaum mehr mit Waffen zu begegnen war. Wohl aber konnte man die inneren Kräfte gegen die französischen Okkupanten stärken und sich auf das besinnen, was den eigentlichen Reichtum der Deutschen ausmachte. Und dies war um so leichter, als der französische Einfluß nur politisch-militärischer Natur war, aber ohne jede kulturelle Wirkung blieb.

Plötzlich gewann das Nibelungenlied geradezu den Rang eines deutschen Nationalepos. August Wilhelm Schlegel schwärmte 1799 von der «herben Wildheit dieser kolossalischen Dichtungen» und fand 1804, das Nibelungenlied dürfe sich «kühnlich mit der Ilias messen». Ludwig Tieck veröffentlichte 1803 die *Minnelieder aus dem schwäbischen Zeitalter* und verarbeitete in den Schauspielen *Genoveva* (1800) und *Kaiser Octavianus* (1804), Stoffe aus den deutschen Volksbüchern. Und im Dezember 1805 – soeben hatte Napoleon die österreichisch-russische Koalition bei Austerlitz zerschmettert – erschien der erste Band der von Clemens Brentano und Achim von Arnim herausgegebenen Sammlung *Des Knaben Wunderhorn*, die erste große Anthologie deutscher Volkslieder. Joseph Görres folgte ihnen 1807 mit der Edition der *Deutschen Volksbücher*, und im Jahr darauf erschien die von Brentano und Arnim herausgegebene kurzlebige *Zeitung für Einsiedler*, die sich besonders der deutschen Volkspoesie annahm.

Zu dieser Zeit hatte Napoleon sich längst zum Herrn von ganz Deutschland gemacht. Hatten ihn die Romantiker anfangs noch bewundert und gefeiert, so wurde er ihnen jetzt zunehmend zum Abbild des Antichrist. Bezeichnend war, daß der Norweger Henrik Steffens, den Romantikern eng verbunden, 1808 glauben konnte: «Er, der Sieger, erschien mir wie eine Wohltat aus Gottes gütiger Hand; er war bestimmt, die gelähmte Kraft zu stärken, krankhafte

Ohnmacht zu vernichten, Treue gegen die Fürsten, Anhänglichkeit an das Vaterland, ja alles Heilige und Treue zu retten und zu beleben.»

In ebendiesem Jahr erhielten die Brüder Ferdinand und Heinrich Olivier den Auftrag ihres Gönners, des Fürsten von Anhalt-Dessau, das Porträt Napoleons zu malen. Es wurde das einzige Napoleon-Bild der deutschen Romantik, gewiß kein Meisterwerk, aber doch höchst charakteristisch. Napoleon sprengt hier, hoch zu Roß, durch eine ganz und gar romantisch empfundene deutsche Landschaft, in deren Bann er zu stehen scheint. Die Oliviers, die sich 1808 in Paris aufhielten und hier die altdeutschen Meister im *Musée Napoléon* kennenlernten, die Denon so fleißig zusammengetragen hatte, haben sich der Aufgabe nicht gern unterzogen, aber sie haben das ungewöhnlichste Napoleon-Porträt der Zeit gemalt, das ihn im geheimen Widerstreit mit der Romantik darzustellen scheint, und es ist erwähnenswert, daß französische Stabsoffiziere, die es wissen mußten, das Bild für außerordentlich gelungen erachteten.

Am Vorabend der Preußen vernichtenden Doppelschlacht von Jena und Auerstedt 1806 hatte Friedrich Schleiermacher geschrieben: «Deutschland ist immer noch da, und zu seinem Beruf wird es sich wieder einstellen mit nicht geahndeter Gewalt, würdig seiner alten Heroen und seiner vielgepriesenen Stammeskraft.»

Darauf berief sich auch Friedrich Schlegel, der 1809 im Krieg Österreichs gegen Napoleon in österreichischen Diensten als Propagandist tätig war. Die patriotischen Lieder, die er hier dichtete, schöpften ihre Kraft aus der deutschen Vergangenheit:

Unserer Ahnen alte Kunde
Ist es, was mir Hoffnung gibt;
Wann, belehrt in treuem Bunde,
Man das Alte wieder liebt.

Bemerkenswert ist die Haltung dieser bescheidenen Reimereien: Es sind nicht Lieder des Hasses und der Rache, wie sie vier Jahre später Deutschland überschwemmen werden, es sind Lieder der Rückbesinnung auf die eigene Tradition.

Die Herausgabe der *Kinder- und Volksmärchen* durch die Brüder Jacob und Wilhelm Grimm 1812 (soeben marschierte Napoleon gegen Rußland) war eine solche Rückbesinnung, die inzwischen auch von der Malerei aufgegriffen wurde. Caspar David Friedrich in Dresden hat zwar die hochgemute Verklärung der Vergangenheit nicht mitgemacht, sofern sie nur formalistischer Natur war. Aber er zeigte sich als ein entschiedener Patriot, dessen Bildern es in der Zeit um 1813/15 nicht an einschlägigen Anspielungen mangelte: «Gräber gefallener Freiheitshelden», «Grab des Arminius» oder «Huttens Grab» sind Beispiele für seine Gesinnung. Dabei führt «Huttens Grab» noch weiter. Der ritterliche Sänger eines frühen deutschen Nationalgefühls liegt hier in einer gotischen Kirchenruine bestattet, Symbol deutscher Vergangenheit. An seinem Grab steht ein Mann in der sogenannten altdeutschen Tracht, wie sie 1816, unmittelbar nach dem Ende der Kriege und zu Beginn der «Demagogenverfolgung», als sie verboten wurde, allenthalben unter den deutschen Patrioten in Mode war, Zeugnis vaterländischer Gesinnung. Das Bild, vermutlich 1820 entstanden, ist schon ein Denkmal kurzlebigen Nationalismus: Deutscher Einigungswille und Patriotismus werden zu einer Zeit verherrlicht, da beides schon höchst inopportun geworden war. Und es ist ein Nachklang jener Zeit, in der einmal die Romantik, deren Symbole dieses Bild verwendet, wirksam war, denn auch sie ist nach 1815 schon Geschichte.

Unmittelbarer noch ist Friedrichs Bild vom «Chasseur im Walde» (1813/14), wo ein versprengter französischer Soldat im verschneiten Winterwald steht, der ihm sein Ende verheißt, eine Darstellung der schauerlichen und hoffnungslosen Verlassenheit.

Der Schritt vom Kosmopolitismus der Romantik zum Nationalbewußtsein war ursprünglich alles andere als reaktionär. Beides waren Formen der Welterfahrung, und darum hatten sie beide auch ihre Berechtigung, denn auch die Besinnung auf nationale Werte steht nicht im mindesten im Widerspruch zu einer weltoffenen Gesinnung. Was sich aber dann im Verlauf der Napoleonischen Kriege vollzog, war eine zunehmende Gesichtsverengung, nur hatte die mit der eigentlichen Romantik nichts mehr zu tun. Absolut kosmopolitisches Gedankengut fand sich unmerklich nationalistisch reduziert, aber das hat nie in der Absicht der Romantiker gelegen.

Heinrich Heine, der in seiner Lyrik ohne die Romantik gar nicht zu denken ist, hat das nicht so gesehen, als er 1836 seine große Abrechnung *Die Romantische Schule* den französischen Lesern vorstellte. Zu einer Zeit, da das Gedankengut der deutschen Romantik den Rhein überquerte und in Frankreich geradezu begeistert aufgenommen wurde, empfand es Heine als seine Aufgabe, die Franzosen nachdrücklich vor dieser Spielart deutschen Denkens zu warnen. Heine hatte sich dabei mit zwei prägenden Eindrükken seines Lebens auseinanderzusetzen, die sehr eng miteinander verflochten waren: seinem Judentum und dem Kampf der Deutschen gegen Napoleon.

Die deutschen Juden dankten ihre Emanzipation und bürgerliche Gleichstellung Napoleon und seiner Gesetzgebung, die durch die französische Besetzung Deutschlands auch hier Geltung bekam. Das erklärt die im Judentum tiefverwurzelte pronapoleonische Gesinnung, die sich bei Heine zu einer fast göttlichen Verehrung des Kaisers steigerte. So war für ihn der Kampf der Deutschen gegen Napoleon nicht nur ein Kampf für die erneute Unterdrückung des Judentums (die ja auch tatsächlich sofort einsetzte und sich bis zu den Pogromen von 1819 steigerte), sondern ein Kampf aller irrationalen Kräfte gegen die Rationalität, die Napoleon mit den Ideen der Französischen Revolution in Deutschland verbreitet hatte. Wer aber stand – für Heine – hinter den Kräften des Irrationalismus und der blindwütigen Deutschtümelei? Die Romantiker. Sie hatten, argumentiert Heine, in kritikloser Verehrung des Mittelalters den Neokatholizismus befördert, ihre Ideologie paßte vortrefflich ins Konzept jener politischen Kräfte, die den Weg ins altdeutsche Dunkel suchten, in die politische Reaktion, in die Unfreiheit:

«Wir hätten auch den Napoleon ganz ruhig ertragen. Aber unsere Fürsten, während sie hofften durch Gott von ihm befreit zu werden, gaben sie auch zugleich dem Gedanken Raum, daß die zusammengefaßten Kräfte ihrer Völker dabei sehr mitwirksam sein möchten: man suchte in dieser Absicht den Gemeinsinn unter den Deutschen zu wecken und sogar die allerhöchsten Personen sprachen jetzt von deutscher Volkstümlichkeit, vom gemeinsamen deutschen Vaterlande, von der Vereinigung der christlich germanischen Stämme, von der Einheit Deutschlands. Man befahl uns den Patriotismus und wir wurden Patrioten; denn wir tun alles was uns unsere Fürsten befehlen. Man muß sich aber unter diesem Patriotismus nicht dasselbe Gefühl denken, das hier in Frankreich diesen Namen führt. Der Patriotismus des Franzosen besteht darin, daß sein Herz erwärmt wird, durch diese Wärme sich ausdehnt, sich erweitert, daß es nicht mehr bloß die nächsten Angehörigen, sondern ganz Frankreich, das ganze Land der Zivilisation mit seiner Liebe umfaßt; der Patriotismus des Deutschen hingegen besteht darin, daß sein Herz enger wird, daß es sich zusammenzieht, wie Leder in der Kälte, daß er das Fremdländische haßt, daß er nicht mehr Weltbürger, nicht mehr Europäer, sondern nur ein enger Deutscher sein will. Da sahen wir nun das idealische Flegeltum, das Herr Jahn in System gebracht; es begann die schäbige, plumpe, ungewaschene Opposition gegen eine Gesinnung die eben das Herrlichste und Heiligste ist, was Deutschland hervorgebracht hat, nämlich gegen jene Humanität, gegen jene allgemeine Menschen-Verbrüderung, gegen jenen Kosmopolitismus, dem unsere großen Geister, Lessing, Herder, Schiller, Goethe, Jean Paul, dem alle Gebildeten in Deutschland immer gehuldigt haben.

Was sich bald darauf in Deutschland ereignete, ist euch allzu-wohl bekannt. Als Gott, der Schnee und die Kosaken die besten Kräfte des Napoleon zerstört hatten, erhielten wir Deutsche den allerhöchsten Befehl uns vom fremden Joche zu befreien, und wir loderten auf in männlichem Zorn ob der allzulang ertragenen Knechtschaft, und wir begeisterten uns durch die guten Melodien und schlechten Verse der Körnerschen Lieder, und wir erkämpf-ten die Freiheit; denn wir tun alles was uns von unseren Fürsten befohlen wird.

In der Periode, wo dieser Kampf vorbereitet wurde, mußte eine Schule, die dem französischen Wesen feindlich gesinnt war, und alles deutsch Volkstümliche in Kunst und Leben hervorrühmte, ihr trefflichstes Gedeihen finden. Die romantische Schule ging da-mals Hand in Hand mit dem Streben der Regierungen und der geheimen Gesellschaften, und Herr A. W. Schlegel konspirierte ge-gen Racine zu demselben Ziel, wie der Minister Stein gegen Napo-leon konspirierte. Die Schule schwamm mit dem Strom der Zeit, nämlich mit dem Strom, der nach seiner Quelle zurückströmte. Als endlich der deutsche Patriotismus und die deutsche Nationa-lität vollständig siegte, triumphierte auch definitiv die volkstüm-lich germanisch christlich romantische Schule, die ‹neudeutsch-religiös-patriotische Kunst›. Napoleon, der große Klassiker, der so klassisch wie Alexander und Cäsar, stürzte zu Boden, und die Her-ren August Wilhelm und Friedrich Schlegel, die kleinen Romanti-ker, die ebenso romantisch wie das Däumchen und der gestiefelte Kater, erhoben sich als Sieger.»

Das ist eine brillante Polemik, aber sie zielte weniger auf die wahre deutsche Romantik, als vielmehr auf ihr Zerrbild, so wie einst die Romantik gegen die Karikatur einer Aufklärung polemi-siert hatte, die mit der Aufklärung im Sinne Kants nicht viel zu tun hatte. Der primitive Chauvinismus eines Friedrich Ludwig Jahn und eines Ernst Moritz Arndt, gepaart mit borniertem Juden-haß, hatte mit der Romantik gar nichts zu tun, auch wenn damit die offen bekundete Judenfeindschaft der Romantiker Clemens Brentano und Achim von Arnim nicht verharmlost werden soll.

Die Romantik, die 1835, als Heine schrieb, längst nicht mehr existierte, hatte Deutschland für die Weltliteratur geöffnet: Sie gab den Deutschen endlich einen deutschen Shakespeare, einen deutschen Cervantes, dank ihrer großen Übersetzungen, sie erschloß ihnen die spanischen wie provenzalischen Dichtungen, sie öffnete den Deutschen weit die Fenster und holte die Welt ins Haus bis hin zur Vermittlung indischer Kultur. Das war genau das Gegenteil dessen, was der «Turnvater» Jahn und seine Spießgesellen wollten. Jahn postulierte allen Ernstes eine breite, tiefgestaffelte Todeszone mit Urwäldern und reißenden Tieren zwischen Deutschland und Frankreich als unüberwindbare Grenze und verstieg sich zu der Behauptung, eine Mutter, die zulasse, daß ihre Tochter Französisch lerne, handele nicht anders, als sie zur Hurerei anzuleiten. Sprachpuristen forderten jetzt die völlige Ausmerzung jeglicher Fremdwörter aus der deutschen Sprache. So notierte Goethe am 27. Mai 1816 in seinem Tagebuch: «Forderung der (Jenaer) Studenten vom Professor, daß er die wissenschaftliche Terminologie deutsch geben soll. Seltsamer Einfluß dieser Grille auf Wissenschaft und Praxis.» Unter der Überschrift *Die Sprachreiniger* hatte er einige Tage zuvor gereimt:

Gott Dank! daß uns so wohl geschah,
Der Tyrann sitzt auf Helena!
Doch ließ sich nur der eine bannen,
Wir haben jetzo hundert Tyrannen.
Die schmieden, uns gar unbequem,
Ein neues Kontinental-System.
Teutschland soll rein sich isolieren,
Einen Pest-Cordon um die Grenze führen,
Daß nicht einschleiche fort und fort
Kopf, Körper und Schwanz von fremdem Wort.

Zwischen 1800 und 1815 hatten die Deutschen mit dem Namen Napoleon vorwiegend negative Eindrücke verbunden: Teile Deutschlands waren Schlachtfelder gewesen; die Bevölkerung lernte die unmittelbaren Kriegslasten mit Verwüstung und Plünderung ebenso kennen wie die oft unerträglichen Belastungen durch die Einquartierung der französischen Sieger und ihrer Verbündeten; die Konskription bedeutete Zwangsverpflichtung für den Kriegsdienst und die Interessen des fremden Kaisers. Die Kontinentalsperre und die französischen Schutzzölle brachten der deutschen Wirtschaft mehr Belastungen als Vorteile, und willkürlich erhobene Sondersteuern (in Hamburg z. B. sogar auf Türen und Fenster) machten die Menschen arm. Und über allem lag das dichtgesponnene Netz der französischen Geheimpolizei und ihrer deutschen Spitzel.

Diese negativen Erinnerungen verloren sich nach Napoleons Tod zwar nicht aus dem Gedächtnis, aber immer mehr wurde jetzt, nach den Aufgeregtheiten der Kriegsjahre, vielen bewußt, wieviel sie andererseits doch auch Napoleon zu verdanken hatten:

Er befreite die deutschen Staaten aus einer vielfach noch intakten mittelalterlichen Ordnung und ersetzte sie durch den modernen Verwaltungsstaat, wie wir ihn heute kennen. Er gab den Menschen die Freizügigkeit und die Gleichheit vor dem Gesetz, repräsentiert durch unabhängige Richter und Schwurgerichte.

Er führte die Zivilehe ein, befreite die Bauern von Leibeigenschaft, Adelsprivilegien und dem Zehnten der Kirche, schaffte die antiquierte Zunftordnung des Handwerks ab und gab den Juden die Gleichberechtigung. Das bedeutete für sie Freizügigkeit, Niederlassungsfreiheit und Gewerbefreiheit. Von nun an standen Juden alle Berufe offen. Soldaten durften fortan nicht mehr von ihren Vorgesetzten mißhandelt und mit demütigenden Strafen entehrt werden, man mußte nicht länger von Adel sein, um Offizier oder General werden zu können. Zwar wurde der *Code Napoléon* nur im Großherzogtum Berg, im Königreich Westfalen und im Großherzogtum Baden verbindlich, aber die Rechtsprechung erfuhr eine durchgreifende Vereinfachung, und die Verfahren wurden erheblich beschleunigt. Die generelle Einführung des Dezimalsystems konnte zwar unter Napoleon nicht mehr durchgesetzt werden, wie beabsichtigt, aber es war sein Erbe, als es – entsprechend der Vereinheitlichung von Münzen, Maßen und Gewichten – 1871 im Deutschen Reich verbindlich wurde. Übrigens beabsichtigte Napoleon für das von ihm konzipierte Europa unter seiner Führung eine neue, überall gültige Einheitswährung. Neue große Straßen nach modernen Bauverfahren sind allerdings nur dem linksrheinischen Gebiet zugute gekommen.

Neben diesen ganz konkret zu benennenden Errungenschaften, die Deutschland Napoleon zu danken hatte, gab es auch die – indirekte – Verbreitung des Ideenguts der Französischen Revolution, wofür die Soldaten der *Grande Armée* sorgten. Ja, auch die preußischen Reformen hätte es ohne Napoleon nie gegeben.

Aber er war ein Diktator! Zweifellos. Nur daß in den ihn bekämpfenden Staaten nicht demokratisch gewählte und demokratisch handelnde Regierungen herrschten, auch nicht in England, sondern gekrönte Alleinherrscher, die für die von ihnen verantworteten Kriege nie zur Rechenschaft gezogen werden konnten, schon darum nicht, weil sie ganz am Ende dann als Sieger hervorgingen und Europa wieder ihre restaurierte Ordnung aufzwangen. In ihren Staaten gab es weitaus weniger Freiheit als in Napoleons Herrschaftsbereich, das mußten die 1814 von fremder Okkupation befreiten Deutschen sehr schnell feststellen, als das Rad eilig wieder zurückgedreht wurde. Und das bekamen nicht nur die Juden zu spüren, denen nun zunehmend feindlich begegnet wurde. Die Wiederherstellung der alten abgelebten Verhältnisse haben die wenigsten Deutschen begrüßt, aber sie konnten die Restauration auch nicht verhindern. Der Haß auf die Franzosen ging in Hamburg so weit, selbst völlig vernünftige Bestimmungen aus der Besatzungszeit sofort abzuschaffen, nur weil sie von der französischen Verwaltung eingeführt worden waren. Wer dagegen Einspruch erhob, wurde als Kollaborateur diffamiert. Doch es ist keine Frage: Die Deutschen begriffen schon bald, daß sie Napoleon viel zu verdanken hatten. Anders hätte der nach 1821 einsetzende Kult um den Kaiser kein Fundament gehabt.

Was ist davon geblieben, was bedeutet Napoleon für die Deutschen heute? Als Friedrich Sieburg 1956 seine luzide Napoleon-Studie veröffentlichte, schrieb er: «Aber wer auch die Feder führen, wer auch die Stimme erheben mag, ein gelassenes Verhältnis zu Napoleon bringt kein Deutscher auf. Die besondere Art seiner Größe rührt in uns Saiten an, deren Schwingungen keine Harmonie ergeben.»

Doch in dem seither vergangenen halben Jahrhundert hat das Interesse an solcher Harmonisierung unseres Napoleon-Bildes spürbar nachgelassen. Die Erscheinung dieser historischen Persönlichkeit wird in Deutschland nicht mehr kontrovers diskutiert, wenn sie überhaupt noch für diskutabel gehalten wird. Sieburgs stilistisches Meisterwerk war 1956 noch ein vielgekauftes Buch, über das gesprochen wurde. Diese Chance böte sich ihm heute kaum noch, und das nicht nur, weil immer weniger gelesen und Geschichte immer weniger begriffen wird. Das Interesse an Napoleon ist geschwunden.

Die Dimensionen des Napoleonischen Europas sind geschrumpft, da uns die modernen Medien in Sekunden über alle Ereignisse in der ganzen Welt in Bild und Wort informieren, und so hat Napoleon postum recht bekommen, wenn er von Europa als von einem «Maulwurfshügel» sprach. Die Kriege, die wir erlebt haben, vor allem die beiden Weltkriege, hatten Ausmaße, die ohne Vergleich sind und alle Kriege zwischen 1800 und 1815 relativieren. Angesichts der Verbrechen moderner Diktatoren werden Napoleons Verbrechen zu Bagatellen. Die Monstrositäten Hitlers, Stalins, Maos erwuchsen aus menschenfeindlichen Ideologien mit ihrem Ausrottungswahn. Napoleon ist nichts fremder gewesen als politisches Handeln aus ideologischen Vorstellungen; im Gegenteil, seine ganze Verachtung galt jenen, die er als «Ideologen» bezeichnete. Hat er das deutsche Nationalbewußtsein gekränkt, gedemütigt? Aber das existierte nicht, er hat es erst durch seine Politik geweckt. Doch war das ein «deutscher» (oder «teutscher») Nationalismus oder nicht vielmehr ein preußischer? Wie «deutsch» hat man sich in Süddeutschland oder links des Rheins empfunden?

Friedrich Nietzsche, ein Bewunderer Napoleons, hat den Deutschen vorgeworfen, sie hätten «mit ihren ‹Freiheitskriegen› Europa um den Sinn, um das Wunder von Sinn in der Existenz Napoleons gebracht». Es ist ja wahr: Nach dem Sturz des «Großen Kaisers» (Heine) triumphierten Kleinstaaterei, Engstirnigkeit, Chauvinismus und die Unterdrückung aller liberalen Ideen. Doch könnte Napoleon das gegenwärtige, sich politisch wie wirtschaftlich formierende Europa sehen, so fände er sich in manchem bestätigt. Denn ein sich zusammenschließendes Europa mit einheitlicher Währung und einheitlichen Maßen ist sein Ziel gewesen. Daß die-ses Europa von heute nicht unter französischer Vorherrschaft steht, wie von ihm gedacht, hätte es ihn enttäuscht? Damals wäre tatsächlich nur Frankreich fähig gewesen, Napoleons europäische Konzepte zu verwirklichen, doch als Pragmatiker hätte er das Faktum von Frankreichs verlorener Dominanz wohl akzeptiert.

Die Deutschen, die sich nach 1945 zu begeisterten Europäern entwickelten, haben heute keinen Anlaß mehr, über Napoleon zu streiten. Sie leben in einer Welt, zu der dieser in jeder Weise außergewöhnliche Mensch – Nietzsche nannte ihn das «Hauptereignis des letzten Jahrtausends» – das Fundament geschaffen hat: politisch, wirtschaftlich, sozial und als Gesetzgeber. Seinen Namen trägt eine Epoche der Geschichte, in der sich Größe und Kleingeistigkeit seltsam mischen, ja wohl einander bedingen, manifestiert in einer Persönlichkeit.

Literatur

Adam, Albrecht: Aus dem Leben eines Schlachtenmalers. Hrsgg. v. H. Holland. Stuttgart 1886

Austin, Paul Britten: 1812. Napoleon's Invasion of Russia. London 2000

Becker, Rudolph Zacharias: Leiden und Freuden in siebzehnmonatlicher französischer Gefangenschaft von ihm selbst beschrieben. Gotha 1814

Beeger, Friedrich Wilhelm: Seltsame Schicksale eines alten preußischen Soldaten. Ueckermünde 1850 (Reprint Krefeld 1969)

Boltenstern, Otto von: Am Hofe König Jérômes. Erinnerungen eines westfälischen Pagen und Offiziers. Berlin 1905

Böttiger, Theodor Fr.: Hamburgs Patrioten 1800–1814. Berlin u. Leipzig 1926

Borkowsky, Ernst: Das Schönbrunner Attentat im Jahre 1809. Mit Benutzung der geheimen Polizeiakten des französischen Nationalarchivs in Paris. Naumburg o. J. (1942)

Cardauns, Hermann/Müller, Reiner (Hrsg.): Die Rheinische Dorfchronik des Joan Peter Delhoven aus Dormagen (1783–1823). Dormagen 1966

Chandler, David: The Campaigns of Napoleon. London 1966

Chandler David (Hrsg.): Napoleon's Marshals. New York 1987

Chandler, David: Napoleon. München 1974

Charrié, Pierre: Lettres de Guerres 1792–1815. Nantes 2004

Coignet, Jean-Roch: Von Marengo bis Waterloo. Memoiren des Capitaine Coignet. Bearbeitet von Georg Rummler. Mit einer einleitenden Studie über das napoleonische Veteranentum von Paul Holzhausen. Stuttgart 1910

Fesser, Gerd/Jonscher, Reinhard (Hrsg.): Umbruch im Schatten Napoleons. Die Schlachten von Jena und Auerstedt und ihre Folgen. Jena 1998

Fischer, Andreas: Goethe und Napoleon. Studie. 2., erw. Aufl. Frauenfeld 1900

Fournier, August: Napoleon I. Eine Biographie. 2., umgearbeitete Aufl. 3 Bde. Wien/Leipzig 1904

Freund, Michael: Napoleon und die Deutschen. Despot oder Held der Freiheit? München 1969

Friederich, Rudolf: Die Befreiungskriege 1813–1815. 3. Aufl. 4 Bde. Berlin 1911

Gaudy, Franz Freiherr: Kaiser-Lieder. Leipzig 1835

Gerhardt, O.: Die Württemberger in Rußland 1812. Ihr Leidensweg und tragisches Ende. Auf Grund von Aufzeichnungen württembergischer Feldzugsteilnehmer und sonstigen Quellen geschildert. Stuttgart 1937

Giehrl, Hermann: Der Feldherr Napoleon als Organisator. Betrachtungen über seine Verkehrs- und Nachrichtenmittel, seine Arbeits- und Befehlsweise. Berlin 1911

Gielen, Viktor: Aachen unter Napoleon. Aachen 1977

Goecke, Rudolf: Das Großherzogthum Berg unter Joachim Murat, Napoleon I. und Louis Napoleon 1806–1813. Ein Beitrag zur Geschichte der französischen Fremdherrschaft auf dem rechten Rheinufer. Köln 1877

Goltz, Colmar Freiherr v. der: Von Roßbach bis Jena und Auerstedt. Ein Beitrag zur Geschichte des preußischen Heeres. 2. Aufl. Berlin 1906

Hashagen, Justus: Das Rheinland und die französische Herrschaft. Beiträge zur Charakteristik ihres Gegensatzes. Bonn 1908

Heine, Heinrich: Sämtliche Werke. 4 Bde. München 1969

Hegemann, Werner: Napoleon oder «Kniefall vor dem Heros». Hellerau 1927

Hellmann, Birgitt (Hrsg.): Bürger, Bauern und Soldaten. Napoleons Krieg in Thüringen 1806 in Selbstzeugnissen. Briefe, Berichte und Erinnerungen. Weimar/Jena 2005

Hellmann, Oskar: Napoleon im Spiegel der Dichtung. Glogau/Leipzig o. J.

Holzhausen, Paul: Davout in Hamburg. Ein Beitrag zur Geschichte der Jahre 1813–1814. Mülheim 1892

Holzhausen, Paul: Der erste Konsul Bonaparte und seine deutschen Besucher. Ein Beitrag zur literarischen Würdigung des Konsulats. Bonn 1900

Holzhausen, Paul: Die Deutschen in Rußland 1812. Leben und Leiden auf der Moskauer Heerfahrt. 5. Aufl. Berlin 1924

Holzhausen, Paul: Heinrich Heine und Napoleon I. Frankfurt a. M. 1903

Holzhausen, Paul: Napoleons Tod im Spiegel der zeitgenössischen Presse und Dichtung. Frankfurt a. M. 1902

Ibbeken, Rudolf: Preußen 1807–1813. Staat und Volk als Idee und in Wirklichkeit. Darstellung und Dokumentation. Köln/Berlin 1970

Kaisenberg, Moritz von: König Jérome Napoleon. Ein Zeit- und Lebensbild. Leipzig 1899

Kienitz, Dieter: Der Kosakenwinter in Schleswig-Holstein 1813/14. Studien zu Bernadottes Feldzug in Schleswig und Holstein und zur Besetzung der Herzogtümer durch eine schwedisch-russisch-preußische Armee in den Jahren 1813/14. Heide 2000

Kiewning, Hans: Fürstin Pauline zur Lippe 1769–1820. Detmold 1930

Kircheisen, Friedrich M. (Hrsg.): Fürstenbriefe an Napoleon I. 2 Bde. Stuttgart/Berlin 1929

Kircheisen, Friedrich M.: König Lustig. Napoleons jüngster Bruder. Berlin 1928

Klein, Adolf/Bockemühl, Justus: Weltgeschichte am Rhein erlebt. Erinnerungen des Rheinländers Christoph Wilhelm Henrich Sethe aus der Zeit des europäischen Umbruchs. Köln 1973

Klein, Walther: Der Napoleonkult in der Pfalz. München/Berlin 1934

Kleßmann, Eckart: Die Befreiungskriege in Augenzeugenberichten. Düsseldorf 1966

Kleßmann, Eckart: Deutschland unter Napoleon in Augenzeugenberichten. Düsseldorf 1965

Kleßmann, Eckart: Napoleon – Lebensbilder. Bergisch Gladbach 1988

Kleßmann, Eckart: Napoleon. Ein Charakterbild. Weimar 2000

Kleßmann, Eckart: Napoleons Rußlandfeldzug in Augenzeugenberichten. Düsseldorf 1964

Kleßmann, Eckart: Das Bild Napoleons in der deutschen Literatur. Stuttgart 1995

Kleßmann, Eckart: Prinz Louis Ferdinand von Preußen 1772–1806. Gestalt einer Zeitenwende. München 1972

Kleßmann, Eckart (Hrsg.): Unter Napoleons Fahnen. Erinnerungen lippischer Soldaten aus den Feldzügen 1809–1814. Bielefeld 1991

Klöden, Karl Friedrich von: Jugenderinnerungen. Hrsgg. v. Max Jähns. Leipzig 1874

Lahnstein, Peter: Ludwigsburg. Stuttgart 1968

Landmann, K. v.: Der Krieg von 1806 und 1807. Berlin o. J.

Las Cases, Emanuel Auguste Dieudonné Comte de: Memorial de Sainte-Hélène. 10 Bde. Brüssel 1823

Lefebvre, Georges: Napoleon. Hrsgg. v. Peter Schöttler. Stuttgart 2003

Lettow-Vorbeck, Oscar von: Der Krieg von 1806 und 1807. 4 Bde. Berlin 1891–1896

Lüke, Gerhard: Allhier zur Sachse. Notizen zur Geschichte von Kirche u. Gemeinde von St. Nikolai in Bad Sachsa. Bad Sachsa o. J.

Madelin, Louis: Fouché 1759–1820. Frankfurt a. M. 1970

Mannlich, Johann Christian von: Rokoko und Revolution. Lebenserinnerungen. 3. Aufl. Berlin 1923

Marbot, Marcellin: Memoiren. Deutsche Bearbeitung von L. Ottmann. 3 Bde. 2. Aufl. Stuttgart 1907

Marwitz, Friedrich August Ludwig von der: Ein märkischer Edelmann im Zeitalter der Befreiungskriege. Hrsgg. v. Friedrich Meusel. 3 Bde. Berlin 1908 u. 1913

Nagel, F. G.: Bilder aus der Heimath. Die denkwürdigen Jahre von 1806 bis 1815. Berlin 1955

Napoleon: Briefe Napoleons des Ersten in drei Bänden. Auswahl aus der gesamten Korrespondenz des Kaisers. Hrsgg. v. F. M. Kircheisen. Stuttgart 1910

Naumann, Manfred: Stendhals Deutschland. Impressionen über Land und Leute. Weimar 2001

O'Meara, Barry E.: Napoleon I. in der Verbannung oder Eine Stimme von St. Helena. Meinungen und Äußerungen Napoleons über die wichtigsten Ereignisse seines Lebens in seinen eignen Worten. Übertragen u. bearbeitet von Oskar Marschall von Bieberstein. 3 Bde. Leipzig 1902

Paas, Sigrun/Mertens, Sabine: Beutekunst unter Napoleon. Die «französische Schenkung» an Mainz 1803. Mainz 2003

Pflug, Johann Baptist: Aus der Räuber- und Franzosenzeit Schwabens. Die Erinnerungen des schwäbischen Malers aus den Jahren 1780–1840. Neu hrsgg. v. Max Zengerle. Weißenhorn 1966/67

Rapp, Jean: Memoiren. Übertragen v. Oskar Marschall v. Bieberstein. Leipzig 1902

Rautenkranz, Johann Wenzel: Oden auf Seine Kaiserliche Majestät von Frankreich. Napoleon Bonaparte. Innsbruck 1804

Rellstab, Ludwig: Aus meinem Leben. 2 Bde. Berlin 1861

Richter, Ludwig: Lebenserinnerungen eines deutschen Malers. Selbstbiographie nebst Tagebuchniederschriften und Briefen. Hrsgg. u. ergänzt v. Heinrich Richter. Leipzig 1909

Riegel, Martin: Der Buchhändler Johann Philipp Palm. Ein Lebensbild. Hamburg 1938

Rist, Johann Georg: Lebenserinnerungen. Hrsgg. v. G. Poel. 3 Bde. 2. verb. Aufl. Gotha 1884

Rogers, H. C. B.: Die Armee Napoleons. Stuttgart 1976

Rohloff, Heide N. (Hrsg.): Napoleon kam nicht nur bis Waterloo. Die Spur des gestürzten Giganten in Literatur und Sprache, Kunst und Karikatur. Frankfurt a. M. 1992

Roos, Heinrich von: Mit Napoleon in Rußland. Hrsgg. m. einer Einleitung «Die Tragödie des Großen Heeres» v. Paul Holzhausen. 2. Aufl. Stuttgart 1911

Rühlmann, Paul: Die öffentliche Meinung in Sachsen während der Jahre 1806 bis 1812. Gotha 1902

Schehl, Carl: Vom Rhein zur Moskwa 1812. Zweite vollständige Auflage. Hrsgg. v. Jürgen Olmes. Krefeld 1957

Schissler, Hanna: Preußische Agrargesellschaft im Wandel. Wirtschaftliche, gesellschaftliche u. politische Transformationsprozesse von 1763 bis 1847. Göttingen 1978

Schmidt, Burghart: Hamburg im Zeitalter der Französischen Revolution und Napoleons (1789–1813). 2 Bde. Hamburg 1998

Schneider, Erich (Hrsg.): «Triumph, die Freiheitsfahne weht …» Die Pfalz im Banne der Französischen Revolution (1789–1814). Eine Sammlung zeitgenössischer Stimmen. Landau 1988

Schröder, Hermann (Hrsg.): Aus unserer Franzosenzeit. Festschrift zur Hundertjahrfeier des Gefechts an der Leher Brücke am 25. März 1913. Hannover 1913

Schubert, Friedrich von: Unter dem Doppeladler. Erinnerungen eines Deutschen in russischem Offiziersdienst 1789–1814. Hrsgg. u. eingel. v. Erik Amburger. Stuttgart 1962

Schulze, Friedrich (Hrsg.): Die Franzosenzeit in deutschen Landen 1806–1815. In Wort und Bild der Mitlebenden. 2 Bde. Leipzig 1908

Schulze, Friedrich (Hrsg.): Weimarische Berichte und Briefe aus den Freiheitskriegen 1806–1815. Leipzig 1913

Schuster, Wolf-Jörg: Man lädt uns ein zum Stelldichein. Napoleon in Thüringen 1806. Jena 1993

Schwerin, Gräfin Sophie: Vor Hundert Jahren. Erinnerungen der Gräfin Sophie Schwerin geb. Gräfin Dönhoff. Nach ihren hinterlassenen Papieren zusammengestellt von ihrer jüngeren Schwester Amalie von Romberg. 2. Aufl. Berlin 1910

Scurla, Herbert: Rahel Varnhagen. Die große Frauengestalt der deutschen Romantik. Düsseldorf 1978

Ségur, Paul-Philippe de: Die Erinnerungen des Generals Grafen Paul Philipp von Ségur, Adjutanten Napoleons I. Bearbeitet v. F. M. Kircheisen. Hamburg 1908

Sieburg, Friedrich: Napoleon. Die Hundert Tage. Stuttgart 1956

Siegburg, Heinz-Otto (Hrsg.): Napoleon und Europa. Köln/Berlin 1971

Stählin, Friedrich: Napoleons Glanz und Fall im deutschen Urteil. Wandlungen des deutschen Napoleonbildes. Braunschweig 1952

Stendhal: Tagebücher und andere Selbstzeugnisse. 2 Bde. Deutsch von Katharina Scheinfuß. Hrsgg. v. Manfred Naumann. 2. Aufl. Berlin 1983

Stubbe da Luz, Helmut: «Franzosenzeit» in Norddeutschland (1803–1814). Napoleons Hanseatische Departements. Bremen 2003

Sydow, Anna von (Hrsg.): Wilhelm und Caroline von Humboldt in ihren Briefen. 7 Bde. Berlin 1906–1916

Tulard, Jean (Hrsg.): Dictionnaire Napoléon. Paris 1987

Tulard, Jean: Napoleon oder Der Mythos des Retters. Eine Biographie. Aus dem Französischen v. Caroline Vollmann. Tübingen 1978

Ullrich, Volker: Napoleon. Eine Biographie. Reinbek 2004

Varnhagen von Ense, Karl August: Denkwürdigkeiten des eignen Lebens. Hrsgg. v. Konrad Feilchenfeldt. 3 Bde. Frankfurt a. M. 1987

Weber, Otto: Blätter vom Stamm Napoleon. Gedichte. 2. Aufl. Leipzig 1856

Wehrs, Johann Christian Hermann: Hamburg 1813–1814. Erlebnisse eines Siebzehnjährigen. Bearbeitet von Renate Hauschild-Thiessen. Hamburg 1989

Wencker, Friedrich (Hrsg.): Dichter um Napoleon. Eine Auswahl der Napoleonpoesie. Berlin 1913

Wescher, Paul: Kunstraub unter Napoleon. Berlin 1976

Willbold, Franz: Napoleons Feldzug um Ulm. Die Schlacht von Elchingen 14. Oktober 1805 mit der Belagerung und Kapitulation von Ulm. 2. Aufl. Ulm 2005

Winkle, Stefan: Kulturgeschichte der Seuchen. Düsseldorf 1997

Wohlfeil, Rainer: Spanien und die deutsche Erhebung 1808–1814. Wiesbaden 1965

Bildnachweis

akg-images 12 (Erich Lessing), 17, 29, 39, 43, 55, 63, 103, 107 (Laurent Lecat), 125 (Erich Lessing), 127, 143, 158 (Erich Lessing), 171, 203, 268

bpk 9, 14, 58 (RMN), 65 (RMN/Jean Schorma), 72, 79, 84, 128 (RMN/Gerard Le Gall), 138 (Kunstbibliothek SMS/Knud Petersen), 228

Historisches Museum Frankfurt am Main (Foto Horst Ziegenfusz) 217

Lippisches Landesmuseum Detmold 247

Museum für Hamburgische Geschichte 223

Staatsarchiv Hamburg 184, 224, 252, 253

Europa zur Zeit Napoleons

- Kaiserreich Frankreich
- abhängige Staaten
- ⚔ Schlachten

KGR. SCHOTTLAND

Edinburgh

Nordsee

KGR. GROSSBRITANNIEN UND IRLAND

KGR. IRLAND

Dublin

KGR. ENGLAND

WALES

London

Dover

Der Kanal

KG DÄN MAR

Hambu

Amsterdam

Rhein

KGR. WESTFA

Köln

Brüssel

RHE

Waterloo
1815

Ha

Frankfurt

Speyer

Paris

Straßburg

Atlantischer Ozean

Nantes

Loire

Ulr 180

Fstm. Neuenb. Basel

KAISERREICH FRANKREICH

SCHW

St. Bernhard Pass
1810

Mai

Bordeaux

Rhône

Marengo

Genua

GALICIEN

F. L

Toulouse

NAVARRA

Marseille

Toulon

Ebro

Rep. Andorra

Kors

Ajaccio

ALT-KASTILIEN

ARAGONIEN

Barcelona

KGR. PORTUGAL

Madrid

Lissabon

KGR. SPANIEN

KGR. SARDINI

KASTILIEN

Balearen

GRANADA

Mittelmeer

Kap Trafalgar
1805

Gibraltar (engl.)
Ceuta (span.)

Algier

ALGIER